Sathya Sai Baba spricht

Band 8

Ansprachen aus der Zeit von 1970 -1973

zusammengestellt von N. Kasturi

Sathya Sai Vereinigung e.V.

Die Ansprachen wurden in Telugu, Sprache der südindischen Provinz Andhra Pradesh gehalten. Zusammenstellung und Übersetzung N. Kasturi. Titel der englischsprachigen Originalausgabe: Sathya Sai Baba Speaks, Vol. VIII. Sathya Sai Books and Publications Trust, Prashānti Nilayam. Übersetzung vom Englischen ins Deutsche von Edith Zeile.

Die Deutsche Bibliothek - CIP-Einheitsaufnahme

Sathya Sai Baba:
Sathya Sai Baba spricht / zsgest. von N. Kasturi. Sathya Sai Vereinigung e.V., Dietzenbach. – Dietzenbach : Sathya Sai Vereinigung
Bd. 8 Ansprachen aus der Zeit von 1970-73 [Übers. vom Engl. ins Dt. von Edith Zeile]. - 1. Aufl. - 1999
ISBN 3-924739-52-8

Printed at Vipla Computer Services, Hyderabad, INDIA. Ph. 91-40-7673309

Inhalt

Zur Übersetzung

In dieser Schrift wurden alle Sanskritausdrücke des englischen Originals ins Deutsche übertragen. Da es sich hierbei oft um philosophische Konzepte handelt, für die es im Deutschen nicht immer eindeutige Entsprechungen gibt, werden sie sinngemäß jeweils mit dem annähernd treffendsten Begriff wiedergegeben. Um dem Leser die Zuordnung zu ermöglichen, werden die Sanskritwörter im Text in Klammern belassen. Die in *kursiver* Schrift gedruckten Begriffe sind im Glossar ausführlicher erläutert.

Alle indischen Namen und Sanskritbegriffe wurden in einer vereinfachten Umschrift wiedergegeben, wie sie in der Literatur für Nicht-Sanskrit-Gelehrte gebräuchlich ist; dabei erscheinen nur drei zusätzliche Buchstaben: ā, ī und ū.

Zur Aussprache der Sanskritwörter

Die Vokale ā, ī, ū sowie e und o sind immer lang (wie in Rat, Sieg, Zug, See und Dom).

c - tsch (klatschen)

j - dsch (engl. joy)

s - ss (Wasser)

sh - sch (ein Laut zwischen sch und s wie in Stein)

v - w (Wort)

y - j (jeder)

Das h in bh, ch, dh, gh, jh, ph, th ist als ein deutlich hörbarer Hauchlaut zu sprechen (z. B. „budd-hi").

Die Betonung richtet sich nach der Länge der Vokale; bei längeren Wörtern liegt die Betonung auf der drittletzten Silbe, wenn die vorletzte kurz ist (z .B. „sādhana", „vāsana", „sāttvika"). Wenn die vorletzte Silbe lang ist (durch Länge oder mehrere aufeinanderfolgende Konsonanten), trägt sie den Ton (z. B. „ānanda", „bhāvaroga", ahamkāra").

Vorwort

Sathya Sai Baba ist der *Avatar* unserer Zeit. Der *Avatar* führt uns nicht in Mantren oder Rituale ein. Er sucht keine Schüler und keine *Devotees*. Er sieht seine Anhänger nicht, denn sein Blick geht überall hin. Schüler, *Devotees* oder Anhänger zu suchen, ist die Schwäche der großen Schar spiritueller Führer.

Der *Avatar* rät und belehrt, ermahnt und zeigt euch den Weg. Er lenkt euren Blick auf die Not, die er abwenden möchte, auf die großen Schwächen der Menschen und auf die Heilmittel, die er euch bringt. Wer Augen hat zu sehen, der sehe. Wer Ohren hat zu hören, der höre. Wer eine Zunge hat, der preise ihn. Wer Hände hat, berühre seine Füße, demütig mit gesenktem Kopf und einem Herzen voller Süße, voll Schönheit und voll Harmonie.

Nehmt diese goldenen Worte, die er uns schenkte, tief in euch auf. Millionen Menschen haben sie gehört und tragen sie in ihrem Herzen, doch gibt es noch viele, die dieses Glück nicht hatten. Lest sie vor allem, wenn ihr traurig und verzweifelt seid, wenn Zweifel oder Niederlagen euch bedrängen. Seine Worte sind so voll von Energie und Gottes Gnade, daß alles Zögern, alles Zweifeln schwindet.

Euer Bruder in Sai

N. Kasturi

Eine Blume zu seinen Füßen

Schon oft habe ich euch von den Idealen und Formen des Dienens (*sevā*) erzählt, und ich tue es wieder, damit ihr die Freude kennenlernt, die daraus erwächst. Ich brauche nicht zu betonen, daß euch hier eine ganz besondere Gelegenheit geboten wird. Schenkt mir euer Herz voller Freude, teilt die Freude mit anderen, verehrt Gott in dieser anmutigen Form. Wenn ihr wissen wollt, was man zum Dienen (*sevā*) braucht, so ist ein reines Herz, frei von Arroganz, Gier, Neid, Haß oder Rivalität, zu nennen und daneben Vertrauen auf Gott als die Quelle von Lebenskraft, Tugend und Gerechtigkeit. *Seva* ist die Verehrung, die ihr dem Gott im Herzen eines jeden anderen entgegenbringt. Fragt nicht danach, welcher Nationalität, Gesellschaftsschicht oder Religion jemand angehört. Seht die Form Gottes, die euch am liebsten ist, in dem anderen. Er ist - in Wirklichkeit - kein „anderer". Er ist Sein Bild, wie ihr es seid. Ihr helft nicht einem Menschen, ihr verehrt mich in ihm. Ich stehe in jener Form vor euch. Wo bliebe da noch Raum für euer Ego?

Pflicht ist Gott, Arbeit ist Gottesdienst. Selbst die geringste Arbeit ist eine Blume, die ihr Gott zu Füßen legt. Begegnet den Menschen, die zu dem Fest hierher gepilgert sind, mit einem Herzen voller Liebe.

Steckt das Abzeichen nicht in die Tasche, wenn eure Arbeit hier am Ende des Festes vorüber ist und ihr nach Hause fahrt, um eure alte Beschäftigung und die abgelegten Gewohnheiten wieder aufzunehmen. Dies darf keine Drei-Tage-Aktion sein, um Vergünstigungen zu sammeln (*tāmasa*); dies ist eine Lebensaufgabe. Das Abzeichen muß unauslöschlich für das ganze Leben ins Herz geschrieben sein. Wann immer ihr einen kranken Menschen seht, einen betrübten, untröstlichen, kranken Menschen, da seid ihr aufgerufen zu dienen. Jeder Blutstropfen, jeder Nerv eures Körpers sollte sich danach sehnen, diese Liebe mit den Hilflosen zu teilen. Wenn das Herz voll Liebe ist, ist es göttlich geworden, denn Gott ist Liebe, und Liebe ist Gott. Durch diese Liebe und das Mitgefühl für die leidenden Menschen wurden die großen Heiligen Indiens und anderer Länder wie *Kabīr*, *Tukārām*, der Heilige Franziskus, *Rāmakrishna* unsterblich.

Hier im Nilayam gibt es Leute, die seit zwanzig, fünfzehn, zehn

Jahren hier sind, aber nur ihre Körper sind älter geworden, ihre Sehnsucht zu dienen hat nicht zugenommen. Das Leben am Ort des höchsten Friedens (*prashānti nilayam*) muß den Glauben stärken, daß Dienen (*sevā*) der Heilsweg schlechthin ist. Dabei ist die Einstellung das Wesentliche. Der einzelne Dienst mag sehr gering sein. Ihr bekommt vielleicht keine Gelegenheit, an einem Mammuthilfsprojekt teilzunehmen, das Millionen nützt. Ihr könnt vielleicht ein lahmes Lämmchen über den Zaun heben oder ein blindes Kind über eine verkehrsreiche Straße geleiten. Auch das ist ein Akt der Verehrung.

Eine Ausgabe der *Gita* kann man schon für wenige Pfennige bekommen, ein Abenteuerroman kostet vielleicht einige Mark. Was ist wertvoller? Was kann unedles Metall in Gold verwandeln? *Seva* ist nützlicher als die Rezitation des Namens Gottes (*japa*), Meditation (*dhyāna*) und Opferhandlungen (*yajna*, *yāga*), die gewöhnlich den spirituellen Aspiranten empfohlen werden. Denn Seva dient einem doppelten Zweck: dem Auslöschen des Ego und dem Erreichen von Glückseligkeit (ānanda).

Wenn jemand von Sorgen bedrückt neben euch sitzt, könnt ihr dann glücklich sein? Nein! Vielleicht hört ihr ein Baby in der Nähe laut weinen. Da werden euch auch Tränen in die Augen steigen. Der Grund liegt darin, daß es ein unsichtbares Band zwischen euch gibt. Nur der Mensch besitzt diese Eigenschaft des Mitgefühls. Nur er kann glücklich sein, wenn andere glücklich sind, und unglücklich, wenn andere unglücklich sind. Deshalb ist er die Krone der Schöpfung, die höchste aus dem Tier entwickelte Form. Der Mensch allein ist fähig zu dienen. Das macht seinen besonderen Rang aus, das ist seine einzigartige Fähigkeit.

Jedes Jahr ermahne ich euch vor dem *Dasara*-, dem Geburtstags- und dem *Shivarātri*-Fest, mir zu versprechen, Dienen (*sevā*) zu einem Teil eurer spirituellen Disziplin (*sādhana*) zu machen. Ich muß sagen, daß ich mit eurer Leistung noch nicht zufrieden bin. Aber ich unterweise euch weiter und gebe euch Aufträge in der Hoffnung, daß ihr eines Tages das hohe Ziel erreicht. Darin könnt ihr ein Beispiel für das Maß meiner Barmherzigkeit sehen, die es mir erlaubt, selbst eure zaghaften Versuche, dem hohen Ideal des Dienens näherzukommen, anzuerkennen.

Warum seid ihr von so weit her gekommen, ohne Kosten und Mühen der Reise zu scheuen? Um in meiner Gegenwart zu sein und meine Gnade zu gewinnen, nicht wahr? Warum sucht ihr aber dann, sobald ihr diesen Ort erreicht habt, Kontakte zu anderen, wollt deren Gunst erringen? Warum nehmt ihr alte Gewohnheiten wieder auf, die meine Gegenwart und Gnade unmöglich machen? Vergeßt alles andere und haltet euch an die Anweisungen, die ich euch erteile. Ich möchte euch nur auf den spirituellen Pfad des Dienens und der Liebe führen. Schämt euch nicht, wenn man euch gebeten hat, auf einen Berg Sandalen aufzupassen oder den Durstigen Wasser zu bringen oder am Eingang zu stehen. Euer Privileg und euer Vergnügen liegen darin, wie ihr eure Fähigkeiten und eure Zeit einsetzt, um anderen zu helfen. Ihr sehnt euch danach, mir zu dienen. Ich möchte euch sagen, daß ihr mich ebenso zufrieden stellt, wenn ihr jenen dient, die mir dienen, wie wenn ihr mir dient. Jeder Dienst am Nächsten ist Gottesdienst, denn ich bin in allen.

Die Erleichterung und Freude, die ihr den Kranken und Betrübten schenkt, erreichen mich, denn ich wohne in ihren Herzen, und ich bin der Eine, nach dem sie rufen. Gott braucht euren Dienst nicht; tun ihm etwa die Beine weh oder hat er Magenschmerzen? Versucht, den Gottesfürchtigen zu dienen; seid Diener der Diener des Herrn (dāsānudāsa). Den Menschen zu dienen, ist die einzige Art und Weise, wie ihr Gott dienen könnt.

Ich weiß, daß jeder von euch gern meine Füße liebkosen möchte (padasevana). Und wenn ich allen, die es gern täten, dazu Gelegenheit gäbe, was würde mit meinen Füßen passieren? Und was für ein Gedränge wäre um mich herum! Es liegt also in der Natur der Sache, daß nicht alle zufrieden gestellt werden können. Aber ihr sollt wissen, daß meine Füße überall sind. „Sarvatah pāni pada" - „Überall sind Seine Hände, Seine Füße", sagt die *Gita*. In der *Purushasūkta* der *Veden* steht: „Sahasrashīrsha purusha, sahasrāksha, sahasrapād" - „Das höchste Wesen hat tausend Köpfe, tausend Augen und tausend Füße." Die Köpfe, Augen und Füße der Tausenden, die sich hier versammeln, sind meine Köpfe, meine Augen und meine Füße. Sorgt für sie, achtet sie, kommt ihren Wünschen nach, dies ist das gleiche wie die Wiederholung des Namens Gottes (*japa*), Meditation (*dhyāna*) und Gottesdienst (*pūjā*)! Es heißt: „Sarva-deva-namaskārah keshavam pratigacchati - wenn ihr alle Götter verehrt, verehrt ihr den Einen, *Keshava*". Ich möchte dies erweitern und euch dieses neue *Mantra* geben: „Sarva-jīva-namaskāra keshavam pratigaccati - die Achtung und der Dienst, die ihr jedem einzelnen entgegenbringt, erreicht automatisch den Einen, nämlich *Keshava*". Was bedeutet *Keshava*? Es ist die höchste Gottheit, deren eines Haar die Dreiheit von *Brahma*, *Vishnu* und *Shiva* darstellt, den schöpferischen, bewahrenden und zerstörerischen Aspekten des Göttlichen.

Dient den Menschen, die sich hier versammeln werden, mit Liebe und Intelligenz, Demut und Effizienz. Wenn diese dann in ihre Dörfer zurückkehren, werden sie ihrer Familie erzählen: „Die Leute, denen wir in *Prashānti Nilayam* begegneten, waren viel netter zu uns als nahe Verwandte, sie boten uns einen Platz im Schatten an, sie kamen oft und erkundigten sich nach unserem Befinden, sie holten den Arzt herbei und gaben Medikamente an die Kranken aus, und wenn wir eine Information brauchten, sprachen sie immer sanft und liebevoll".

Das Abzeichen, das ihr tragt, erlaubt euch nicht, andere ohne Abzeichen herumzukommandieren. Schroffheit, Stolz und Belästigung anderer beschmutzen es. Dürft ihr es tragen, sollten Geschwätz, loser Lebenswandel, unkeusches Verhalten oder schlechte Gewohnheiten wie Rauchen, Spielen, Trinken und Verleumdungen aus eurem Leben verschwinden. Wer eine Führungsposition anstrebt, muß jahrelang und aufrichtig *Seva* geleistet haben. Ohne diese Grundlage wird eure Führungsrolle keine fünf Jahre überdauern.

Ich will euch im einzelnen sagen, was ihr hier tun könnt: Achtet darauf, daß alte Menschen und Kranke nicht in der heißen Sonne sitzen, bringt allen bereitwillig Wasser zum Trinken. Paßt auf unso-ziale Elemente und Taschendiebe auf, die früher kommen als selbst die *Devotees*, um die Schulden aus früheren Leben einzutreiben. Organi-siert Gruppen, die nachts einen Rundgang durch den Ashram machen, um die Sicherheit zu garantieren. Sorgt dafür, daß der Platz sauber ist und eine ruhige Atmosphäre herrscht. Schreit niemanden an, der laut ist, wenn ihr Ruhe herstellen wollt. Sprecht leise und ermahnt andere, leise zu sprechen. Erklärt denen, die laut sprechen, warum sie leiser sein sollen. Dann werden sie euch und eure Absicht verstehen. Achtet jeden und sprecht mit ihm, als sei er des höchsten Respekts würdig. Kein Mensch ist gering oder minderwertig. Sai ist in allen und wenn ihr irgend jemanden verletzt, verletzt ihr Sai. Fangen Kinder an laut zu weinen, laßt sie an ihrem Platz und beruhigt sie ganz sanft. Tröstet die, die einen kranken Körper haben. Ich werde jenen Trost spenden, deren Geist und Seele krank sind.

Prashānti Nilayam, 04.03.1970

Der tote Satellit

Ich bin weder Mensch noch Gott noch ein Luftwesen; ich bin weder ein *Brahmane* noch ein Krieger (*kshatriya*) noch ein Händler (vaishya) noch ein Diener (shūdra); ich kann weder als Schüler (brahmacārin) bezeichnet werden noch als Familienoberhaupt noch als Eremit noch als Mönch. Nennt mich einen Wahrheitslehrer, bezeichnet mich als Wahrheit (*satya*), Güte (*shiva*) und Schönheit (*sundara*). In Wirklichkeit seid ihr auch Wahrheit, Güte und Schönheit. Ohne Wahrheit kann es keine Güte geben, und wozu ist Schönheit ohne Güte nütze? Wahrheit macht den Charakter gut und die Freude, die aus der Güte erwächst, führt zu jener echten Schönheit, die die Künstler verehren. Diese drei sind im Grunde eins und unteilbar. Erlebt diese Wahrheit, erlebt sie als Güte und die Güte als Schönheit. Das ist das höchste Glück. Laßt euch nicht von geringeren Vergnügungen ablenken. Vergeudet nicht eure Energien, indem ihr das törichte Spiel von Gewinnen und Verlieren, Sammeln und Zerstreuen spielt und vergänglichen Ruhm, Geld und Glück gewinnt. Wählt gleich den Königsweg der Selbstverwirklichung und sucht nicht in den Seitengassen nach falschem Glück.

Das bedeutet nicht, daß ihr alle Freunde und Verwandte verlassen müsst, um euch allein auf den Weg zu machen. Die Gemeinschaft, in die ihr hineingeboren seid, ist die Arena, in der ihr den Sieg erringen könnt, und der Sportplatz, wo ihr lernen könnt zu siegen. Auf der spirituellen Reise kommt ihr nur mit Mitgefühl, Sympathie, gegenseitiger Hilfe und Dienen voran, und dies wird von der Gesellschaft gefördert und soll für die Gesellschaft eingesetzt werden.

Rāvana war laut Vālmīki der mächtigste Herrscher seiner Zeit. Die Hauptstadt seines Reiches war eine uneinnehmbare Festung, angefüllt mit seltenen Schätzen. Er war Meister der vier *Veden* und beherrschte

13

die sechs spirituellen Wissenschaften. *Duryodhana*, der älteste der *Kaurava*-Brüder, war - nach der Beschreibung *Vyāsas* - unübertroffen, was Zahl, Stärke und Ausrüstung seiner Armee und sein diplomatisches Geschick anging. Doch diese zwei Mächtigen sind jahrhundertelang von Jung und Alt geächtet worden. Was war der Grund? Sie waren von der Ebene des Menschen auf die der Tiere hinabgesunken, statt zu der göttlichen aufzusteigen. Beide hatten die gleiche Schwäche - nämlich Gier. Sie kannten nicht das Geheimnis der Zufriedenheit. Sie wurden ständig von ungezähmter Begierde (*kāma*) geplagt. *Rāma* und *kāma* können nicht zusammen existieren. Im inneren Schrein des Herzens kann nur eine Gottheit wohnen, *Rāma* oder *kāma*.

Wenn ihr einen Menschen liebt, werdet ihr ihn nicht beherrschen wollen. Ihr werdet nicht seinen Besitz begehren, ihr werdet ihm seinen Erfolg nicht neiden und euch nicht über seinen Kummer freuen. Liebe ist das stärkste Gegenmittel für Gier. Gebt Liebe und empfangt Liebe, das ist die Grundlage aller spirituellen Disziplin. Vielleicht habt ihr schon von „bhūtabali" gehört, was soviel wie „Opfer" heißt. Dieses Opfer soll die Geister besänftigen. „Bali" hat auch die Bedeutung von „Steuer". Bhūtabali ist also eine Steuer, die jeder den Elementarwesen (bhūta) für das großartige Geschenk der menschlichen Geburt zahlen muß. Für alle guten Worte, die euch erreichen, alle guten Taten, die euch helfen, und alle guten Gedanken, die Frieden in eurem Herzen stiften und euren Lebensweg erleuchten, müßt ihr Steuern zahlen.

Liebe bringt euch dazu, euch dem Leid anderer zuzuwenden, wann immer ihr selber davon überwältigt werdet. Ihr fühlt euch zu denen hingezogen, deren Leid die gleiche Ursache hat. Ihr nehmt dann so am Leid der anderen Anteil, daß ihr euer eigenes darüber vergeßt. *Draupadī* klagte *Krishna* ihr Leid. Sie jammerte: „*Krishna*! Wenn der Tod ein Kind vom Schoß der Mutter raubt, bricht sie vor Schmerz zusammen. Nun hat *Ashvatthāman* im Dunkel der Nacht kaltblütig alle meine Kinder im Schlaf erschlagen! Ich habe alle, alle verloren. Was könnte mich da noch trösten? Wie kann ich meine Kinder zurückbekommen?" *Krishna* erwiderte: „Schwester! Du hast den Beleidigungen, mit denen dich die niederträchtigen *Kauravas* öffentlich in Durbar überschüttet haben, die Stirn geboten. Sei jetzt ebenso stark! Nimm dir ein Beispiel an *Gandhārī*, der Mutter der *Kauravas*. Da ihr Mann blind war, verband sie sich die Augen, um ebenfalls blind zu sein. Sie hat alle ihre hundert Söhne verloren! Kein einziger ist übrig geblieben!" *Krishna* tröstete sie, indem er ihr eine Mutter mit noch größerer Seelenstärke zeigte. Nehmt das Leid anderer wahr und sucht nach Möglichkeiten, es mit ihnen zu teilen. Fühlt mit ihnen und vergeßt darüber euer eigenes Unglück.

Dies zeichnet einen echten Sai-Verehrer (*bhakta*) aus: Er sollte Mitgefühl, Toleranz und Verständnis besitzen. Ist dies nicht der Fall, macht er sich zur Zielscheibe des Spotts - und dies zu Recht.

Da gibt es Leute, die spöttisch fragen: „Wo ist dein Gott? Wie sieht er aus? Was macht er denn?" Sie spotten, denn es gibt nur wenige, die Gottes Majestät und Glorie erfahren haben. Gott ist Wahrheit, Güte und Schönheit, aber nur die, die ihn erfahren haben, können das mit Sicherheit sagen und andere überzeugen. Ihr habt vielleicht eine Schale voll Nektar (*amrita*), aber wie könnt ihr über dessen Duft und Süße sprechen, wenn ihr keinen Tropfen auf der Zunge hattet! Sai-Verehrer, eure Verantwortung ist sehr groß. Es liegt an euch, eine innere Transformation der Menschen zu bewirken.

Als der *Mahabharata*-Krieg unmittelbar bevorstand, sagte man in den Kreisen, die die drohenden Gefahren der Zukunft voraussahen, daß nur ein starker Pfeilregen die Flammen des Hasses würde löschen können. Heute ist es umgekehrt: Nur ein starker Regen der Liebe kann die Flammen des Zorns, der Angst und Sorge ersticken, die die Welt einhüllen.

Eine Gruppe von Wissenschaftlern, die mich vor kurzem aufsuchte, fragte mich: „*Swami*! Du sprichst von den Flammen der Angst und Sorge. Aber sicher erkennst du doch auch den großen Entwicklungsschritt an, den der Mensch mit der Landung auf dem Mond vollbracht hat!" Ich sagte ihnen, es sei falsch gewesen, Milliarden Dollar und Rubel in solche Unternehmungen zu stecken. Sie meinten, wenn auch der große finanzielle Einsatz vielleicht keinen unmittelbaren Nutzen gebracht habe, so seien doch große Möglichkeiten positiver Nutzung entstanden. Ich sagte: „Es ist eine Frage der Prioritäten, das Wichtigste muß zuerst getan werden. Wenn Menschen so vieler Nationen auf der Erde ohne Nahrung, Ausbildung und Wohnung sind, zeigt es nur einen Mangel an Unterscheidungsvermögen, wenn Zeit, Fähigkeiten und Geld in diesen spektakulären, abenteuerlichen Wettlauf gesteckt werden. Später, wenn die Erde die Heimstätte für eine glückliche Familie von Völkern geworden ist, können solche Unternehmungen geplant werden."

Die Erde ist der natürliche Wohnraum des Menschen. Warum sollte er sich über den Bereich der Elemente, aus denen sein Körper sich zusammensetzt, hinauswagen und in Räume vordringen, wohin er Wasser, Luft und andere wesentliche Hilfsmittel mitnehmen muß! Wenn er zum Mond fliegt, läßt er keineswegs Sorge, Furcht und Falschheit zurück. Der Mond, den der Mensch aufsuchen sollte, ist der Geist (*mind*), nicht dieser tote Satellit, der kein eigenes Licht besitzt. Das *Ramayana* berichtet, daß *Rāvana* geschickt einen Kopf aus Wachs formte, der dem *Rāmas* ähnlich sah, und ihn dann *Sītā* als abgetrenntes Haupt ihres Mannes präsentieren ließ, damit sie aufhören würde, an ein gemeinsames Leben mit ihm zu denken und sich den Lockungen ihres Entführers *Rāvana* hingeben würde. Der Mond ist wie jene leblose Imitation von *Rāmas* Haupt. Der wahre *Rāma* ist voll Leben, aktiv und ganz woanders zu finden. Den wahren Mond findet der Mensch am Firmament seines „Herzens", wo Geist und Intelligenz, die wahre Sonne, ihre Kreise ziehen.

Wenn jener Mond beherrscht wird, erleuchtet *Shiva* die Nacht und sie wird in *Shivarātri*, die Nacht *Shivas*, verwandelt. Andernfalls ist es shavarātri, die Nacht des Todes. Wenn der Mensch schläft und sich weder seiner selbst noch seiner Göttlichkeit bewußt ist, ist er ein Leichnam.

Die Weisen Indiens haben verschiedene Riten, Zeremonien, Disziplinen, Verhaltensregeln, Konventionen und Feste festgelegt, damit die Gefühle gereinigt und der Glaube gestärkt werden können. Heute möchte ich über die Bedeutung einer dieser Disziplinen sprechen - nämlich über die Ernährung. Nehmt nur einfache, reine, saubere Nahrung zu euch - die von den Weisen „*sāttvika*" genannt wird. Das heißt, diese Nahrung wird nicht Impulse und Gefühle wecken, Leidenschaften entfachen, das seelische Gleichgewicht stören und die Gesundheit beeinträchtigen. Nahrung, die Gott geweiht wird, ist frei von niedrigen Schwingungen, die dem Einzelnen auf subtile Weise schaden. Nahrung, die den Hungrigen angeboten und dann gegessen wird, hat die gleiche wohltuende Wirkung. Da Nahrung Gefühle und Gedanken des Menschen auf subtile Weise beeinflußt, müßt ihr immer auf der Hut sein.

Prashānti Nilayam, 06.03.1970

Yāga heißt *tyāga* - Opfern heißt Loslassen

Eradi hat euch gerade erzählt, daß der Kaiser *Bali* einen enormen Hochmut entwickelte, und Gott strafte ihn dafür, indem er ihn mit den Füßen in die niedrigen Regionen beförderte. Als Trost durfte er während dieses Festes (Onam, Anm. d. Ü.) wieder in sein altes Reich heraufkommen und sich an dessen Blüte erfreuen. Ja, Hochmut ist ein giftiges Unkraut auf allen Feldern menschlichen Handelns. Das Selbst (*aham*) oder das Ich ist der Kern, um den herum die Persönlichkeit entsteht. Natürlich ist die Form für jedes verkörperte Wesen wesentlich und notwendig. In diesem Ichbewußtsein (*ahamkāra*) muß sich jeder eine Zeitlang aufhalten, bis er befreit wird. Ihr solltet euch nicht an Besitz, Macht oder Autorität binden. Sie mögen euch zeitweise als heilige Aufgabe anvertraut werden, aber bindet euch nicht daran und klagt, wenn sie abnehmen, oder jubelt, wenn sie zunehmen. Natürlich muß es das Ich-Gefühl geben, bis durch ständige Kontemplation über das „Ich", das „Er" ist, die beiden verschmelzen und es schließlich nur noch Wir gibt, Er und Ich.

Betrachtet einmal das Wort *aham*! A - wie in Alpha, aber kürzer - ist der erste Buchstabe des Alphabets, der erste Vokal, der aus der Kehle kommt, wenn der Mund geöffnet wird. Der zweite Laut *ham* wird erzeugt, wenn der Mund fest geschlossen wird. Alle anderen Buchstaben liegen dazwischen. Diese Vokale und Konsonanten werden als unzerstörbar, ewig, allgegenwärtig (*akshara*) bezeichnet. So ist also das Ich (*aham*) das unzerstörbare Selbst (*akshara*), das all diese Eigenschaften und mehr besitzt. Identifiziert ihr es mit geringeren Dingen oder sind eure Vorstellungen von ihm zu begrenzt, so ist dies im Hinblick auf seine Größe ein Sakrileg. Es ist eine Folge der Täuschung, der Vernunft, Willen und Denkvermögen erlegen sind, daß ihr euch mit diesem schwächlichen Körper und seinem Zubehör identifiziert. *Arjuna* gestand, daß er sich von dieser Täuschung (*moha*) befreit hatte. „Nashto mohah", sagte er, „verschwunden ist die Täuschung. Ich kann mich wieder an das erinnern, was ich wirklich bin."

Praktiziert Selbsterforschung (*svavimarsha*): Wer bin ich? Bin ich das Denken, der Wille, das Unterscheidungsvermögen, der Intellekt, die Sinne, der Körper, die Gliedmaßen? Erkennt, daß ihr keines davon seid und auch nicht alles zusammen. Ihr seid der Atem Gottes; nur durch ihn seid ihr lebendig, aktiv und bewußt. Aber wenn man euch fragt, wo Gott sei, zeigt ihr mit dem Finger zum Himmel und sagt „dort oben!" Wenn jemand euch fragt, wo *Swami* sei, sagt ihr „dort oben" und deutet auf das Zimmer im ersten Stock. Ihr wißt doch, daß ich auch an eurer Seite bin.

Ihr erinnert euch an Gott, wenn es euch schlecht geht; ihr vergeßt ihn, wenn ihr keine Sorgen habt. Ihr erkennt nicht, daß ich jederzeit überall bin, daß Gott sich nicht nur in den oberen Regionen des Himmels aufhält oder in dem kleinen Raum, wo ihr sein Bild aufgehängt habt! Wenn man aufrichtig betet, kann seine konkrete Form überall erscheinen. Betet eindringlich zu ihm, gleichgültig welche Form und welchen Namen ihr benutzt. Er antwortet bestimmt, nur ändert den Namen und die Form nicht nach Lust und Laune, das schadet nur der Konzentration. Alle Namen sind sein, alle Formen sind sein, aber wenn ihr sein Erscheinen herbeisehnt, ist es am besten, den Namen und die Form zu wählen, die euch am meisten zusagt.

Bali war der Enkel von *Prahlāda*, der trotz seiner dämonischen Abstammung (*rākshasa*) ein großer Verehrer des Herrn war. *Bali* war ein Eroberer, er erbeutete Schätze, die andere angehäuft hatten, und schwelgte im Genuß, sein Ego und andere dämonische Triebe befriedigt zu haben. Schließlich mußte aber auch er erkennen, daß er göttlich ist und die Erkenntnis der göttlichen Natur das höchste Gut des Lebens ist, nicht Essen und Schlafen, Verdienen und Ausgeben, Sparen und Vergeuden.

Das Onam-Fest sollte man nicht laut und ausgelassen feiern. Es hat eine tiefere Bedeutung, die es zu erkennen gilt. Das Opfer (*yāga*), das *Bali* zelebrierte, zog Gott in der Form *Vāmanas*, des „jungen umherwandernden Schülers" an! Denn Opfern (*yāga*) bedeutet Loslassen (*tyāga*), nicht das Opfern von Tieren, sondern das Loslassen von Reichtum und Besitz, die nur Hindernisse sind. Der Herr war so erfreut, daß er selbst vor *Bali* erschien und um Geschenke und Verehrung bat! Sukrācārya, der Priester von *Balis* Familie, trat jedoch dazwischen und wurde wie alle Menschen, die gute Taten verhindern, bestraft, er wurde mit dem Verlust eines Auges bestraft! Warum sollte irgend jemand Gott Geschenke verweigern? Wie kann man überhaupt das, was jemandem gehört, als Geschenk bezeichnen! Wer glaubt, er könne Gott etwas geben, was ihm nicht schon gehört, ist „blind", hat keine „klare Sicht". Das ist die Lehre, die man aus Sukras Erfahrung ziehen muß.

Das Universum ist aus den fünf Elementen zusammengesetzt und wird durch die fünf Sinne wahrgenommen. Wer Herr über die fünf Elemente ist, kann seine Füße überallhin setzen. Das tat *Vāmana* als *Trivikrama*, als er *Bali* um drei Fuß Land bat und diese erhielt! Mit einem Schritt durchmaß er die ganze Erde, mit dem zweiten durchmaß er den Weltraum. Den dritten setzte er auf *Balis* Haupt und stieß ihn in die niederen Regionen hinab. Man erhält die Erleuchtung durch Gnade oder Gebet oder Liebe (*prema*). In diesem Fall erhielt *Bali* sie durch Gnade.

Ihr könnt das Ziel nicht durch gute Werke allein erreichen. In dem englischen Wort „good" (gut) gibt es ein extra „o", das nur eine Null ist! Das heißt, das Verlangen, das euch treibt, die Frucht, die euch lockt, der Ruhm, der euch peinigt -, all dies ist nichts als eine Null, eine große Null. Laßt ab davon, und weil das Ego sich nicht einmischt, bleibt „good" mit einer Null weniger übrig, das heißt, „god" (Gott). Verlangen plus Leben ist der Mensch! Leben minus Verlangen ist Gott. *Bali* wurde gesegnet, weil er Opfer brachte (*tyāga*), Verzicht übte und alle Bindungen aufgab! Er wurde Herrscher der niederen Regionen und Gott willigte ein, sein Torhüter, Wächter und Führer zu sein! Welch ein Segen!

Er hatte den Ehrgeiz gehabt, *Indra* zu werden, der Gott der Götter, der Herrscher des Himmels. Es heißt, wer hundert Opferhandlungen (*yāga*) hintereinander vorschriftsmäßig durchführt, wird automatisch zu *Indra*. Wer auf diese Weise als *Indra* eingesetzt worden ist, weigert sich natürlich, seinen Thron einem anderen zu überlassen, der auch hundert Opfer dargebracht hat! Also setzt er alles daran, die letzten der hundert Rituale zu stören und zu entweihen, so daß niemand die hundert vollmachen kann! Auch *Bali* fehlten nur noch 36 Minuten zur Vollendung seines hundertsten Opfers. Die Gefahr, einen Dämon (*rākshasa*) als Gott der Götter inthronisieren zu müssen, mußte abgewendet werden. Und so erschien *Vāmana* auf dem Plan und bettelte um Almosen - nur drei Fuß Land! Und was für ein Fuß ihm im Handumdrehen wuchs! *Indra* wurde vor dem Schicksal bewahrt, ein Ex-*Indra* zu werden! Das hundertste Opfer fiel aus, weil dem Herrscher das

Unglück zustieß, in die unteren Regionen versetzt und in einen demütigen Diener Gottes verwandelt zu werden.

Geben (dāna) ist lobenswert, wenn es dem Bedürftigen zur rechten Zeit und auf die rechte Weise zukommt. Der Geber sollte es ohne Hochmut und nicht in der Öffentlichkeit tun, ohne das Gefühl der Überlegenheit, ohne dem Empfänger unter die Nase zu reiben, daß man ihm helfe, auf den eigenen Beinen zu stehen, und ohne daß Verachtung die Seele des Gebers beschmutzt. Gebt und macht daraus einen Akt der Verehrung Gottes, den ihr in dem Menschen erkennt, dem ihr das anbietet, was Gott euch gerade für diesen Zweck geschenkt hat! Jemand fragte einmal im Himmel einen Engel, wie es komme, daß er in den Himmel gelangt sei und auf *Indras* Thron sitze! Als er hörte, daß es seine Geschenke auf Erden seien, die ihn dazu berechtigten, schenkte er dem Engel sogar den Himmel. Es heißt, er soll dann noch höher aufgestiegen sein!

Die Eigenschaften der Losgelöstheit und der Liebe werden in euch wachsen, wenn ihr an der Übung der Wiederholung des Namens Gottes (*nāmasmarana*) festhaltet. Tragt den Namen auf der Zunge und im Geist, den ganzen Tag lang. Seht in jedem den, dessen Namen ihr verehrt. Hört alles, was andere erzählen, als wären es Berichte von Seiner Herrlichkeit und Seinem Tun (*līlā*)! Die Liebe wird alle Selbstsucht vertreiben und Verständnis und Mitgefühl werden euer Bewußtsein erweitern. Heute ist das Onam-Fest, das in Kerala groß gefeiert wird. Sprecht heute ein besonderes Gebet. Bittet Gott um die Lösung von allen Bindungen, bittet ihn, euch auf den Weg zur Selbstverwirklichung zu führen, bittet ihn, das Licht der Weisheit in euch anzuzünden, um die höchste Glückseligkeit zu erkennen und zu erfahren.

Tyāgarāja wurde vom Maharadscha von Thanjavur, Sarfoji, dem Nachkommen von Sivaji, eingeladen. Man wollte ihn, den berühmten Heiligen, Mystiker, Dichter und Sänger, mit kostbaren Geschenken (*nidhi*) überhäufen! Aber dieser glaubte, man wolle ihn nur in Versuchung führen, und stellte daher die Frage: „Was ist die wahre Quelle der Freude, Geschenke (*nidhi*) oder die Gegenwart Gottes (*sannidhi*)?" Natürlich lag die Antwort auf der Hand. *Tyāgarājas* Bruder aber, der mit den Schätzen schon fest gerechnet hatte, war außer sich vor Zorn, als dieser sich weigerte, hinzugehen. Er warf den Bruder aus dem Haus und verbot ihm, es wieder zu betreten. Die Götterbilder, die jener verehrt und wodurch er erkannt hatte, daß *Rāma* in jedem Menschen wohnt, warf er in den reißenden Strom!

Sivaji wollte *Tukārām* mit einer herrlichen Sänfte und Schmuck beschenken. Aber *Tukārām* sagte: „Rām! Ich werde deine Füße nicht loslassen, denn ich weiß, wenn ich den Griff lockere, um etwas anderes als deine Füße zu umfassen, entfliehst du mir."

Als *Tyāgarāja* im Sterben lag, lag sein Kopf auf dem Schoß seiner Frau, und als der Heilige in der Ekstase des Übergangs „*Rāma!*", „*Rāma!*" rief, fielen drei heiße Tränen aus ihren Augen auf sein Gesicht. „Ach", rief *Tyāgarāja*, „ich gehöre *Rāma* (Gott) an! Aber du gehörst immer noch *kāma* (dem Verlangen)". Hingabe bedeutet völlige Unterwerfung; es ist keine Teilzeitbeschäftigung oder ein Kauf auf Raten! Alles muß verdient und angelegt werden, man kann sein Konto nicht überziehen. Gnade wird durch spirituelle Disziplin (*sādhana*) und tugendhaftes Verhalten (satshīla) erlangt.

Verwandelt die Liebe, die ihr noch den Vergnügungen und den Dingen der Welt entgegenbringt, in Liebe zu Gott. Vergeudet keine einzige Sekunde mit übler Verleumdung oder falscher Schmeichelei. Seid demütig und heißt alles willkommen, was Gott euch schickt. Dann wird der Herr auch euer Führer und Wächter sein.

Prashānti Nilayam, 15.08.1970

Seid und seid gesegnet

Aktivität ist der Grundton des Universums. Alle Wesen werden durch Aktivität geboren, erhalten sich durch Aktivität und sterben durch Aktivität. Dauerndes Atmen, Einatmen und Ausatmen, hält die Körpertemperatur auf derselben angenehmen Höhe. Der Eine, der hinter aller Aktivität steht, hat die Form der fünf Elemente, Äther, Erde, Luft, Feuer und Wasser, angenommen, um zu handeln und zum Handeln anzuregen. Wer aktiv ist und gleichzeitig weiß, daß alle Aktivität nur ein Schauspiel ist, kennt das Geheimnis des Glücks. Das ist der *Dharma*, der alle Aktivität (*karman*) regeln und heiligen muß.

Die Errungenschaften der Technik, die den Menschen zur Landung auf dem Mond befähigten, waren schon als Ereignisse im kosmischen

Drama vorgesehen und die Hauptdarsteller brachten nur Gottes Plan zur Ausführung. Identifizieren sich die Raumfahrer mit dem Abenteuer und dessen Erfolg oder Mißerfolg, werden Stolz oder ein Gefühl der Niederlage daraus resultieren. Innerer Frieden und Freude haben dann keinen Raum mehr. Das Geheimnis guten Handelns ist: Tut alles als Akt der Verehrung, als Ritual zu Ehren Gottes, der Quelle aller Energie und Intelligenz. Wenn ihr euch nicht um die Ergebnisse eures Handelns kümmert, könnt ihr euch dem göttlichen Prinzip annähern, das jenseits aller Aktivität existiert.

Dieses göttliche Prinzip ist der Kern des Menschen. Die Erkenntnis dieser Wahrheit ist das Ziel des Lebens. Es ist die Quelle der Kraft, die nie versiegt. Schließt eure Augen und ihr glaubt, allein zu sein, obwohl Tausende euch umgeben. Wenn ihr an grauem Star leidet oder - noch schlimmer - blind seid, könnt ihr die Wahrheit nicht erkennen. So ist auch das Göttliche immer da, vor euch, hinter euch, in euch, außerhalb von euch, die Intelligenz, durch die ihr dies erkennen könnt, aber entweder seid ihr blind oder habt eine Sehschwäche oder - noch schlimmer - ihr zieht es vor, eure Augen zu schließen!

Ihr habt einen Vogel in der Hand, aber verschwendet Zeit und Energie darauf, um den Vogel, der sich im Wald versteckt, mit List einzufangen. Die Töne, von denen ihr glaubt, sie kämen von einem Vogel im Wald, sind nur das Echo des Gesangs jenes Vogels in eurer Hand! Der *Guru* enthüllt euch die Wahrheit und befreit euch von der Mühe und den Versuchen, den Vogel im Wald zu suchen. In Blitzesschnelle erkennt ihr alles und dieses Erkennen ist höchste Glückseligkeit. Warum sehnt ihr euch nach dem, was nicht existiert? Warum überseht ihr das, was „wirklich" und unwandelbar (*sat*) ist? Die Suche nach dem Unwirklichen ist ja gerade die Wurzel aller Angst und Furcht, die Krankheit der Menschheit. Sucht - so lange ihr könnt - den Schlüssel für den Notausgang. Hüllt euch in den Mantel von *nāmajapa*, der Rezitation der Namen Gottes, dann werden euch die Moskitos der Eigenliebe und der Selbstüberschätzung nicht mehr belästigen. Die Wiederholung des Namens Gottes wird euch hindern, blind zu sein für die seichte Oberflächlichkeit weltlicher Geschäfte und euch warnen, euch darin zu verstricken. Ihr tut, als wäret ihr der Schöpfer eures Schicksals. Ihr seid nur eine Welle auf den Wogen des sturmgepeitschten Meeres.

Arjuna, dessen heißgeliebter Sohn *Abhimanyu*, ein sechszehnjähriger Jüngling, von den *Kaurava*-Vettern in einem Labyrinth in die Falle gelockt, eingekesselt und hingemetzelt worden war, klagte sein Leid seinem ältesten Bruder *Dharmarāja*, der nie vom Pfad der Rechtschaffenheit abwich. Er wies ihm ausschließlich die Schuld am Tod seines Sohnes zu. In der Tat, so sagte er, hätten Exil, Armut, Niedertracht, Schande, Schmach und all die aufwendigen Vorbereitungen für den Rachefeldzug vermieden werden können, wäre er nur klüger und etwas anpassungsfähiger gewesen. *Dharmarāja* ließ die Anschuldigungen ruhig und schweigend über sich ergehen. Er wußte, daß *Arjuna* sich in einem ruhigen Augenblick wieder an die Lehren der *Gita* erinnern würde, daß jedes Ereignis ein Werk Gottes ist, daß niemand getötet wird oder tötet, wenn man die Wahrheit erkennt, daß jeder ein Werkzeug in seinen Händen ist.

Wie töricht Bindungen sind, erkennt man am schnellsten und leichtesten auf dem Pfad des Dienens (*sevā*). Strahlt Liebe aus und achtet nicht darauf, ob sie erwidert wird oder nicht, ob sie Erfolg mit sich bringt oder nicht. Setzt Liebe immer in Dienen um, in liebevolles Tun, Worte des Trostes und der Ermutigung und Gedanken voller Verständnis und Mitgefühl. Damit sage ich selbstverständlich nicht, daß andere Wege wie der der Hingabe (bhakti) oder der Weisheit (*jnāna*) nicht auch zum Ziele führten.

Gottesverehrung in Tempeln und heiligen Stätten dient dazu, die Zeit zu heiligen und Instinkte und Impulse zu sublimieren. Die Suche nach der Wirklichkeit wird die Nebel des Zweifels vertreiben. Aber liebevoller Dienst faßt die Ziele aller Wege zu Gott gleichsam zusammen.

„Sarvatah pāni pada, sarvatoh shiro mukha" - „alle Hände, Füße, Augen, Gesichter und Münder sind Sein", sagt die *Gita*. Er arbeitet mit allen Händen, Er geht mit allen Füßen, Er sieht mit allen Augen, Er ißt und spricht mit allen Mündern. Alles ist Er. Jeder Schritt ist Sein, jeder Blick, jedes Wort, jede Tat kommt von Ihm. Das ist die Lehre, die *Seva* vermittelt.

Betet inständig: „Herr, hörst du uns nicht?", und seine Ohren werden zuhören. Betet: „Herr, laß uns zu deinen Lotosfüßen niederfallen!", und seine Füße werden sich euch zeigen. Sie sind überall, zu jeder Zeit da. Euer Gebet zwingt ihr Erscheinen herbei, das ist alles.

Was tust du, wenn du ein Paket von der Post bekommst? Du entfernst die Verpackung und nimmst den Inhalt heraus, nicht wahr? Entferne also die äußere Hülle und nimm den Wertgegenstand an dich. Du sagst: „Von mir Frieden wird ersehnt". Entferne die Verpackung auf beiden Seiten von dem, was du wirklich haben möchtest. „Von mir" auf der einen Seite - ein Zeichen für Egoismus - und „wird ersehnt" auf der anderen Seite - ein Zeichen für Verlangen, Begierde und das Gefühl der Unvollständigkeit. Befreit euch von Egoismus und Verlangen, und ihr habt Frieden! Es ist die Verpackung, die euch hindert, der Wahrheit zu begegnen. Ihr legt mehr Wert auf die Schale als auf den Kern.

Da gab es in einem Dorf einmal ein paar Philanthropen, die ein Trinkwassersystem einrichteten mit einem Brunnen, einem Hochbehälter und einem Verteilersystem mit Rohren und Wasserhähnen. Sie waren so zufrieden damit und so stolz auf ihren Besitz, daß sie beschlossen, den Gouverneur des Staates zur Einweihung einzuladen. An einem von Astrologen errechneten günstigen Tag und Augenblick sollte dieser einen der Hähne öffnen. Der Gouverneur nahm die Einladung wohlwollend an. Die Philanthropen waren in Hochstimmung; es wurde sogar ein kurzes Rohr aus Gold mit einem goldenen Wasserhahn für diesen Anlaß eingebaut. Der Pavillon, den man um diesen Hahn errichtet hatte, wurde mit bunten Bändern und Fahnen geschmückt. Aus der Hauptstadt wurden Musikkapellen eingeladen, die ihre kostspieligen und empfindlichen Instrumente mitbrachten. Pandits wurden aus verschiedenen Studienhäusern herbeigeholt und bekamen den Auftrag, beim Öffnen des Wasserhahns Hymnen aus den *Veden* zu rezitieren.

Es gab keinen Mangel an bedeutenden Persönlichkeiten an diesem Morgen. Hunderte von Wagen strömten in das kleine Dorf. Der große Augenblick kam: Der Gouverneur näherte sich feierlich dem goldenen Wasserhahn. Er öffnete ihn vorschriftsmäßig -, aber kein Wasser kam heraus! Die Rezitation der vedischen Gesänge stieg zum Himmel empor. Aber kein Tropfen kam heraus, nicht einmal die Spur eines Tropfens! Alle fragten nach dem Grund. Der Brunnen war voll Wasser, die Pumpe arbeitete ordnungsgemäß, der Tank hatte kein Leck. Das goldene Rohr mit dem goldenen Hahn war da. Was könnte wohl die Ursache sein, fragte man sich untereinander. Schließlich entdeckte jemand, daß das goldene Rohr nicht mit dem regulären Leitungssystem verbunden war, man hatte vergessen, es anzuschrauben.

Habt ihr euren Akt des Dienens mit dem Reservoir an Liebe in eurem Herzen verbunden? Tut ihr es mit dem Bewußtsein, daß Gott in allen Menschen wohnt? Oder ist es nur eine oberflächliche Routineübung, die ihr für die Öffentlichkeit oder aus Eitelkeit tut? Wahrlich, die Kraft im Inneren des Menschen ist nicht zu übertreffen; kein anderes Geschöpf verfügt darüber. Denn der Mensch ist das lebendige Ebenbild Gottes, der kostbare Schrein, der Gott selbst beherbergt. Wenn ihr schwach, verzweifelt und unwissend seid, ist es eure Schuld; tadelt niemanden deswegen, denn ihr habt die göttliche Quelle in euch noch nicht entdeckt. Daß ihr das nicht seht, was so offenbar ist, ist eure Sünde. Ihr müßt die Krankheit in eurem Auge diagnostizieren, die blinden Flecke beseitigen und den grauen Star heilen. Ihr könnt es, wenn ihr betet oder einen *Guru* aufsucht.

Drei Stufen lassen sich bei der Entwicklung des Bewußtseins unterscheiden: das Forschen, das Handeln und das Erreichen (jijnāsā, *mumukshu*, *ārūdha*). Die drei Phasen des Lebens, 1. die Ausbildung, 2. die Berufstätigkeit, wenn das Gelernte in die Praxis umgesetzt wird, 3. der Ruhestand, mit einem wohlverdienten Ruhegehalt, können damit verglichen werden.

Vielleicht habt ihr ein oder zwei Bilder von der Form Gottes, die ihr besonders liebt. „O Herr", fleht ihr vielleicht und werft euch vor dem Bild demütig und voller Reue nieder. Das wird euch inneren Frieden schenken. Aber betet nicht um schäbige Gewinne oder Racheakte gegenüber anderen! Solche Gebete ziehen nicht die Gnade Gottes an, und euer Glauben wird Schaden nehmen. Weltliche Gewinne und Verluste sind wie Spielzeug für einen Tag, wie billiger Tand in Träumen. Wenn ihr erwacht, ist alles verschwunden! Wenn ihr zur Erkenntnis des Göttlichen in euch erwacht, verschwinden sie aus eurem Bewußtsein. Warum müht ihr euch dann noch darum, Gewinne oder Verluste zu machen?

Alle Menschen sind aus dem gleichen Stoff, seid von dieser Wahrheit tief in eurem Herzen überzeugt. Dann kann es keinen Streit, keine Angst, keine fanatischen Bindungen mehr an irgend jemanden geben. Da viele diese Einsicht noch nicht haben, gibt es zur Zeit in jeder Familie Gruppen, die über alles und jedes streiten! Das *Ramayana* und

25

das *Mahabharata* enthalten Beispiele dafür, wie sich solche Situationen vermeiden lassen und wie Rechtschaffenheit (*dharma*) zu Hause, im Dorf und in der Nation hergestellt werden kann. Ehefrauen wie *Sītā*, Ehemänner wie *Rāma*, Brüder wie *Lakshmana* und *Bharata*, *Arjuna* und *Bhīma* werden darin beschrieben.

Versucht nicht, Kontakte mit anderen oder der Außenwelt zu vermeiden. Entwickelt eine offenere, universale Einstellung. Betrachtet die äußere Natur als das Gewand Gottes; sie ist Ausdruck seines Willen, die Manifestation seiner Herrlichkeit, seiner Kraft, seiner Macht, seiner Majestät. Nehmt dies in jedem Grashalm, jedem Blütenblatt, jeder Frucht wahr. Lernt vom Fluß, den Bergen, den Sternen, dem Himmel.

Wenn ihr diese ehrfürchtige Haltung gegenüber Mensch und Tieren, Pflanzen und Steinen einnehmt, werdet ihr zwangsläufig den Schleier der Trägheit (*tamas*), der Unruhe (*rajas*) und sogar der Reinheit (*sattva*) entfernen und Gleichmut erlangen -, die Stufe, wo alles Urteilen aufgehoben ist. Dann werdet ihr euch eures eigenen Selbst bewußt, das hinter und jenseits der drei Schleier verborgen ist. In den alten Schriften heißt es, „yan na bhāratī, than na bhārat - wo es keine Weisheit (*vidyā*) gibt, da ist nicht Indien". Höhere Intelligenz ist das Merkmal der wahren Söhne Indiens. Sie streben danach, mit einer geläuterten und gereinigten Intelligenz das Wahre vom Unwahren zu unterscheiden.

Unterscheidet und entscheidet; taucht und bestimmt die Tiefe; eßt und sagt, wie es schmeckt. Das ist immer die Botschaft der Seher Indiens gewesen. Axiome, deren Wert man selbst nicht überprüfen konnte, wurden den Schülern von ihren Lehrern nicht vorgestellt. Damals sagte man dem Schüler, daß Gott in all seinen Zellen tanze und daß er daher frei von Angst sein könne. Begegnet Haß mit der Liebe (*prema*) in eurem Herzen, begegnet Leid mit der Freude, die in eurem Inneren wohnt, begegnet Zorn mit dem Schild des inneren Friedens (*shānti*). Dann könnt ihr nur gewinnen. Das Universum (*loka*) ist der Körper des Herrn (*lokesha*), das Universum ist das universale Prinzip, das sich in der Vielfalt manifestiert. Der Mensch ist eine Miniaturausgabe von Gott (*mādhava*). Der menschliche Körper ist das, was ihr euch durch verdienstvolle Leben in der Vergangenheit erworben habt. Die Natur des Menschen ist reine Göttlichkeit, in der Vergangenheit,

Gegenwart und Zukunft. Niemals gab es eine Zeit, da dies nicht der Fall war. Wenn man behauptet, man habe keine Zeit für spirituelle Übungen (*sādhana*) dieser Art, so ist das ein liederliches und feiges Verhalten. Denn diese Übungen können mit anderen Tätigkeiten verbunden werden und diese sogar befruchten. Nichts kann dabei erreicht werden, außer einem Bewußtsein von dem, was bereits IST. SEID einfach: das ist Glückseligkeit, Frieden, Wahrheit und Liebe.

11.05.1971

Die zwei Pole

Dies sollte ausschließlich eine Konferenz für Amtsträger der verschiedenen Gruppen der Sathya Sai *Seva* Organisation in Maharashtra sein, aber wozu sollten wir das Treffen nur auf uns beschränken? Die Organisation hat das Ziel, das Wohl und den Fortschritt aller zu fördern, und deshalb begrüße ich es sehr, daß auch *Devotees* und freiwillige Helfer daran teilnehmen.

Ihr solltet die Ziele der Organisation, der eure Gruppe angehört, klar vor Augen haben. Denn wie kann die Reise erfolgreich sein, wenn man nicht weiß, wohin sie geht? Was immer ihr tut - lesen, schreiben, meditieren, *Bhajans* singen, eine Pilgerreise machen - dies alles kann nur dann von Nutzen sein, wenn ihr das Ziel genau kennt. Ihr müßt wissen, warum bestimmte Dinge getan und andere vermieden werden müssen.

Stellt euch vor, ihr seid auf einer Reise nach *Prashānti Nilayam*. In Guntakal muß der Zug gewechselt werden, von der breiten Spurweite zur 1m-breiten Schienenspur, nicht wahr? Ihr wollt euch noch ein wenig ausruhen und geht in ein Rasthaus. Der Manager fragt, woher ihr gekommen seid und wohin ihr fahren wollt. Wie peinlich, wenn ihr so einfache Dinge vergessen hättet? Ihr könntet weder weiterfahren noch zurückreisen!

Jetzt seid ihr Individuen, in dem oder jenem Körper eingeschlossen, jeden Augenblick geht ihr in Richtung Heimat, zurück zum Ursprung, dem *Atman*, dem höchsten Selbst (*paramātman*), von dem eure Seele ein kleiner Funke ist. Die *Upanishaden* stellen die Fragen nach dem

Woher, Wohin, Wer und Warum. Und wenn ihr inständig um Antworten fleht, geben sie Auskunft und raten, welche spirituellen Übungen euch dazu führen, die Antworten und deren Wahrheit selbst zu erfahren. Erkennt beides, das Woher und das Wohin. Auf einem Brief muß die Adresse des Absenders stehen, so daß er im Notfall zurückgeschickt werden kann. Natürlich darf die Adresse des Empfängers nicht fehlen, denn wozu sollte man sonst den Brief schreiben! Da nun „der Brief", das heißt, „euer Leben" das Woher und Wohin nicht weiß, vergilbt er im Briefkasten oder landet vielleicht in der Abteilung für unzustellbare Post im Postamt! Warum vergeudet ihr das Leben so? Lernt von eurem spirituellen Meister (*guru*) und geht voran, vom Briefkasten zur Glückseligkeit. Jeder trägt in sich das Verlangen, die Unsterblichkeit, von der er abgefallen ist, zurückzugewinnen. Die einen sind wie Fliegen, die von reinen zu schmutzigen Dingen flitzen und für ihre Mühen totgeschlagen werden! Da sie Krankheiten übertragen, geht man ihnen aus dem Weg, niemand freut sich über den Kontakt, sie irritieren und belästigen nur. Andere sind wie Bienen, die nur Honig aus duftenden Blütenkelchen schlecken und diese als Dank für den süßen Genuß befruchten. Jedes Wesen hat den geheimen Wunsch, das höchste Selbst (*paramātman*) zu erkennen.

Einige brüsten sich damit, sie seien glühende Verehrer Gottes, Gott habe sie auf vielfältige Weise gesegnet, Gottes Gnade habe ihnen so und so geholfen. Fallt nicht auf solche egozentrischen Lügner herein. Ihr werdet erst dann *Devotees*, wenn Gott eure Hingabe anerkannt hat. Das größte Hindernis dabei ist das Ego. Gott hat gesagt: „Yo mad bhaktah, sa me priyah - wer mein *Devotee* ist, ist mein Freund!" Warum hat Gott sowohl den „*Devotee*" als auch den „Freund" erwähnt? Der *Devotee* verehrt Gott, er fürchtet ihn und kann ihm deshalb nicht ganz nahe sein. Ein Freund ist ihm am nächsten. Doch wer nur ein Freund ist und nicht zugleich ein *Devotee*, könnte sich unziemliche Freiheiten ihm gegenüber herausnehmen, die nicht verziehen werden würden. Freiheit darf nicht zu Zügellosigkeit werden!

Bhīshma war ein mächtiger Krieger, berühmt wegen seiner Größe und militärischen Erfolge, die ihm durch sein Freisein von allen Bindungen und göttliche Gnade zufielen. Einmal kam es in der Nachbarschaft seines Königreiches zu einer Begegnung mit einem Mann namens Gadādhara. Dieser war, nachdem er sich einer strengen Disziplin unterworfen hatte, von Gott mit einem Diskus (cakra) belohnt worden, der ihn unbesiegbar machen würde. Das Volk pries ihn deshalb als Cakradhara, Besitzer des göttlichen Wurfgeschosses! Inzwischen war der Bursche so unverschämt und frech geworden, daß er *Bhīshma* zum Tode seines Vaters Shantanu eine überaus verletzende Botschaft schickte. Cakradhara schrieb: „Entweder schickst du mir die verwitwete Königin in meinen Palast, oder wir treffen uns auf dem Schlachtfeld!" Wer hätte eine solche Beleidigung ruhig hinnehmen können! Es heißt, jeder solle sein Land (dharanī), seinen Glauben (*dharma*) und seine Ehefrau (dharmapatnī) schützen. Also sagte *Bhīshma* sich: „Was ist mein Leben noch wert, wenn ich diese Beleidigung nicht rächen kann, wenn ich die Ehre meiner Mutter nicht wiederherstellen kann!" Aber die Priester am Hofe rieten ihm, erst nach zehn Tagen zum Kampf mit Cakradhara anzutreten. Er sei nach dem Tode seines Vaters zehn Tage lang durch die Bestattungszeremonie verunreinigt und dürfe die göttlichen Waffen nicht benutzen. Er dürfe die heiligen Mantren, die sie in Bewegung setzen, in dieser Zeit nicht rezitieren. Sie rieten ihm: „Beende erst die religiösen Rituale, die der verstorbenen Seele deines Vaters den Frieden bringen, und erledige dann den Feind auf dem Schlachtfeld". *Bhīshma* erkannte den Wert ihres Rates und bat Cakradhara in einem Schreiben um einen zehntägigen Aufschub!

Aber Cakradhara wollte von einem solchen Aufschub nichts wissen, er lechzte nach einem Sieg! So lenkte er seine neue Waffe, die er vor kurzem als Geschenk erhalten hatte, auf *Bhīshma*. Aber ein Wunder geschah! Dieser Diskus, der aus Gottes Hand stammte, konnte keinen Sohn verletzen, der die alten vedischen Rituale zu Ehren der Toten treu vollzog! Zehn Tage lang - während der durch die Bestattungszeremonie verunreinigten Phase - rotierte der Diskus am Himmel! Tut man voller Hingabe seine Pflicht, ist man von mächtigen, schützenden Einflüssen umgeben, so daß keine böse Macht sich zu nähern wagt. Das ist die Art und Weise, wie Gnade wirkt. Wenn eine Begabung durch Göttliche Gnade verstärkt wird, kommen Wunder zustande, wie etwa der erfolgreiche Bau einer Brücke über das Meer nach Lankā durch eine Schar von Affen.

Ein Studium der Biographien großer Persönlichkeiten aus Indiens Vergangenheit zeigt, daß sie offen und mutig genug waren, ihre Sünden vor jedermann zu bekennen. Sie waren auch bereit, die Strafe für die begangene Sünde zu akzeptieren. Sie versuchten herauszufinden, welche Buße (präyashcitta) den irrenden Geist reinigen und läutern könnte. Sie durchliefen den entsprechenden Prozeß reumütig und voll innerer Befriedigung.

Das Pferd, das man vor dem Pferdeopfer, das die *Pändavas* beschlossen hatten, frei herumlaufen ließ, stand unter der Aufsicht *Arjunas*, der ihm in einer bestimmten Entfernung folgte. Als das Pferd durch Manipur lief - das von *Babhruvahana*, seinem Sohn aus der Ehe mit *Citrangada*, regiert wurde -, sperrte es der König in seine Stallungen ein! *Arjuna* ließ sein Heer vor der Stadt aufmarschieren. Als *Babhruvahana* von seiner Ankunft hörte und erfuhr, daß es sein Vater sei, ging er ihm mit all seinen Höflingen, Verwandten und Priestern entgegen, um ihm den Willkommensgruß eines Sohnes zu entbieten. Aber *Arjuna* forderte ihn zum Kampf auf. Er sagte: „Da du das Pferd eingefangen hast, mußt du kämpfen und nicht vor seinem Aufseher katzbuckeln. Gewinne es auf dem Schlachtfeld und beschmutze nicht den hehren Namen eines Kriegers (*kshatriya*)!" Auch seine Mutter drängte ihn, seiner Pflicht nachzukommen, unabhängig davon, wer die Aufsicht über das Pferd gehabt hatte oder welche Verwandtschaftsbeziehung bestand. Wenn der Schlachtruf ertönt, sagte sie, sollte sich kein Krieger verkriechen.

Also ging *Babhruvahana* zurück und kämpfte so tapfer gegen seinen eigenen Vater, daß dieser von einem Schauer scharfer Pfeile getroffen wurde. Er fiel zwischen den beiden Armeen tot zu Boden! *Babhruvahana* versank in tiefen Schmerz. In diesem Augenblick erschien eine himmlische Nymphe namens Ulupi und tröstete den Sohn: „Trauere nicht! Dies ist nur das Spiel des Schicksals. Es steht geschrieben, daß *Arjuna* als Buße für seine Vergehen von seinem Sohn getötet werden soll. Berühre ihn nun und er wird aufstehen und wieder lebendig sein!" Und in der Tat, *Arjuna* kam wieder zu Bewußtsein. Beide kehrten glücklich zur Stadt zurück und wurden von Citrangada willkommen geheißen.

Arjuna selbst hatte um diese unheilvolle Erfahrung gebeten, um dadurch seinen Geist zu läutern. Während der Schlacht von *Kurukshetra* hatte er nämlich seinen eigenen *Guru* und Großvater, *Bhīshma*, getötet und diese Sünde bitterlich bereut. Er selbst hatte für diese Untat eine

Strafe für sich gefordert: „Möge mich mein eigener Sohn töten, damit ich von dieser Sünde reingewaschen werde!" Es ist wichtig, daß das Herz ständig gereinigt wird, damit die spirituelle Reise ohne Hindernisse und ohne Unfälle verlaufen kann.

Ihr alle seid Bolzen, Muttern und Schrauben. Wenn die winzigste Schraube denkt, ich bin so klein, was macht es schon aus, wenn ich meinen Zweck nicht hundertprozentig erfülle, kann leicht ein furchtbares Unglück passieren! Vernachlässigt eure Pflichten nicht, was immer sie sind. Übt Selbstkontrolle, damit die Sinne nicht Amok laufen. Dient eurer Familie, wie es eure Pflicht ist, aber bindet euch nicht allzusehr an sie.

Frösche versammeln sich zu Hunderten um eine Zisterne, wenn sie mit Wasser gefüllt ist. Wenn sie austrocknet, sieht man keinen einzigen mehr! So erscheinen auch Verwandte in großer Zahl, wenn es euch gut geht; wenn ihr Pech habt und Pleite macht, sind sie schnell verschwunden, und ihr seid allein. Es gibt eine Geschichte von einem reichen Mann, der nach dem Tod ins Jenseits geführt wurde. Unterwegs bat er die Engel um einen kurzen Halt, damit er einen einzigen Blick zurückwerfen könne. Sie erlaubten es ihm. So wandte er sich um und schaute zurück. Dann sagte er: „Gut, jetzt bin ich bereit, laßt uns weitergehen!" Die Engel waren über diesen Sinneswandel ganz überrascht und fragten ihn, was ihn denn dazu gebracht habe, so bereitwillig mit ihnen zu gehen. Er sagte: „Ich habe auf sündhafte und frevlerische Weise ein Vermögen zusammengebracht. Ich ernährte und unterstützte eine große Schar von Freunden und Verwandten. Ich schaute zurück, um zu sehen, ob nicht wenigstens einer mir folgte und mir in meiner mißlichen Lage helfen wollte. Aber nicht ein einziger trauert um mich. Ich gehe jetzt gern mit euch, wo auch immer ihr mich hinführt!" Gott ist der treueste Freund. Ein Weiser hat einmal die spirituelle Familie beschrieben, die euch niemals auf so undankbare Weise verletzen würde: Wahrheit ist der Vater, Liebe die Mutter, Weisheit der Sohn, Frieden die Tochter. *Devotees* sind Brüder, und Yogis sind Freunde. Pflegt diese Art von Familie, und ihr werdet in ihrer Mitte glücklich sein.

Sathya Sai *Seva* Gruppen sind gebildet worden, damit ihr dort Frieden und Freude erfahren könnt. Sie dürfen niemals als Reklame für mich oder für euch benutzt werden. Manche fragen mich, warum es in einer spirituellen Organisation Regeln und Verordnungen geben muß. Wie kann denn Fortschritt ohne Selbstdisziplin erreicht werden? Regeln, strenge Regeln, sind bis zu einer gewissen Entwicklungsstufe des einzelnen absolut erforderlich. Das Flugzeug fährt eine gewisse Zeit auf Rädern, ehe es abhebt. So könntet ihr auch fragen: „Wieso braucht ein Flugzeug Räder?" Wenn ihr aber eine gewisse Stufe in eurer spirituellen Praxis (*sādhana*) erreicht habt, können Regeln und Richtlinien aufgehoben werden, so wie der Pilot das Fahrwerk einzieht, wenn er in der Luft ist. Vergeßt nicht, während ihr anderen durch die Organisation dient, ein paar spirituelle Übungen für eure Vervollkommnung zu machen. Dienst am Nächsten (parasevā) ist der negative Pol, der Dienst am eigenen göttlichen Selbst (ātmasevā) ist der positive Pol, und wenn beide zusammenkommen, leuchtet Glückseligkeit (ānanda) wie ein Blitz in euch auf. Glückseligkeit löscht alle Sorgen, Furcht und Ängste. Geht auf dieses Ziel zu, indem ihr *sādhana* und *Seva* miteinander verbindet. Dies ist mein Segen für jeden von euch.

Bombay, 13.05.1971

Ihr seid alle Ich

Ihr müßt in Übereinstimmung mit den grundlegenden Idealen unserer Organisation leben. Der Dienst (*sevā*), zu dem diese Organisation euch einlädt, ist der allererste Schritt in Richtung spirituelles Wachstum. *Seva* zeigt eure Bereitschaft zu arbeiten, ohne daß ihr eine Belohnung dafür erwartet, denn der Dienst wird als Gottesdienst dargebracht. Diese Haltung befreit vom Stachel des Egoismus und erfüllt den Geist mit Göttlichkeit, die aller Schöpfung innewohnt. Gottvertrauen ist die Wurzel aller spirituellen Tätigkeit, sei es in dieser Organisation oder irgendwo anders.

In der Organisation soll es ein System und eine Ordnung geben - jede Gruppe soll das System der indischen Dachorganisation übernehmen. Kein Staat darf die Dinge auf seine Weise organisieren. Mysore, Kerala, Gujarat, alle Staaten sollen dieselbe Struktur übernehmen und bei der Gründung von Gruppen keine individuellen Experimente machen. Jede Einheit soll die Regeln, die auf der Jahreskonferenz der indischen Dachorganisation festgelegt werden, achten und übernehmen.

Diese Konferenz bietet euch die Gelegenheit, ein oder zwei Tage in guter Gesellschaft zu verbringen und eure Batterien für die weiteren Stadien eurer Reise zu Gott wieder aufzuladen. Wenn eins und eins addiert wird, ergibt es zwei; wenn eine 1 neben eine andere 1 gestellt wird, liest es sich wie eine 11! So mißt man in der Gemeinschaft von Weisen und Guten (*satsanga*). All diese unbedeutenden Einsen müssen in dieses EINE münden. Das ist das höchste Ziel, das Ende der Reise. Die *Veden* führen den Menschen von Aktivität (*karman*) zu Verehrung (*upāsana*) und schließlich zu Weisheit (*jñāna*), die die Fesseln sprengt.

Die Leiter jeder Gruppe, das heißt, der Präsident, der Vizepräsident, die Sekretäre und all die anderen müssen sich durch einen aufrechten Charakter und rechtes Handeln auszeichnen. Sie müssen am morgendlichen Singen (*nagarasamkīrtana*) auf den Straßen der Dörfer und Städte teilnehmen. Wenn die Reichen und Einflußreichen zu Hause sitzen und die anderen auffordern, am Singen teilzunehmen, dürfen sie keine Ämter in der Gruppe übernehmen. Keine Gruppe darf sich von solchen Leuten, wie reich sie auch immer sein mögen, abhängig machen. Geld kommt und geht, aber Rechtschaffenheit wächst stetig! Versucht, die Kokosnuß mit der Schale und den Fasern aufzubrechen! Es geht nicht. Ihr müßt erst die Fasern entfernen, und wenn ihr dann die Schale zerschlagt, kommt ihr an den Kern heran. Entfernt die Fasern der sinnlichen Begierden, damit ihr an den Kern spiritueller Freude gelangt. Viele von euch erklären in meiner Gegenwart, sie hätten sich völlig meinem Willen unterworfen, aber das ist leeres Gerede. Euer Geist gehört euch nicht! Ihr seid sein Spielzeug, das nach Lust und Laune herumgeworfen wird. Wie könnt ihr dann behaupten, ihr hättet ihn mir übergeben? Eure Hingabe muß total sein. Nichts darf zurückgehalten werden. Und könnt ihr mir denn überhaupt etwas Eigenes geben? Eure Verehrung bedeutet, daß ihr Wasser aus dem Kaverifluß wieder dorthin zurückschüttet! Daran ist nichts Verdienstvolles.

Die Waage, auf der ihr steht und euch freut, daß ihr zehn Pfund zugenommen habt, seit ihr euch zuletzt gewogen habt, lacht über eure Freude! Hört ihr, wie sie kichert: „Ja, wenn der Tod euch holt, werdet ihr für den Leichenträger zehn Pfund schwerer sein!" Ihr seid auf die

Welt gekommen, die eine Wohnstatt der Rechtschaffenheit (dharmaks-hetra) ist, also seid rechtschaffen.

Eure Bestimmung ist es nicht, den Gipfel des Vergnügens zu erklimmen, sondern den der Glückseligkeit; Mitgefühl (*dayā*) und Rechtschaffenheit (*dharma*) werden euch immer höher, bis zum Gipfel, bringen. Also laßt euch selbst bei der kleinsten Tätigkeit davon leiten. Ihr könnt nicht immer Entgegenkommen zeigen, aber könnt ihr nicht in eurer Rede entgegenkommend sein? Ihr könnt es, aber tut es nicht. Die Zunge hat besondere Macht zu verletzen und weh zu tun, also haltet sie im Zaume. Verletzt niemanden mit euren Worten, strahlt Liebe aus, seid liebevoll. Wenn ihr nicht einmal Menschen lieben könnt, wie könnt ihr jemals hoffen, Gott zu lieben?

Entwickelt Gleichgültigkeit in Bezug auf das Anhäufen von Reichtum und Macht. *Dhritarāshtra* klammerte sich an sein Königreich und seine hundert Söhne. Schließlich verlor er seinen Thron und lebte als einziger Überlebender des Untergangs der Dynastie in Elend weiter! Einst gab es einen großen Streit zwischen *Lakshmī*, der Göttin des Reichtums, die die Gefährtin des Gottes *Nārāyana* war, und *jnāna*, *Nārāyanas* Intellekt. Sie behaupteten, eins sei dem anderen überlegen. Reichtum sei nützlicher, sagte *Lakshmī*; ohne Weisheit sei Reichtum eine Gefahr, sagte der Intellekt. Aber schließlich griff *Nārāyana* ein und erklärte, weder das eine noch das andere sei gut oder schlecht, alles hänge davon ab, wie der Mensch es gebrauche.

Nutzt die Stellung, die ihr in der Gruppe habt, so gut ihr könnt, vor allem, um euer Ego zu überwinden, andere auf den spirituellen Pfad zu bringen und um Not zu lindern. Macht aus der spirituellen Praxis des *Bhajan*-Singens, Meditierens (*dhyāna*) und morgendlichen Singens in den Straßen (*nagarasamkirtana*) keine Routineübung, und nehmt nicht aus Zwang teil oder aus Furcht, ihr könntet euer Amt an jemand anderen verlieren, wenn ihr nicht daran festhaltet. Teilt es mit anderen, tut alles aus vollem Herzen. Worte allein genügen nicht. Setzt das, was ihr anderen als gute Tat empfehlt, selbst in die Praxis um.

Geht in Gott auf; taucht euren Geist in göttliche Aktivität: „līyate gamyate iti lingah - worin alle aufgehen, wohin alle gehen, das ist Gott (*linga*). Gott wird der Dieb der Herzen (*cittacora*) genannt; wenn ihr wißt, daß er das tut, weil er Herzen mag, so ist es eure Pflicht, das Herz rein zu halten, so daß er sich über seine Beute noch mehr freuen kann.

34

Dieser „Dieb" ist der einzige, der euch wohlgesinnt ist. Die anderen sind nur an eurem Erbe interessiert, sie suchen euer Testament und die Versicherungspapiere.

Jugend, Reichtum, Ruf, Status, Autorität - dies alles ist schnellen Veränderungen unterworfen. Es war einmal ein junger Mann, der seinen Vater viele Collegejahre lang zahlen ließ und dies als „M.S.M."-Student. Das heißt, wenn er im März-Examen durchfiel, erschien er wieder im September, dann wieder im März ... also ein M.S.M.-Student! Die Universität, die ihn aus Ärger über seine Leistungsschwäche loswerden wollte, verlieh ihm schließlich einen akademischen Titel! Als man ihm Vorschläge für seine Heirat machte, bestand er darauf, daß die Braut eine Hochschulabsolventin sein müsse. Und das war sie in der Tat! Denn als er sich einmal in einen bequemen Sessel fallen ließ und sang: „Ich bin jetzt völlig glücklich", bat er seine Frau: „Bringe mir eine Tasse heißen Kaffee!". Aber sie antwortete: „Ich habe genauso studiert wie du, warum sollte ich den Kaffee allein zubereiten? Komm in die Küche und mach' dir deinen Kaffee selber." Da stimmte er ein Klagelied über sein schweres Los an. Wenn alles gut geht, ist es der Himmel, wenn alles schiefgeht, ist es die Hölle! Dieselbe Sache, die heute das Paradies ist, ist morgen die Hölle. Bis euer Hunger gestillt ist, ist Nahrung etwas Gutes, wenn ihr satt seid, ist sie fehl am Platze! Wenn die Motive rein sind, wird das Wissen rein sein, wenn das Wissen rein ist, ist die Befreiung nicht mehr fern.

Nehmt beispielsweise die Speisung der Armen, die manche Einheiten jetzt durchführen. Dies findet einmal im Jahr am Jahresfest der Gruppe statt, aber ist das genug? Wird dadurch das Problem gelöst? Nehmen die Armen nur einmal im Jahr eine Mahlzeit zu sich? Sie müssen doch - wie ihr - mehrmals täglich essen. Ich möchte euch also bitten, statt einmal im Jahr Hunderte zu speisen, es so zu machen: Wenn die Hausfrau Reis für die Familie kocht, möge sie eine Hand voll beiseite tun als Opfergabe für *Swami*, und am Wochenende kann sie drei oder vier hungrige Leute mit diesem „geopferten Reis" satt machen. Das ist das echte „Reisopfer, das Wohlgefallen findet" (annasamtarpana). Alte Kleidung kann gesammelt und an die Armen verteilt werden, wenn neue nicht zur Verfügung steht. Kinder wachsen so schnell aus ihren Kleidern heraus, gebt sie an Kinder in den ärmeren

Provinzen weiter. Ausdehnung ist Liebe, Zusammenziehen ist Tod!

Die Sathya Sai Organisation und ihre Gruppen dürfen weder Geld noch Material von Nichtmitgliedern sammeln. Geldsammlungen sind der Bewegung so wenig dienlich wie Feuer dem Wasser. Wenn ihr diesen Punkt nicht genügend beachtet, wird kein spiritueller Fortschritt stattfinden. Lasst nur Mitglieder ihren Beitrag entrichten, und bittet niemanden, der nichts mit der Gruppe zu tun hat, um eine Spende.

Im Staate Mysore gibt es einige, die Nektar (*amrita*), heilige Asche (vibhūti) und andere Dinge verteilen und verkünden, dies sei aus meinen Bildern bei ihnen zu Hause hervorgekommen. Zunächst - einige Wochen lang - nehmen sie nichts dafür, und dann halten sie ihre Hand auf wie ein gewöhnlicher Bettler! So zu bitten und zu geben ist Sünde. *Devotees* sollten sich von solchen Orten und Personen fernhalten.

Stellt euch Gott in eurem Herzen vor. Warum solltet ihr ihn außerhalb eurer Person an einem solchen Ort suchen? An einigen anderen Orten heißt es, ich erschiene und teilte mich durch Zeichen auf Rangolipulver mit! So etwas mache ich nicht; wenn ich überhaupt irgendwo erscheine, dann komme ich persönlich, so daß ihr mich seht. Ich spreche und antworte nicht durch irgendeine Person oder ein Medium! Setzt die Wiederholung des Namens Gottes (*nāmasmarana*), Gebete (*japa*) und *Bhajan*-Singen in eurem Heim fort. Niemand erwartet, daß ihr hierher oder dorthin gehen solltet. Wo auch immer ihr seid, welche Namen ihr gebraucht, welche äußere Form euch zusagt - ich segne euch, wenn euer Herz rein ist. Vermeidet Pomp, Zurschaustellung und Prahlerei, seid einfach, aufrichtig und liebenswürdig.

Reinigt euer Heim von Falschheit, Heuchelei und Grausamkeit, und fangt dann erst an, eine Kindergruppe (bālvikās) abzuhalten. Sonst werden die Kinder sich anstecken! Vermeidet in der Sathya Sai Organisation politische Cliquen, die Bildung von Gruppen, die Verbreitung von Gerüchten und Stimmenfängerei. Gewinnt nicht auf diese Weise Vertrauenspositionen oder verdrängt andere daraus. Zersplittert nicht die Gruppe, damit ihr selbst den Vorsitz übernehmen könnt! Selbst wenn ihr verleumdet werdet, solltet ihr nicht das seelische Gleichgewicht verlieren. Macht euch nichts aus übler Nachrede. Ärger ist der Hauptfeind spirituellen Bemühens (*sādhana*), wie *Vishvāmitra* entdeckte. Ein Ausbruch von Ärger kostet euch drei Monate Gesundheit und Arbeitskraft. Ehe *Krishna* Jarasandha auf dem Schlachtfeld gegenüber trat, brachte er ihn neunmal in Wut, dabei wurde er beinahe von ihm gefangen, entkam aber wieder. Diese Wutanfälle schwächten ihn so sehr, daß er beim letzten Anfall mit Leichtigkeit überwältigt werden konnte!

Zufriedenheit ist der Himmel, Leid ist die Hölle, Ärger ist der Feind, Ruhe ist die Rüstung, Mitgefühl ist der Kamerad. Ihr wiederholt das Wort Frieden (*shānti*) dreimal, nicht wahr? Dies soll in eurer menschlichen, göttlichen und natürlichen Umgebung Frieden hervorbringen. Es soll auch Frieden in Körper, Geist (*mind*) und Intellekt entwickeln.

Wer einer *Rāma*- oder *Krishna*-Organisation angehört, hat keinen Meister, den er sehen kann. Aber in dieser Organisation ist der Meister da, gibt Hilfe, erteilt Rat und Weisung. Ihr könnt hier nicht eure Launen und Wünsche ausleben. Ihr müßt überall und jederzeit wachsam sein. Gebt euer Ego auf und dient. Geht nicht mit ausgestreckten Händen herum und erniedrigt euch dadurch. Bittet mich, wenn ihr Hilfe braucht. Streckt eure Hände nur nach der Gnade Gottes aus. Bittet um Gnade, weil es euer gutes Recht ist, ihr braucht nicht zu kriechen. Bittet, wie ein Kind den Vater bittet. Erkennt, daß Gott der Nächste und Liebste ist. Ihr seid die Spiegelbilder, ich die Sonne (*bimba*), die sich in euch spiegelt. Kann es Unterschiede zwischen dem Objekt und seinen Bildern geben? Ihr seid alle Ich. Ich bin ihr alle. Ich weiß, daß ich *Atman* bin. Ihr glaubt, ihr seid der Körper. Ihr seid Zuckerpuppen, ich bin der Zucker. Verehrt irgendeinen Namen, die Verehrung erreicht mich, denn ich antworte auf alle Namen. Verleumdet keinen Menschen, es trifft mich, denn alle Menschen sind Ausdruck meines Willens.

Dhawar, 14.05.1971

Wer bin ich?

Ein Mensch zu sein, ist schon ein großes Glück, und als Mensch in Indien geboren zu sein, das einen solchen Reichtum spiritueller Disziplin geerbt hat, ist ein Segen, wofür ihr wirklich dankbar sein müßt!

Seit Jahrhunderten sind von den Weisen Indiens vier Themen in den Mittelpunkt der Forschung gestellt worden, deren Ergebnisse euch heute mit Stolz erfüllen: *deham, näham, ko 'ham* und *so 'ham*. Das erste ist der Körper, in dem ihr wohnt, in den ihr eingeschlossen seid. Er wird treffend „*deha*" genannt, d. h. etwas, was verbrannt werden kann. Wie kann man sich an etwas so Vergängliches klammern? Er ist Wachstum und Verfall unterworfen. Er ist die Wohnstatt von Würmern und Viren, Fäulnis und Krankheit. Er wird von Impulsen, Leidenschaften und Gefühlen beherrscht. Er ist der Sitz von Unbehagen und Unruhe, Einbildung, Phantasie und Furcht. Er fordert euch auf, euch voll seiner Pflege und Fürsorge zu widmen. Er umgarnt euch so mit seinen Lockungen, daß ihr völlig vergeßt, daß ihr sein Herr seid, so wie ihr es bei eurem Auto seid, das euch ins Geschäft und wieder nach Hause bringt.

Wenn ihr euch der Vergänglichkeit des Körpers (*deha*) in eurem Inneren bewußt werdet, kann der nächste Gedanke in euch Wurzel fassen: Ich bin nicht der Körper (*näham*), wofür ich mich fälschlicherweise hielt! *Näham* heißt „Nicht-Ich". Der Körper (*deha*) ist Nicht-Ich (*näham*). Ich bin der Besitzer, der zeitweilige Benutzer und Bewohner dieses Instruments oder besser dieses Bündels von Instrumenten, das ist alles.

Die Leute fragen einander ständig: „Wer bist du, wie heißt du, woher kommst du, wohin gehst du", - aber sie stellen sich nur selten selber diese Fragen oder versuchen, Antworten auf diese Rätsel zu finden. Wenn ihr diese Sehnsucht habt, habt ihr das *ko 'ham*-Stadium erreicht. *Ko 'ham* heißt: „Wer bin ich?" Einige sagen, „ich bin ein hoch entwickelter Affe." „Ich bin ein Konglomerat von Chemikalien", sagen andere. „Ich bin ein Wesen mit einer begrenzten Lebenszeit, mein Leben beginnt mit der Geburt und endet mit dem Tod", sagen andere. „Ich bin ein unsterbliches Wesen, und dies hier ist nur ein Leben unter vielen auf Erden", sagen wiederum andere. „Ich" ist eine falsche, von Unwissen geprägte Einschränkung. „Ich bin eine Welle des Ozeans, und deshalb bin ich auch der Ozean", erklären andere! Sie verkünden, daß das Ich Er ist (*so 'ham*), wobei „Er" das ewige Göttlich-Absolute, *Brahman*, das unbegrenzte Wesen ohne Anfang und Ende ist. Wenn darüber meditiert und dies zur tiefsten Erfahrung wird, erlebt der Mensch die höchste Glückseligkeit, die Glückseligkeit der Vereinigung mit dem *Atman*, von dem er sich lange Zeit weit entfernt gefühlt hat.

Der Mensch ist ein Funken des Göttlichen, in all seinem Tun sollte sich dieses Göttliche zeigen. Aktiv-Sein ist seine Domäne, er kann nicht ohne die physische Aktivität des Atmens existieren oder die geistige Aktivität des Denkens. Mit jedem Atemzug muß er die Erfahrung des „Ich bin Er" (*so 'ham*) einatmen, mit jedem Gedanken muß er seine Göttlichkeit zum Ausdruck bringen. Gott ist Liebe; Liebe ist die göttlichste Eigenschaft, die der Mensch entwickeln und sich selbst schenken kann. Werdet in Liebe geboren, sterbt in Liebe, lebt in Liebe. Das heißt, geht aus Gott hervor und geht in Gott ein; seid die Welle auf dem Ozean der Liebe. Ihr solltet nicht sterben, ihr solltet verschmelzen und dadurch die Erfüllung erlangen. Das ist eure Bestimmung, das ist euer Ziel.

Ihr seid durch keinen Namen begrenzt. Ein Baby hat bei der Geburt kein Namensschild. Der Name wird erst später aus gesellschaftlichen Gründen festgesetzt. Aber ihr identifiziert euch mit eurem Namen. Ihr antwortet mit dem Namen, wenn jemand fragt, wer ihr seid. Der Name trennt, er unterscheidet, er bezeichnet die trennenden Merkmale von Sprache, Religion, Kaste, Rasse etc. Geht über den Namen hinaus zum Individuum, geht über das Individuum hinaus zu Gott, der im Herzen wohnt. Dann erkennt ihr, daß ihr mit allen verwandt seid, und die Liebe beginnt hervorzuströmen. Stellt die Jahre eures Lebens, euren Verdienst oder eure Besitztümer in den Dienst anderer, die in Not sind. Liebe erwächst aus solchem Dienst. Dienen ist die aufrichtigste Form der Gottesverehrung.

Wenn der Mensch sich von seinem Ursprung entfernt, breitet sich überall Haß aus. In den vergangenen Zeitaltern, dem goldenen (*krita*), silbernen (*tretā*) und kupfernen (*dvāpara*) Zeitalter, vergifteten die Rauchschwaden des Hasses ab und zu die menschlichen Beziehungen, aber zu keiner Zeit waren sie so tückisch und so durchdringend wie jetzt. Gegenwärtig hat das Böse die Beziehungen in der Familie, dem Dorf, der Gemeinde, der Schule, dem Staat, der Nation und in den internationalen Beziehungen vergiftet. Kein Bereich menschlichen Handelns ist frei davon! Wenn schon in der Familie Uneinigkeit herrscht, wie kann dann die Nation frei davon sein! Wie können nationale Aufgaben im Geiste der Toleranz und gegenseitiger Kooperation erfüllt werden? Es ist falsch, die Tage im Gefängnis dualistischer

Vorstellungen zu verbringen und zwischen Kummer und Freude, Schmerzen und Vergnügen, Erfolg und Niederlage hin- und herzupendeln. Geht über den Horizont von Körper, Geist (*mind*) und Intellekt hinaus, und seid eins mit dem Unendlichen. „Brahman" heißt „das Weite, die Ausdehnung ohne Horizonte".

Jeder sucht Frieden, aber solange man ihn in der äußeren Welt sucht, wird man ihn nicht finden. Alexander der Große hatte keinen Frieden, Muhammed von Ghazni hatte keinen Frieden. Die Millionäre werden von Angst und Sorgen geplagt. Die Anhäufung von Reichtümern oder Macht kann keinen Frieden schenken. Frieden kann nur von der Quelle des Friedens im Inneren kommen.

Eine alte Frau ließ einmal ihre Nadel fallen, als sie einen Riß in ihrem Sari ausbesserte. Da sie sehr schlecht sehen konnte, konnte sie die Nadel auf dem Kleiderbündel, auf dem sie saß, nicht entdecken. Daher ging sie auf die Straße und suchte im Umkreis einer Laterne danach. Ein paar Schüler auf dem Weg nach Hause, sahen ihre Not und boten Hilfe an. Sie fragten, was sie verloren hätte. Sie antwortete: „Ich habe beim Nähen meine Nadel in der Hütte fallen lassen, aber es ist dunkel dort. Ich bin halb blind. Hier ist es heller und ich kann besser sehen, und deshalb suche ich sie hier." Die Jungen lachten und sagten zu ihr: „Großmutter, wie kannst du hier deine Nadel finden? Suche sie da, wo du sie verloren hast!"

Ihr habt Frieden, Weitsicht und Weisheit, Eigenschaften eures wahren Selbstes, verloren. Wie könnt ihr sie wiederfinden, wenn ihr sie in der Welt sucht, mit der ihr nur über die Sinne in Beziehung treten könnt. Sucht lieber dort, wo ihr sie verloren habt, in eurem Herzen. Dort werdet ihr sie wiederfinden, denn sie sind ausschließlich Attribute des Göttlichen, das dort seinen Sitz hat. Gott ist die innere Wahrheit von allem, was ist. In dieser großen Versammlung ist er mitten unter uns. Er offenbart sich im Universum, das sein Kleid ist.

Ihr könnt dies gut in Worte fassen, aber eure Taten sind nicht davon inspiriert. Das Essen auf dem Teller muß den Magen erreichen, seine Kalorien müssen alle Glieder und Organe der Körpers erreichen. Genauso muß die Essenz des Göttlichen alle Worte, Taten und Gedanken durchtränken. Ihr habt vielleicht einen Kelch voll Nektar neben euch stehen. Ihr mögt seine Zusammensetzung, Duft, Farbe und Konsistenz kennen, aber bevor ihr nicht einen Tropfen auf die Zunge getan habt, habt ihr das Ziel, es zu kosten, nicht erreicht. Gott ist in allem, was euch umgibt, aber ihr unternehmt gar nichts, ihn kennenzulernen!

Dient anderen mit Ehrerbietung - das ist die leichteste und beste Methode, Gott in allem zu erkennen. Da alle seine Formen, seine Funken, seine Kinder sind, erkennt, daß ihr mit allen in der Gemeinschaft verwandt seid; betet für das Wohl und Gedeihen der ganzen Menschheit, unabhängig davon, welche Grenzen sie durchziehen. Bis vor kurzem gab es kein Pakistan. Es ist eine Schöpfung politischer Strategie, menschlicher Schwäche oder Begrenztheit. Seht darin nichts anderes als eine künstliche Regelung, laßt eure Liebe dadurch nicht schwächer werden. Betet, daß Toleranz und Verständnis die Oberhand gewinnen und Liebe und Kooperation mehr und mehr in der Menschheit an Boden gewinnen, wie immer sich die einzelnen Volksgruppen bezeichnen mögen, ob Russen, Chinesen, Pakistaner, Inder oder Amerikaner. Jedes Land ist nur ein Zimmer im Hause des Herrn. Kleine Geister wählen enge Wege; erweitert eure geistige Schau, und wählt die breite Straße der Hilfsbereitschaft, des Mitgefühls und des Dienstes am Nächsten.

Spirituelle Sucher (*sādhaka*), die nach Selbstverwirklichung streben, sind wie Häuser, sie müssen Stein auf Stein legen, damit die Wand immer höher wird. Das ist die nach oben gerichtete Schau. Andere sind wie Brunnengräber. Sie graben und graben; das ist die nach unten gerichtete Schau. Seid wie eine Turmspitze, die den Himmel durchstößt. Laßt andere an eurer Glückseligkeit (*ānanda*) teilhaben, führt sie auf den göttlichen Weg, seid ein Beispiel für Aufrichtigkeit und Ernsthaftigkeit. Nehmt am *Bhajan*-Singen und dem Singen des Namens Gottes (*nāmasamkīrtana*) teil, singt laut und voller Enthusiasmus. Manche fragen mich: „Warum sollen wir denn laut singen? Genügt es nicht, wenn wir es still im Herzen fühlen?" Ich weiß, daß dies alles trockenes Wissen ist! Sie sind bereit, anderen in der Gruppe Ratschläge zu erteilen, aber sie selber setzen sie nicht in die Praxis um. Zwei Freunde waren wegen ihrer Faulheit bekannt. Einmal sollte der eine um drei Uhr morgens einen Zug erreichen. Deshalb bat er seinen Freund, ihn um 2.30 Uhr zu wecken, denn er hatte kein Vertrauen zu sich selber. Der Freund aber war noch fauler. Er wollte, daß der andere ihm um 2.15 Uhr wecke, damit er diesen dann um 2.30 Uhr wecken könne! Was bringen solche Menschen überhaupt zustande!

Entwickelt heitere Gelassenheit. Heißt Schmerz und Kummer willkommen, denn sie stärken den Charakter und decken verborgene Quellen von Mut und Kühnheit auf. Sie scheinen eure Karriere zu beeinflussen, aber euer wahres Selbst ist davon unberührt. Euer wahres Selbst ist das „Ich", das wacht, träumt und schläft. Während ihr schlaft, wißt ihr nicht, ob ihr ein Mensch, ein Vogel, ein Tier oder ein Baum seid!

Hier in Dharwar und Hubli gibt es eine große Zahl von Anhängern *Shivas*, die den *Shiva*-Aspekt des Göttlichen verehren. *Shiva* ist das beste Beispiel für Gelassenheit. In den *Purānas* taucht *Shiva* mit einer seltsamen Truppe von Familienangehörigen auf. Doch jeder ist so ruhig und gelassen, daß die ganze göttliche Familie in Frieden und Harmonie lebt. *Shiva* hat Schlangen auf den Armen, um den Nacken, auf dem Haupt, um die Taille herum. Einer seiner Söhne, *Kumāra*, reitet auf einem Pfau, der Schlangen angreift. Ein anderer reitet auf einer Maus, die von den Schlangen gefressen wird. Ein Sohn hat einen Elefantenkopf, was den Appetit des Löwen anregt, der wiederum der Träger von *Durgā* ist, der Gefährtin *Shivas*, die als dessen linke Körperhälfte nicht von ihm zu trennen ist. Auch ist der Löwe dem Stier, den *Shiva* für sich selbst als Träger gewählt hat, von Natur aus nicht wohlgesonnen. *Shiva* hat auf dem Punkt zwischen seinen Augenbrauen Feuer und auf dem Kopf Wasser, den Ganges, beide sind unvereinbar miteinander! Stellt euch vor, wie liebevoll, wie kooperativ die verschiedenen Familienmitglieder sein müssen, damit das Leben auf dem Kailash problemlos und glücklich ist!

Alles hängt vom Geist (*mind*) und seiner richtigen Disziplinierung ab. Die Waffe der Liebe wird jeden Gegner entwaffnen. Liebe erzeugt Liebe, sie kommt als Reaktion zu euch zurück. Ruft „Liebe", und aus dem Herzen des anderen wird auch „Liebe" ertönen.

Geht den Pfad der Rechtschaffenheit, des *Dharma*, denn das allein schätze ich. *Dharma* heißt Sittlichkeit, Kontrolle der Leidenschaften und Gefühle und ihre Verwandlung in Güte und Mitgefühl. Wenn ihr frei von Gier und Haß seid, werdet ihr auch gut schlafen können. Man braucht keine Schlaftabletten zu schlucken! Das Leben ist so künstlich geworden, es gibt keine Lebenskunst und keine Herzlichkeit mehr. Das Leben stinkt wie ein Fisch, obwohl dieser sein ganzes Leben im Wasser verbracht hat (im Engl. Wortspiel: art-i-ficial; Anm. d. Ü.).

Wacht jeden Morgen mit einem Lied zu Ehren Gottes auf den Lippen auf, denn was gäbe es, wenn es Gott nicht gäbe? Lebt jeden Tag aus dieser Freude heraus. Diese Inspiration sei euer Begleiter. Einige Gruppen (*samiti*) haben berichtet, daß sie damit angefangen haben, einmal wöchentlich oder zweimal monatlich den Namen Gottes (*nagarasamkīrtana*) zu singen. Dies genügt nicht als spirituelle Übung (*sādhana*). Was verliert ihr, wieviel eures Familienbesitzes müßt ihr verkaufen, wenn ihr jeden Morgen singt? Tut es jeden Tag, versenkt euch darin, und spürt, wie es euch glücklich macht. Habt keine Angst vor jenen, die euch für verrückt erklären. Wenn ihr sicher seid und euer Herz euch sagt, daß es euch Freude macht, dann setzt es trotz Verleumdung und Kritik fort. Es ist bei weitem besser, verrückt nach Gott zu sein als verrückt nach Geld, Frau oder Kindern zu sein. Wenn nur mehr Menschen an dieser Verrücktheit litten, wäre die Welt ein glücklicherer Ort. „Tyāgena ekaivāmritatvam ashnute - nur durch Verzicht wird Unsterblichkeit erlangt." Verzichtet auf triviale Vergnügungen und betretet den Pfad, der zur höchsten Glückseligkeit (*ānanda*), die Gott ist, führt. Ihr sprecht von Freude, aber gerade der Verzicht auf seichte Freude führt zur wahren Freude (im Engl. Wortspiel: enjoy - end joy, Anm. d. Ü.). Diese Suche nach billigen Vergnügungen und geschmacklosen Sinnesreizen sollte aufhören, dann wird der Geist (*mind*) sich auf die wahre Freude ausrichten. Hier in dieser Versammlung spüre ich tiefe Frömmigkeit und spirituelle Sehnsucht. Aber warum liegen schwere Schatten von Sorge und Angst über Dharwar, wenn doch so viele auf der Suche nach Gott sind? Tragt den Namen Gottes an jede Tür und sorgt dafür, daß Liebe und Verehrung die Schatten lichter machen. Mögen die Lieder zur Ehre Gottes durch jede Straße der Stadt, jedes Dorf im Land schallen, preist beim Sonnenaufgang *Rāma, Īshvara, Shankara* oder *Krishna* - jeder Name bringt dieselbe Wirkung hervor, wenn er mit der göttlichen Essenz der Liebe getränkt ist. Äste, Zweige, Blätter, Blüten und Früchte mögen sich in Farbe, Substanz, Geschmack und Geruch unterscheiden, aber alle sind Produkte der Erde und beziehen ihre Nahrung aus dem Boden und von der Sonne. Mögen Liebe, Frieden und Dienen euer Leben bestimmen. Mein Segen wird euer ehrliches Bemühen mit Erfolg krönen.

Dharwar, 15.05.1971

Rājas als *rājarshis* - Könige als königliche Weise

Ihr nennt eure Vereinigung „Rayalaseema Rajula Sangham". Was ist ein sangha? Sangha (Gemeinschaft) sollte nicht das unschöne Bild einer Absonderung hervorrufen, sondern vielmehr die Notwendigkeit von Zusammenhalt betonen. Jede Gruppe trägt - wie Glieder eines Organismus - ihren Teil zum Wohl des Ganzen bei. In den *Veden* heißt es, daß die vier Kasten vier komplementäre Aufgaben haben und mit dem Kopf, den Händen, den Hüften und den Füßen verglichen werden können. Sicherheit, Stärke und Effizienz des einen hängen von den drei anderen ab. Jede Kaste hat eine dem Gemeinwohl dienende Aufgabe und ein Ideal. Sie nimmt sich einer nützlichen Tätigkeit im besonderen an, die für die Gesellschaft als Ganzes wesentlich ist. Jede hat sowohl Rechte als auch Pflichten. Die Rechte ergeben sich proportional zu den Pflichten und deren Erfüllung. Wenn das Ideal der Kaste vernachlässigt wird, so erniedrigt sie sich selber. Setzt sie es in die Tat um, erhebt sie sich zu dem höheren Ideal. Jede Kaste hat die Pflicht, die spirituelle Entwicklung ihrer einzelnen Glieder unter Einsatz aller verfügbaren Mittel zu fördern.

In früheren Zeiten waren die Könige (rāja) nicht nur Herrscher, sondern erreichten durch unermüdliche Hingabe, Klarheit des Denkens und unerschütterliches Vertrauen die Stufe der Seher (*rājarshi*). Sie waren Krieger (*kshatriya*), die sich dem Schutze des Landes und seiner Kultur verpflichtet fühlten und die das Land vor jeder Invasion und Gefährdung seiner Kultur schützten. Sie besaßen soviel Mitgefühl, daß sie ein Leben der Entsagung wählten wie *Gautama Buddha* oder eines der Forschung wie *Janaka* oder der einfachen Hingabe (bhakti) wie Ambarīsha. Heute sind weder die Liebe zur Kultur noch die Liebe zu Gott so stark wie damals. Einflüsse fremder Kulturen und Lebensstile haben die Ideale jeder Kaste zerstört.

Heute wird die Meinung vertreten, Religionen und das Gruppen- und Kastensystem müßten verschwinden, aber solange die Menschen unterschiedliche Neigungen, Gaben und Fähigkeiten zu geistigem Wachstum haben, sind sie unentbehrlich. Man kann den Glauben an Gott oder an eine geheimnisvolle, verborgene Macht nicht einfach abschaffen. Ebensowenig kann man Unterscheidungen und Unterschiede, Kasten und Gemeinschaften abschaffen. Was zerstört werden kann, ja muß, ist der Haß zwischen diesen ganz natürlich entstandenen Gruppen. Ihr könnt eine Vereinigung der Herrscherkaste (rāja) bilden, aber kultiviert keine Feindseligkeit. Nutzt die Vereinigung, um Fördermittel für die Ausbildung der jungen Leute in der Kommune zu gewinnen. Das wäre ein guter Grund für die Konstituierung einer Vereinigung.

Das Göttliche bezieht die ganze Menschheit in seinen Blick ein; es läßt sich nicht durch eine Kaste oder einen Glauben einschränken. Dieser *Avatar* hätte in einer besonderen Gemeinschaft geboren werden können, aber er ist zu den Schwachen, den Kranken, den Bedrückten, den Gottsuchern der ganzen Menschheit gekommen. Es ist falsch, wenn ihr euch als „Herrenlose" (*anātha*) bezeichnet. Denn da ist Gott, der euch hegt und pflegt. Er ist allzeit bereit, auf Gebet, Rechtschaffenheit und Güte zu reagieren. Gott ist die einzige „herrenlose" Person (*anātha*), denn er hat keinen „Herrn" (nātha). Er ist der Herr des Universums! Niemand kann ihn kontrollieren, ihm befehlen oder behaupten, ihn zu führen. Jeder, der von Hunger geplagt wird, hat das Recht, Gott um Nahrung zu bitten. Er hat ihm den Hunger geschickt, also ist es auch seine Pflicht, sein Vergnügen, ihn zu stillen. Also habt ihr auch das Recht, ihn um Selbstverwirklichung zu bitten. Das ist das höhere Wissen (*vidyā*), das ihr unter euch pflegen müßt. Die Schulen bemühen sich heute, die Schüler für eine Arbeit in der Fabrik, auf dem Bauernhof oder im Büro auszubilden. Sie lernen es, am Job festzuhalten. Aber sie lernen nicht, wie man sein Herz umpflügt, Leid und Kummer die Stirn bietet, ein Diener des Herrn oder Pilger auf dem göttlichen Pfad wird. Ermutigt in den Studentenwohnheimen, die ihr zu errichten beabsichtigt, Aktivitäten, die Liebe, Mitgefühl und Bereitschaft zum Dienen ausbilden. Das allein kann die Arbeit und das Opfer jener rechtfertigen, die sich um diesen Verein verdient gemacht haben.

Anantapur, 21.06.1971

Satatam Yoginah - ständige Gemeinschaft mit Gott

Keine Krankheit ist schlimmer als Begierde, kein Feind größer als Bindung, kein Feuer so verzehrend wie Zorn, kein Verbündeter so zuverlässig wie Weisheit. In den alten Ashrams von Indien nahm der Meister den Schüler an die Hand und entfernte - durch Vorbild und Beispiel - das wilde Unkraut und legte die Samen der Tugend und des Gleichmuts in sein Herz, die zu Liebe und Weisheit heranwuchsen. Dadurch wurde der Mensch sich seiner fundamentalen Göttlichkeit bewußt, und dieses Wissen führte zu immerwährender Glückseligkeit (ānanda). Aber heute nimmt der Mensch, der sich an zweifelhaften Zielen und unehrlichen Experimenten ergötzt, schnell dämonische Züge an. Der Geist (*mind*) ist der Verschwörer, der dieses Unheil angerichtet hat. Wenn der Mensch dem Geist und dessen Ausschweifungen nachgibt und der Geist Sklave der Sinne und ihrer Launen ist, kann er dem Unheil nicht entrinnen.

Der Geist (*mind*) spornt den Menschen an, Glück (*sukha*) zu suchen und Unglück (duhkha) zu meiden. Er erfindet die Unterscheidung und täuscht den Menschen bei allem, was er tut; er treibt ihn an und zieht ihn zurück und dies sein ganzes Leben lang. Die Vorstellung von Glück, das oft nur als eine Form von Komfort verstanden wird, entsteht im Geist und führt zur Erschaffung von Gegenständen durch Hände und Gehirn des Menschen, Gegenstände wie z.B. das Flugzeug, das Radio und sogar die Bombe, die zerstört und den haßerfüllten Geist auch noch erfreut. Gedanken, Begierden, Wünsche, Sehnsüchte haben die Tendenz, sich zu materialisieren, und so ist die Welt nichts anderes als ein Produkt des Geistes. In der Tat ist das Universum selbst die Manifestation des göttlichen Geistes. „Eko 'ham bahuh syām" - „Einer bin ich, vielfältig will ich sein!" Das Universum entstand im Geiste Gottes, es sproß hervor und breitete sich aus, und seitdem ist der Geist so mächtig und alles durchdringend geworden. Auch bei euch ist es der Geist (*mind*), der die Welt färbt. Ist er rein, spiegelt die Welt (*jagat*) diese Reinheit, ist er unrein, lauern in der Welt überall Gefahren. Die Weisen Indiens legten eine Reihe von Übungen fest, die den Geist reinigen sollten, damit er sich von den Sinnen ab- und dem Intellekt (*buddhi*) zuwende. Diese Übungen sind Teil des umfassenden Weges der Meditation (*dhyāna*).

Meditation (*dhyāna*) ist nach Meinung vieler eine Übung von wenigen Minuten. Man versucht, eine bestimmte Haltung einzunehmen, kontrolliert Ein- und Ausatmen und bemüht sich, seine Aufmerksamkeit ausschließlich auf ein Bild oder Ideal zu lenken. Während dieser Zeit fühlt man sich ausgesprochen wohl, erlebt eine Art von Verzükkung, Freude und Frieden. Aber wenn die Übung zu Ende ist, fällt man wieder in das alte Rollenverhalten mit Skandalen, Streit, Neid und Angst zurück. So ist Meditation (*dhyāna*) zu einer Routinehandlung verkommen, einem Zeitvertreib, einer Gewohnheit, einer Droge oder einem Beruhigungsmittel, statt eine Stärkung des Geistes zu sein.

Meditation (*dhyāna*) sollte nicht nur zu festgesetzten Tageszeiten durchgeführt werden, es sollte ein kontinuierlicher Prozeß sein, der die Persönlichkeit mit der Süße Gottes erfüllt. Der Geist (*mind*) muß von Bitterkeit befreit und mit dem Nektar universeller Liebe angefüllt sein. Diese Liebe muß euch offenbaren, daß der einzelne (*jīva*) nichts anderes als Gott (*deva*) ist, der sich dieses Kleid angezogen hat. Auch ihr seid nicht identisch mit dieser zeitweiligen Hülle, sondern ein ewiges, körperloses, göttliches Wesen! Die zeitlichen und räumlichen Grenzen, denen ihr euch unterwerft, wenn ihr sagt, ihr wäret in einem bestimmten Jahr geboren und euer Geburtsort sei irgendein Punkt auf der Weltkarte, sind ebenfalls künstlich und zufällig, jedenfalls nicht fundamental.

Die Wünsche, die der Verstand unaufhörlich hervorbringt, hören niemals auf, sie sind wie Zahlen hinter dem Komma, die man ad infinitum hinzufügen kann, und mit jeder Zahl erhöht sich die Gesamtsumme. Wenn ihr in den Fängen von Wünschen (*kāma*) seid, könnt ihr nicht zu Gott, *Rāma* kommen. Das Studium heiliger Schriften, der Rat der Heiligen, die Gesellschaft der Weisen vermögen nichts, wenn ihr dies nicht in Bewußtseinserweiterung und Glückseligkeit (*ānanda*) verwandelt. Gießt den Geist (*mind*) in die Form Gottes, seine Herrlichkeit, Majestät und Schönheit. So wird aus der Fessel des Geistes ein Instrument der Befreiung.

Wenn ihr, beladen mit Wünschen und Bitten um Güter und materielle Genüsse, zu mir kommt, geht ihr das Risiko ein, euren Glauben zu verlieren und euren festen Halt, denn ein solcher Glaube ist schwach. Entwickelt Liebe, die keine Erwiderung erwartet; baut euren Glauben ligkeit (ānanda) verwandelt. Gießt den Geist (mind) in die Form Gottes, seine Herrlichkeit, Majestät und Schönheit. So wird aus der Fessel des Geistes ein Instrument der Befreiung.

Wenn ihr, beladen mit Wünschen und Bitten um Güter und materielle Genüsse, zu mir kommt, geht ihr das Risiko ein, euren Glauben zu verlieren und euren festen Halt, denn ein solcher Glaube ist schwach. Entwickelt Liebe, die keine Erwiderung erwartet; baut euren Glauben auf dieses Fundament. So könnt ihr dem Dualismus von Euphorie und Verzweiflung entkommen. Der Pfad der Liebe kennt kein Auf und Ab, er ist weich und eben, geradlinig und sicher; er führt euch zum Thron des Königs aller Könige, der in eurem Herzen wohnt! Nichts kann eure Reise verzögern oder durch Hindernisse aufhalten.

Wünsche? Was ist ihre eigentliche Natur? Wenn eine Katze euren Lieblingspapagei tötet, seid ihr wütend; wenn sie eine Maus tötet, seid ihr zufrieden. Obwohl sich die Katze in beiden Situationen gleich verhielt, war eure Reaktion als Folge eurer Anhaftung unterschiedlich. Wünsche entstehen aus persönlichen Vorurteilen und Vorlieben. Gibt man ihnen nach, stellt sich auch Überdruß ein. Und oft sind es Augenblicksreize, die unmittelbare Befriedigung verlangen. Nach einer üppigen Mahlzeit verliert man das Interesse an der Nahrungsaufnahme, man ekelt sich sogar davor. Ist einmal der Punkt der Sättigung erreicht, findet man das, was man vorher begehrte, abstoßend.

Es gibt zwei geistige Haltungen: die Haltung der Gemeinschaft und die Haltung der Einheit. Die Verfechter der Gruppenidee tun sich mit ein paar Freunden zusammen und halten sich von anderen fern. Diese Haltung kann die Gnade des Einen nicht gewinnen. Wer überall Einheit sieht, erlangt die Gnade des Einen. Und in der Feuersbrunst, die ein Funke jener Gnade entfacht, werden Lob und Tadel, Freude und Leid, womit die Welt euch überschüttet, zerstört. Regt euch nicht über vorübergehende Verstimmungen und Prüfungen auf. Übertreibt nicht die Unannehmlichkeiten, die sie bereiten. Ertragt sie mutig und mit einem Lächeln. Setzt euch das höchste Ziel; jagt den Königstiger, nicht den gemeinen Fuchs. Selbst wenn der Tiger euch nicht in die Falle geht, ist dieser Mißerfolg nicht ohne Würde. Ist es ein glorreicher Sieg, wenn ihr den toten Fuchs nach Hause bringt? Warum kümmert ihr euch so sehr um den Körper, um eure Gesundheit, um euren materiellen Besitz? Strebt vielmehr danach, eine Verkörperung bute Gottes konzentrieren! Ihr bekommt Rückenschmerzen, die Beine tun weh, ihr müßt die Position ein Dutzend Mal verändern, statt daß ihr vor euch und über euren Köpfen am Himmel und unter euren Füßen das Werk des Allmächtigen bewundert.

Warum vergeudet ihr soviel Zeit damit, Gedankenkontrolle zu erreichen? Praktiziert eine andere spirituelle Übung (*sādhana*), seht das Göttliche überall um euch herum! Glaubt daran, daß der *Atman* in euch derselbe ist, der in allen anderen Menschen ist und sie leben, lieben, klagen und jubeln läßt. Meditation (*dhyāna*) ist keine bloße Pflichterfüllung! Eure Teilnahme daran ist unbegrenzt. Es ist eine Vollzeitbeschäftigung, also bringt euch ganz dabei ein. Dann bekommt ihr reiche Erträge zurück. Ihr erkennt dann, daß ihr ein Tempel Gottes (harimandira) seid, eure Glieder die heiligen Gefäße, die für den Gottesdienst geweiht sind, daß eure Taten die Früchte sind, eure Gedanken die Blumen, eure Worte die Musik, die die Verehrung in jedem Augenblick vollkommen machen. Wenn euer Herz voller Hingabe ist, wird euch jeder, den ihr ansprecht, wie Gott erscheinen.

Die Worte, die in einem sozialen, kulturellen, spirituellen oder moralischen Kontext erscheinen, sind nur Facetten dieser Vision. Sozialarbeit oder soziales Bewußtsein sind nur der Ausdruck dieser göttlichen Präsenz in allen Gliedern der menschlichen Gemeinschaft. Was ist Kultur anderes als die Ernte solcher Arbeit? Spirituelles Wachstum findet sich überall, und was die Moral angeht, so ist ihr höchster Ausdruck Wahrheit, und Wahrheit ist Einheit.

Wer spricht, sieht, urteilt und entscheidet denn, wenn ihr Zunge, Augen und Gehirn gebraucht, um zu sprechen, zu sehen und zu planen? Es ist die Eine Intelligenz, der Eine, der wie elektrischer Strom in und durch alle Menschen und Dinge wirkt, Gott. Achtet einmal beim *Bhajan*-Singen darauf, wie der Eine euch aktiviert. Eure Zunge bringt die Worte in der vorgeschriebenen Melodie hervor, ihr schlagt mit der Hand schnell oder langsam den Rhythmus, euer Kopf bewegt sich im Einklang mit den Gefühlen, die die Worte ausdrücken. Glückseligkeit (*ānanda*) breitet sich in eurem Geist (*mind*) aus bei der Betrachtung der Bilder, die das Lied hervorruft. Auch ein Tänzer drückt Harmonie und Melodie durch Gesten und Bewegung von Muskeln und Gliedern aus. Aber alle Aktivität entspringt der gemeinsamen Quelle, Gott, der als Herr in eurem Herzen residiert. Wenn er ignoriert, vernachlässigt oder verleugnet wird, erlebt niemand Freude, weder ihr noch andere durch euch. Ihr seid entweder träge oder schwerfällig (tāmasa) oder leidenschaftlich und fanatisch (rājasa), aber nicht rein, ausgeglichen und heiter (sāttvika).

Gott ist alles. Er ist in allen Formen und alle Namen sind sein. Es gibt keinen Ort, wo er nicht ist, keine Zeit, zu der er nicht ist. Selbst der „devil" (dt. Teufel, Anm. d. Ü.) hat die Silbe „dev", um seine Zugehörigkeit anzuzeigen. Donner ist Gottes Botschaft, der Regen seine Gnade. Laßt keine Sekunde verstreichen, ohne euch Gottes bewußt zu sein. Laßt kein Ereignis vorübergehen, ohne daß ihr euch daran erinnert, daß er es verursacht hat. Ihr habt ein Bild in eurem Meditationsraum. Ihr zündet eine Lampe an und sagt: „Wir haben eine Lampe angezündet." Aber seid ihr es wirklich? Wer hat das Öl, den Docht und die Lampe dazu gebracht, zusammen eine Flamme zu erzeugen? Wer veranlaßte euch, die Form auf diesem Bild zu verehren? Wer war es, der die Lampe hingestellt und angezündet hat, und wer ist vor dem Bild auf die Knie gegangen? Es ist Gott, Gott, Gott. Es gibt niemanden und nichts für den, der weiß und fühlt.

Heute morgen fragte mich jemand, dem ich die Gelegenheit zu sprechen gab: „Baba! Die Welt vergißt schnell die Macht des Namens Gottes. Die Leute tragen ihn nicht auf der Zunge, sie nähren sich nicht durch seine Süße und Heiligkeit. Segne mich und meinen Plan, sie an den kostbaren Schatz, den sie entbehren, zu erinnern. Ich möchte Plakate in leuchtenden Farben mit dem Namen Rāma drucken und sie überall auf Wände, Litfaßsäulen und Aussichtspunkte kleben, damit die Augen den Geist des Menschen wachrütteln." Ich sagte ihm, daß seine Plakate von den lauten, lasziven Anzeigen der Filmemacher und Werbeleute erstickt und bald mit Haßparolen beschmiert und bekritzelt würden. „Dein Plan ist auch nicht sinnvoll", sagte ich ihm.

Ich gab ihm den Rat, sein Plakat auf sein Herz zu kleben. „Ändere dich selber, lebe im Bewußtsein Rāmas und der Botschaft der Rechtschaffenheit (dharma), die er auf der Erde lebte. Das ist genügend Publizität und Aufforderung. Das ist das Beste, was du für die Rehabilitierung des Namens Gottes tun kannst. Denn die Leute werden spüren, daß du dich in einen fröhlicheren und friedlicheren Menschen verwandelt hast, und sich fragen, wie das möglich sei. Wenn sie das herausgefunden haben, werden sie auch mit der Verehrung des Namens Gottes beginnen - wie du." Fixiert euch nicht auf Symbole aus Stein oder Metall, erhebt euch zu höheren Bewußtseinsebenen. Verstrickt euch nicht in Rituale und Zeremonien.

Wann immer ich *Prashānti Nilayam* verlasse, zerbrecht ihr Kokosnüsse vor meinem Wagen und bezeugt mit *ārati* eure Verehrung, einige legen Blumen zu meinen Füßen nieder oder werfen sich zu Boden oder ohrfeigen sich selber oder ziehen sich an den Ohren, als wollten sie so ihre Reue zeigen oder einen Akt der Selbstbestrafung durchführen. Meistens sind dies heuchlerische oder hohle Gesten. Seid ehrlich, bereut eure Taten aufrichtig in der Tiefe eures Herzens und beschließt, die Fehler nicht zu wiederholen. Natürlich haben Betrachten (darshana) und Berühren des Göttlichen (sparshana) ihre Auswirkungen, aber sie müssen von mir gewährt werden, nicht beansprucht, wenn ich sie nicht gutheiße. Jetzt eilt ihr nach vorn und fallt zu meinen Füßen nieder, aber eher um euer Ego zu befriedigen und die Genugtuung zu haben, daß es euch gelang und anderen nicht!

Das Ego gebraucht viele Tricks, um sich auf unbotmäßige Weise zu vergnügen. Während die Brücke für das Übersetzen der Armee nach *Lanka* gebaut wurde, setzte *Hanumān* einen Felsen auf das tosende Meer als Teil der Brücke! Er trieb oben auf den Wellen. *Rāma* hob einen anderen hoch, er sank! Natürlich schmeichelte dies *Hanumāns* Ego. Er lachte verächtlich, und augenblicklich sank sein Felsen. Und der Felsen, den *Rāma* hinausgeworfen hatte, erhob sich vom Meeresgrund und schwamm! *Hanumāns* Ego schmolz dahin. Zu diesem Zweck hatte *Rāma* seinen Felsen sinken lassen.

Sehnt euch danach, euer Herz mit Ihm zu füllen, nicht mit „euch". Heiß (*tapas*) muß eure Sehnsucht sein, ernsthaft euer Streben! Jetzt ist eure Sehnsucht lauwarm, eine oberflächliche Regung. Prüft euch selber, wieweit ihr euer Herz mit Ihm erfüllt habt. Meßt die Höhen, die ihr erreicht habt, mit der Meßlatte der Tugend, Gelassenheit, Tapferkeit und Ausgeglichenheit. Jetzt werdet ihr noch viel zu schnell Opfer von Begierde, Zorn, Bosheit, Neid und allerlei Üblem, denn die Atmosphäre des Herzens ist durch die Rauchschwaden des Egos vergiftet. Das Wissen, das vom Geist (*mind*) mit Hilfe der Sinne erworben wird, ist immer unvollständig und widersprüchlich, aber das Wissen, das mit Hilfe der vom *Atman* erleuchteten Intuition (*buddhi*) erworben wird, ist vollständig, macht frei und offenbart die Wahrheit. Das erste wird menschliches Wissen (manojnāna) und das zweite göttliches Wissen (ātmajnāna) genannt.

Das menschliche Wissen (manojnāna) sagt, daß ihr euch von anderen unterscheidet, daß Gott auf dem Kailash, in Tirupati, in *Kāshī* oder in *Prashānti Nilayam* ist und daß der Gott auf dem Kailash ein anderer ist als der in Tirupati oder in *Prashānti Nilayam*. Aber Namen, Formen und Tempel haben nur für jene eine Bedeutung, die noch auf der Stufe des Kindergartens sind. In den Bilderbüchern erscheint das Bild eines Kopfes oder eines Netzes oder einer Welle, und darunter steht das Wort „Kopf", „Netz" und „Welle" (thala, vala, ala in Telugu), damit das Kind die Buchstaben schneller lernen kann, während es den Namen des Bildes ausspricht, das das Wort repräsentiert. Wenn einmal die Buchstaben gelernt sind, kann man auf die Bilder verzichten. Das vergängliche (*kshara*) Bild kann weggelassen werden, wenn der unvergängliche (*akshara*) Buchstabe gelernt worden ist. Das Bild ist nur eine Krücke. Das Vergängliche ist nur das Spiegelbild der Wahrheit.

Das Vergängliche (*kshara*) kann von der Tafel gewischt werden, wenn das Unvergängliche (*akshara*) im Geist verankert ist. Der Bau aus Zement und Stein, in dem sich Gott angeblich aufhält, kann aus dem Gedächtnis gestrichen werden, wenn die Gegenwart Gottes einmal erfahren worden ist. Wenn ihr euren Meditationsraum in eurem Haus wechselt, so heißt das nicht, daß Gott auch von einem in das andere Zimmer umgezogen ist, daß er sich nicht länger an dem Ort befindet, wo er war und daß er an einen neuen Platz gebracht worden ist. Er ist kein Möbelstück, das man bald hier, bald dort hinstellen kann. Er ist hier, dort, überall, drinnen und draußen, oben, unten und rings herum. Beherbergt alle Formen Gottes in eurem Herzen, schließt nicht einige aus und heißt andere willkommen. Seid tolerant gegenüber jenen, die ihn in einer anderen Form und mit einem anderen Namen und in einer anderen Sprache verehren.

Einmal ging ein heftiger Regenschauer auf ein kleines Dorf nieder. Ein einsamer Mönch wurde davon überrascht, und verzweifelt suchte er einen Unterschlupf und Schutz vor dem niederprasselnden Regen und dem kalten Wind. Er fand in der Nähe einen trockenen Platz auf dem Fußboden der hochgelegenen Veranda eines Hauses, dessen Bewohner hinter verschlossenen Türen fest schliefen. Da er als Yogi keine Probleme mit sich herumtrug, fiel er bald in einen tiefen Schlaf.

Kurz darauf entdeckte noch jemand, der auch Schutz suchte, die Veranda und kam herauf. Der Yogi wachte auf, und als er sah, daß noch jemand Platz brauchte, setzte er sich auf und sagte: „Wenn wir sitzen, ist Platz für zwei da, komm, wir werden die Nacht im Sitzen verbringen." Währenddessen tauchte ein dritter verzweifelter Mann auf, der auch Platz benötigte. Die beiden Sitzenden stellten fest, daß es genug Platz zum Stehen für drei gab. Sie beschlossen, bis zum Morgengrauen stehen zu bleiben. Das ist der Geist der Toleranz, der von den Kindern Gottes gegenüber Brüdern in Not gelebt werden sollte. Gott ist Liebe, also müßt ihr Liebe werden, um in ihm aufgehen zu können. Er ist Schönheit, also tilgt alle Spuren von Häßlichkeit und seid schön. Dann könnt ihr mit Ihm eins sein. Er ist Mitgefühl, seid deshalb mitfühlend. Wasser vermischt sich leicht mit Wasser, nicht mit Öl und Öl wiederum nur mit Öl.

Gott ist Süße, seine Worte, seine Laute sind süß, sein Anblick ist süß. Er ist süßer als die Süße selbst. Aber wenn eure Zunge krank ist, wird er bitter sein. Heilt die Krankheit, indem ihr allen Liebe entgegenbringt. Ihr braucht nicht Einsiedler im Wald oder an einem anderen einsamen Ort zu werden. Ihr könnt eure Tätigkeiten nicht einfach aufgeben, ihr müßt euch an dem Platz bewähren, an den ihr gewöhnt seid. Ihr könnt nicht von einem Augenblick auf den andern ein Leben der Entsagung führen. Darauf muß man sich Jahre vorbereiten.

Als *Arjuna* einmal in Gedanken versunken im Wald umherging und etwas suchte, sah ihn ein Mönch. Dieser fragte ihn, was er suche. *Arjuna* antwortete: „Ich suche nach eßbaren Wurzeln und Knollen, denn mein Bruder wird sicher wieder zu einem Würfelspiel eingeladen werden, wenn dieses Exil vorüber ist, und da er uns wieder einsetzen und verlieren wird, werden wir noch eine lange Zeit im Wald verbringen müssen. Also ist es besser, daß wir uns an wenig und heilige reine Nahrung gewöhnen." Da sagte der Mönch: „Nein, du bist als Krieger (*kshatriya*) geboren und dazu erzogen, gegen das Böse Krieg zu führen. Wie kannst du da einfach dieser Neigung entsagen? Und warum sollte Entsagung (*samnyāsa*) nötig sein, damit du erkennst, daß dein wahres Selbst Göttlichkeit (*mādhava*) ist? Gott ist es, der in dir wirkt, dich handeln läßt, dich ermahnt und lenkt! Schau eine Minute nach innen, und du wirst überzeugt sein, daß dies die Wahrheit ist." Seid euch dessen bewußt, daß ihr nur ein Instrument seid. Was könnt ihr schon voraussehen, worauf könnt ihr euch vorbereiten? Alles ist sein Wille, sein Plan.

Seid immer ein Yogi, in Gemeinschaft mit Gott - satatam yoginah! Seid ruhig, gelassen, heiter, über Glück oder Unglück erhaben, denn ihr seid nur Marionetten, die ihre Bewegungen und Verrenkungen machen, je nachdem wie er an den Schnüren zieht. Seid liebenswürdig in Wort und Tat. Fügt anderen keinen Schaden zu und beleidigt sie nicht. Seid unberührt von den bösen Worten und Taten anderer. Seid glücklich darüber, daß jeder und alles seinen Platz in Gottes Plan hat. Es ist sein Spiel, sein Vergnügen!

Gebt euch Mühe, anderen Trost zu spenden und Mut zu machen. Bietet eure Hilfe an. Haltet Ausschau nach einer Chance und ergreift die Gelegenheit beim Schopf, euer Bewußtsein durch Mitgefühl zu erweitern, den Horizont der Liebe durch Verständnis und Gebet auszudehnen. Geht nicht auf Distanz zu anderen und sagt: „Mein Gott ist anders als deiner" oder „mein Gott steht in Opposition zu deinem". Das kann niemals der Fall sein. Der Name des höchsten Gottes (*paramātman*) schließt alle ein! Wer kann sich dafür verbürgen, daß das Bild, das ihr euch von *Rāma* und *Krishna* macht, richtig ist? Der Dichter beschrieb sie in Worten und der Maler setzte die Worte in Bilder um, aber beide verließen sich eher auf ihre Phantasie als auf eine authentische Vision.

Ein Hirtenjunge hörte einmal einen *Brahmanen* über Gott reden. Dieser beschrieb ihn als ein menschliches Wesen von dunkelblauer Farbe, das auf einem weißen Adler reite. Er fastete und betete viele Tage lang ohne Unterbrechung und bat Gott, er möge doch zu ihm und seiner Herde herunterkommen und mit ihm die Suppe teilen. Am zehnten Tag schließlich, als er mit Selbstmord drohte - denn er war der Verzweiflung nahe -, kam Gott in der Gestalt eines alten Mannes und wollte mit ihm sein Mahl teilen. Der alte Mann sagte, er sei Gott, aber der Hirte schenkte ihm keinen Glauben, da er weder eine dunkelblaue Gesichtsfarbe noch einen weißen Adler sah. Er weigerte sich, sein Mahl mit ihm zu teilen, bevor der *Brahmane* nicht bezeugt hätte, daß der Besucher tatsächlich Gott sei. Der *Brahmane* wurde schleunigst herbeigeholt, aber was konnte er sagen? Er hatte sein Wissen ja nur aus Büchern, die von ebenso blinden Menschen geschrieben waren, und von Bildern phantasievoller Maler! Wer könnte denn Gottes Freiheit, die Form zu wählen, die er selbst bevorzugt, oder irgendeine Form, die der Anhänger wünscht, einschränken? Für den Hirten war Gott real, lebendig und sehr nahe, für den *Brahmanen*, der die Texte auslegte, war er ein Mysterium, eine ferne Möglichkeit, ein Phantasiegemälde.

Seid davon überzeugt, daß Gott in jeder Form erscheinen kann und wird, denn alle Formen sind sein. Weigert euch nicht, Gott in der Form zu erkennen, die ihr ablehnt oder nicht erwartet habt. Er kann als Fuchs, als Hund, als Bettler oder in einer anderen Form erscheinen. Wenn ihr Gott ruft, behandelt die Form, die erscheint, als Gott. Totapuri lehrte *Rāmakrishna*, daß Mutter *Kālī* die allumfassende Form der formlosen Energie ist, die das Universum erfüllt (vishvasvarūpini) und nicht die achtarmige Statue im Tempel von Dakshineswar, jene Form, die er zwischen den Brauen wahrnahm, wann immer er sich in sich selbst zurückzog, um die Einheit hinter der Vielfalt der Manifestationen zu entdecken! Sie war Eins ohne ein Zweites, ohne Name, Form, Körper, Geschlecht oder Alter, jenseits von Zeit, Raum und Kausalität! Sie schloß alle Formen ein, war daher formlos, sie hatte alle Eigenschaften, war daher eigenschaftslos. Sie war sowohl Gott in der persönlichen Form (*saguna*) als auch Gott ohne Form (*nirguna*), der die Grundlage für die Entstehung Gottes in der persönlichen Form ist.

Wir teilen den Einen in zwei und spielen das Spiel der Dualität, indem wir eine Hälfte als Geber und die andere als Empfänger festlegen, eine als den Betrachter und die andere als das Betrachtete, eine als Subjekt und die andere als Objekt! Wir sagen, alles ist *Brahman* (sarvam brahmamayam). Als ob es ein Alles gäbe, das mit etwas anderem namens *Brahman* zu identifizieren wäre. Sarvam und *Brahman* sind Eins, nicht zwei! Deshalb sprechen wir von Nicht-Zweiheit (*advaita*), obwohl zwei in Erscheinung treten. Im Tiefschlaf seid ihr eins mit euch selber, obwohl ihr zu dieser Zeit weder Bewußtsein (*cit*) noch Glückseligkeit (ānanda) besitzt. Die Erkenntnis, daß ihr nicht zwei, sondern eins seid, wird euch mit Bewußtsein und Glückseligkeit füllen.

Um dieses Bewußtsein der Nicht-Zweiheit zu erreichen, ist Liebe allein der Weg. Liebe (*prema*) heißt Dienen (*sevā*), heißt spirituelle Praxis (*sādhana*), heißt Expansion bis zum äußersten Horizont von Sein und Werden - bis alles Ich ist.

Die Liebe (*prema*) muß mit jedem Augenblick spirituellen Bemühens (*sādhana*) wachsen. Sie muß alle eure Worte, Taten und Gedanken süß machen. Kommt aus der Meditation (*dhyāna*), aus dem *Bhajan*-Singen mit mehr Liebe erfüllt hervor. Seid nach dem morgendlichen Singen in den Straßen (*nagarasamkīrtana*) noch mehr davon überzeugt, daß allem dieselbe Göttlichkeit innewohnt wie allen euren Handlungen. Ich stelle neuerdings fest, daß dies zur bloßen Routine geworden ist, eine Sache von Stundenplänen und Anwesenheitslisten und Berichten! Was fehlt, sind Begeisterung, Fröhlichkeit und Enthusiasmus. Ihr fangt zu singen an, aber so saft- und kraftlos, daß es sich wie ein Klagelied anhört.

Das Lied „O *Bhagavān*" sollte nicht am Anfang gesungen werden, da es zu sanft klingt. Da ihr es ohne Begeisterung singt, bleibt die Wirkung aus. Ändert dies ab sofort, beginnt stattdessen mit einem kraftvollen Loblied auf *Ganesha*. Für das *ārati*-Ritual wählt morgens, abends und zu jeder Zeit „Jaya jagadisha hare" statt des Liedes „Pavan *purusha*", das ein stark verstümmeltes Lied aus dem Kannada ist und als Folge einer Reihe von Verbesserungen und Einfügungen von anderen Sprachregionen seine Bedeutung und seinen Reiz verloren hat. Wenn ihr ohne Begeisterung singt, macht es weder mir noch dem Ich, das in jedem von euch wohnt, Freude.

Das *Bhajan*-Singen muß Wohlwollen, Liebe und Begeisterung verbreiten, es muß die verschmutzte Atmosphäre reinigen, es muß alle einladen, an der Freude und dem Frieden teilzuhaben. Das Singen am Morgen (*nagarasamkīrtana*) muß inspirieren, Hingabe und Liebe ausstrahlen. Nichts bereitet mir so große Freude (*ānanda*) wie das *Bhajan*-Singen, deshalb gehe ich so nachdrücklich auf all diese Details ein. Seid aufrichtig, fühlt im Herzen, was ihr mit der Stimme singt. Das Gefühl wird sich durch die Wahl der Melodie und des Rhythmus ausdrücken. Ihr braucht euch nicht darum zu kümmern, ob die Melodie paßt oder der Rhythmus exakt ist. Wenn *Rāma* euch veranlaßt zu singen, können weder Melodie noch Rhythmus falsch sein. *Rāma* ist die Feder, *Rāma* ist der Gedanke, *Rāma* ist das Wort, *Rāma* ist der Stil, *Rāma* ist die Komposition. Wie könnte sich also da ein Fehler einschleichen?

Füllt jeden Augenblick mit Energie, Enthusiasmus und Entschiedenheit. Die Epen lehren euch, wie man das erreichen kann. Das *Mahabharata* beschreibt, wie *Duryodhana*, der älteste der hundert *Kauravas*, von *Bhīma* zu einem Duell herausgefordert wurde, als bereits alle anderen *Kauravas* getötet worden waren. Als er schließlich zu Boden fiel, trat *Bhīma* ihm auf den Kopf, um der Verletzung auch noch eine Beleidigung hinzuzufügen. *Duryodhanas* Stolz war gekränkt und da er ein Krieger war, konnte er diese Beleidigung nicht hinnehmen. Selbst im Augenblick des Sterbens entgegnete er: „Freue dich nicht über die große Heldentat, mir auf dem Kopf herumzutrampeln. In wenigen Sekunden werden Hunde und Geier dies auch tun. Man braucht kein Held zu sein, um seinen Fuß auf einen Sterbenden zu setzen! Als ich noch hätte zurückschlagen können, hast du es nicht zu tun gewagt, du Feigling!" Ein solches Wissen um die eigenen Fähigkeiten und Schlagfertigkeit in allen Situationen solltet ihr auch besitzen. Selbst im Sterben gebrauchte *Duryodhana* Worte wie ein Held.

Heute ist der erste Tag des Monats Shrāvana. Shrāvana ist der Monat, der für das Studium der *Veden* am fruchtbarsten ist. Die *Veden* sind das Gehörte (*shruti*), das, was der Mensch von seinem *Guru* hört. Das Hören des göttlichen Wortes (shravana) ist die allererste Stufe spirituellen Wachstums. So ist dies ein guter Tag für den Beginn spiritueller Studien und Übungen. Das Hören der höchsten Wahrheit (shravana) führt schließlich zu Vertrauen in das Selbst (*ātmanivedana*), zur Hingabe des Individuellen an das Universale. Ich gebe euch meinen Segen, damit ihr dieses Ziel erreicht.

Prashānti Nilayam, 23.07.1971

Lebt in Liebe

Ich freue mich, schon dreißig Tage nach der Einweihung des Colleges für Frauen in dieser Stadt den Grundstein für diese Festhalle (kalyāna mandapa) zu legen. Freud und Leid kommen oft ohne vorherige Ankündigung über die Menschheit! Anantapur kam ganz überraschend zu dem College und auch zu der Festhalle. Das ist wirklich ein Glücksfall. Der Geist entscheidet und formt die Dinge gemäß seiner Entscheidung. Er wirkt auf die Gegenstände der Außenwelt so lange ein, bis sich das gewünschte Ergebnis konkretisiert. Wenn die Entscheidungen gut sind, kommt etwas Gutes heraus, wenn sie schlecht sind, etwas Schlechtes. Wenn Liebe der Hebel ist, der beim Geist angesetzt wird, kann das

Ergebnis nur gut sein. Deshalb betone ich immer die Bedeutung der Liebe.

Lebt in Liebe, Liebe ist Leben. Kein Wesen kann auf der Erde existieren, ohne zu lieben oder geliebt zu werden. Liebe trägt, Liebe stärkt, Liebe ist die treibende Kraft hinter allem Abenteuer, allem Opfer, allem Erfolg.

Ich bin gekommen, um die Liebe unter den Menschen wieder herzustellen, sie von aller Enge und allen Restriktionen zu befreien. Das ist die Hauptaufgabe bei der Wiederherstellung von *Dharma*. Es genügt nicht, über die große Bedeutung der Liebe bei der Rehabilitierung der Menschheit zu reden. Man muß sie praktizieren. Diese Halle ist ein Symbol für jene Liebe, die dieser Stadt Freude bringen wird. Wenn Worte, Taten und Gedanken aus Herzen voller Liebe kommen - reiner, makelloser Liebe, wie z. B. der Liebe zu Gott oder zu dem Menschen als dem Ebenbild Gottes -, dann werden sich alle, die zu euch Kontakt aufnehmen, glücklich fühlen. Wenn ihr euer Selbst (*ātman*) liebt und nicht euren Körper, werdet ihr erkennen, daß das gleiche Selbst (*ātman*) in allen wohnt, und ihr werdet anfangen, alle so zu lieben wie euch selbst. Das ist echte Selbstverwirklichung. Das ist die Wahrheit, der man im Laufe der Zeit nicht ausweichen und die man nicht leugnen kann.

Jemand hat gerade erwähnt, daß die Ergebnisse der Abschlußprüfungen an der Universität respektabel sind, da mehr als 70 Prozent der Studentinnen, die vom College in Anantapur kamen, mit Auszeichnung bestanden haben! Gut, aber ich freue mich über etwas ganz anderes. Ich freue mich über einen hundertprozentigen Erfolg in jener Prüfung, in der Charakter, Tugend, liebevoller Umgang miteinander, Ehrerbietung gegenüber den Älteren und der Kultur dieses Landes bewertet werden. Ich wünsche mir, daß die Studentinnen dieses Colleges so in der Liebe leben, daß sie das Heim, in dem sie geboren und aufgewachsen sind, das Heim, das sie nach ihrer Hochzeit betreten, und ihr eigenes Heim glücklich machen. Niemand sollte durch ihr Verhalten entehrt werden. Sie sollten leuchtende Vorbilder der Freude, Zufriedenheit, Verehrung und Hingabe sein.

Anantapur, 01.08.1971

Raso vai sah - Er ist Süße

Es ist sehr bedauerlich, daß die Menschen in diesem Land, das die Göttlichkeit des Menschen entdeckt hat und die Mittel, sie wieder zu erlangen, das einen unaufhörlichen Strom von Heiligen und Weisen hat, die den Menschen an seine großartige Pilgerschaft zu Gott erinnern, den Verfall der Lehre und Praxis zugelassen haben! Herzen, angefüllt mit der Süße dieser Weisheit, sind zu Giftbechern geworden. Haß hat sie verhärtet, Gier hat sie lüstern gemacht, Stolz hat sie verunreinigt. Wieder einmal muß der Mensch auf die Quelle der Freude in seinem Inneren hingewiesen werden, damit er glücklich und frei von Angst sein kann. Die Menschen haben ihre Ideale so verkommen lassen, daß sie nicht mehr imstande sind, die Schönheit, Weisheit und Macht von *Avataren* zu verehren. Sie haben keine Sehnsucht nach der intuitiven Erfahrung göttlicher Größe und Majestät, von der sie selber ein Teil sind. Sie gehen nicht in dem Strom der Freude auf, der aus der Kontemplation Gottes, der grenzenlosen und ewigen Kraft, fließt.

Dieser Tag, den ihr als *Krishnas* Geburtstag feiert, kann am besten genutzt werden, wenn ihr euer Leben der Wiedergewinnung jener Freude widmet.

Das Wort „*Krishna*" hat drei verschiedene Bedeutungen: 1. „karsh" ist eine Wurzel, von der das Wort abgeleitet ist. Es heißt: „das, was anzieht". *Krishna* zieht die Herzen durch seine lustigen Spiele, seine wunderbaren Siege über die Mächte des Bösen, seine liebenswürdigen Gespräche, seine Weisheit, seine persönliche Schönheit an. 2. Das Wort ist auch mit der Wurzel „krish", das bedeutet: „ein Feld für den Anbau von Getreide kultivieren". Das Wort bedeutet also: „der das Unkraut im Herzen der Menschen jätet und die Samenkörner des Glaubens, des Mutes und der Freude hineinlegt. 3. Es ist mit der Wurzel „krish" verwandt, das die Bedeutung „etwas über und jenseits der drei Eigenschaften und der drei Zeitalter" hat und „na" bedeutet: sat-cit-ānanda - Sein-Bewußtsein-Glückseligkeit. Die großartigen Wunder (*līlā*, mahiman) *Krishnas*, durch die er die Liebe der Menschheit gewinnt, Freude in den Herzen seiner Anhänger wachsen und sie erkennen läßt, daß sein Wesen Sein-Bewußtsein-Glückseligkeit ist, werden im *Bhāgavatam* beschrieben.

Dr. Balasubrahmanyam sagte gerade, daß ihr, wenn ihr meinen Anweisungen nachkommt, praktisch den Inhalt der *Gita* in die Praxis umsetzt. Arun Kumar Dutt sagte, daß ihr euch glücklich schätzen dürft, weil ihr viele Manifestationen meiner Macht gesehen habt. Sie manifestieren sich jedoch aufgrund einer inneren Gesetzmäßigkeit, nicht um etwas zur Schau zu stellen und auch nicht, um eine Anhängerschaft zu gewinnen. Sie manifestieren sich, wenn nötig, kraft eines Willensaktes, so natürlich und spontan wie jeder andere physische Akt. Ich bin die Wahrheit der Wahrheit, ich führe zur Wahrheit, ich manifestiere Wahrheit und wenn die Menschen die Wahrheit erkennen, erkennen sie mich.

„Er ist Süße - raso vai sah". Also kann das Universum (*jagat*), seine Schöpfung, für jene, die sie als sein Werk erkennen, nur von Süße erfüllt sein. Das Universum hat den Zweck, euch die Herrlichkeit und die Macht Gottes vor Augen zu führen, damit ihr ihn sucht und findet. Die Reise zu diesem Ziel hat vier Abschnitte, sie führt durch vier Reiche (*loka*). Das erste ist das Reich der Unwissenheit und Täuschung (avidyāloka), von wo ihr euch auf den Weg macht, weil ihr dort soviel Kummer und Leid erlebt. Das zweite ist das Reich des Wissens (*vidyā*), wo ihr euch auf die intellektuelle Ebene (*vijñānamayakosha*) begebt und zwischen wahr und falsch, Schale und Kern unterscheiden lernt. Das dritte ist das Reich der Glückseligkeit (ānandaloka), wo ihr in Glück eingetaucht seid, wenn ihr einen Schimmer der ewigen Quelle von Macht und Frieden erhascht. Und schließlich gibt es das höchste und transzendente Reich (*goloka*), wo *Gopāla*, der junge *Krishna*, herrscht und alle Strahlen (*go*), Funken des Göttlichen, Wellen auf dem Ozean der Liebe (premasāgara), eins sind in der Ekstase der Erleuchtung!

Ohne Liebe dürft ihr euch nicht zu der Familie der Gottesverehrer zählen. Sorgfalt bei der Durchführung von Ritualen, Prachtentfaltung oder laute Beifallskundgebungen öffnen euch nicht die Pforten des höchsten Himmels (*goloka*). Das ist Flitterkram, verglichen mit dem Schatzkästchen der Liebe. Liebe ist die Brücke, die den Übergang von Geburt zur Unsterblichkeit, vom Tod zur Nicht-Wiederverkörperung gewährt. Wenn ihr euch vom Menschen (*jīva*) zu Gott (deva) erhebt, gibt es weder Geburt noch Tod. Die Befreiung tritt ein, wenn ihr jedes Wesen so intensiv liebt, als wären alle EINS. Liebt aus vollem Herzen, seid rechtschaffen in allem Tun, zeigt echtes Mitgefühl, das ist der schnellste Weg zu Gott.

Gegenwärtig sind die Menschen dem Tempel sehr nahe, aber sehr weit entfernt von Gott. Denn während des Gottesdienstes zieht ihr mit dem Körper, den Gefühlen, Impulsen und Handlungen nur eine Show ab. Ihr sprecht von Hingabe an *Krishna* (krishnārpana), aber im Grunde seid ihr euren Begierden (*trishnā*) verfallen! Vielleicht ist es auch Liebe zur Frau oder den Kindern, ganz selten zu *Krishna*! Gott ist überall zu allen Zeiten, er vermag alles. Es ist eine Kleinigkeit für ihn, menschliche Form anzunehmen und als einer von ihnen in ihrer Mitte aufzuwachsen, damit er sie auf den Pfad der Wahrheit bringen kann. Er gibt dem Menschen die Gelegenheit, seine Süße und einen Schimmer seiner Glorie zu erhaschen. Er handelt, obwohl jeder Antrieb dazu fehlt, damit der Mensch ihm nacheifern kann.

Der Weise *Vyāsa* ging zufällig an *Krishna* vorbei, als dieser die Pferde von *Arjuna*s Wagen in den Wassern der *Yamuna* wusch. Er vergoß Tränen bei dem Gedanken, daß der Herr sich eine solche Pflicht auferlegt hatte, um den Menschen den rechten Weg zu zeigen. *Krishna* spielte die Rolle des Dieners für *Arjuna*, damit die Menschen das Dienen lernen und dadurch zum Herrschen aufsteigen könnten. *Krishna* war sogar Diener von Kühen und Kälbern. Als er noch ein kleiner Junge war, wollte die Mutter ihm Schuhe machen lassen, damit er sich auf dem harten, dornigen Weideland seine Lotosfüße nicht verletzte. *Krishna* lehnte dies ab: „Ich gehe täglich hinter den Kühen und Kälbern zu der weit entfernten Weide, um sie zu hüten, ich bin ihr Diener. Wie kann der Diener vor seinen Herren Schuhe tragen, wenn diese unbeschuht sind?"

Das Vieh war *Krishna* wegen dieser liebevollen Zuwendung treu ergeben. Als *Krishna* von *Kamsa* nach *Mathurā* eingeladen wurde und Akrura, der Bote aus *Mathurā*, ihn in seinem Wagen zu dieser Stadt mitnahm, vergossen auch die Kühe und herumtollenden Kälbchen beim Abschied Tränen! Die Tiere waren *Krishna* so aufrichtig (*trishnā*) zugetan! Nur der Mensch hat sich in den Dschungel egoistischer Süchte verirrt! Jedes Tier dagegen geht brav seinen vorgeschriebenen Weg. Gott nimmt menschliche Form an, damit der Mensch dankbar und fröhlich ist. Der Mensch sieht die Wahrheit, Schönheit und Weisheit Gottes (*satya, shiva, sundara*) und der Anblick erfüllt ihn mit einer verzehrenden Sehnsucht nach Wahrheit, Schönheit und Güte. Für *Krishna* war die Welt eine *Sitar*; er griff in die Saiten, um die Melodie von Kameradschaft, Heldentum, Liebe, Zuneigung, Mitgefühl und Überzeugung zu spielen. Aber unter all diesen Gefühlen waren Liebe und Mitgefühl besonders charakteristisch für ihn und seine Verehrer. Sein Atem war Liebe! Sein Verhalten Mitgefühl! Verehrt ihn, indem ihr ihm eine Girlande von Tränen um den Hals legt, ihm die Füße mit euren Tränen netzt, mit Freudentränen angesichts seiner Liebe! Diese Verehrung wird euch mit jener Weisheit füllen, die die Weisen suchen, die die Schriften preisen.

Laßt die Liebe in euch wachsen, in dem ihr über *Krishna*, die Verkörperung der Liebe, meditiert. Wenn euer Herz durch die Schreie der Verzweifelten, der vor Schmerz Gekrümmten, durch das Stöhnen der Hungernden nicht erweicht wird, wenn die Quelle der Liebe immer noch durch falschen Stolz blockiert ist, werden *Krishnas* Flötentöne nicht an euer Ohr gelangen. Ihr mögt Meister in der Verehrung *Krishnas* sein, aber ohne den Schlüssel der Liebe könnt ihr nicht Einlaß in den Bereich des höchsten Himmels (*goloka*) erhalten, wo er wohnt! Ihr mögt schon seit Jahren in *Prashānti Nilayam* leben und den Anspruch erheben, in der Nähe von *Swami* zu sein, aber ohne Liebe zu entwickeln, die sich im Dienen ausdrückt, könnt ihr mich nicht erkennen.

Es gab einmal einen Schüler, der damit prahlte, seine Vorfahren und sein Meister seien große, im ganzen Land berühmte Gelehrte. Sein Lehrer fragte ihn eines Tages, ob er jede Frage, die er ihm stellte, beantworten könne. Der Schüler brannte darauf, dies zu beweisen. „Warum zögerst du?", sagte er, „stell' deine Fragen, und ich gebe dir Antwort! Ich stamme von der edlen Somayaji-Familie ab, mein Vater ist ein berühmter Gelehrter. Ich habe jahrelang zu deinen Füßen gesessen und gelernt. Warum sollte ich nicht auf alle deine Fragen antworten können?" Der Lehrer fragte ihn dann: „Was bedeutet das Wort „lavana?" Der Schüler lachte und sagte: „Welche Überraschung! So eine lächerlich einfache Frage! Das sollte ich nicht wissen? „Lavana" bedeutet Kuhdung." Nun, „lavana" ist ein Wort der Alltagssprache, das täglich im Haushalt gebraucht wird, und jeder weiß, daß es „Salz" bedeutet. Selbst das hatte der eingebildete Schüler nicht gelernt. Das ähnelt sehr dem, was einige langjährige *Devotees* über mich wissen! Wenn ihr euch ein Bild von mir macht und ihr tut es ohne Liebe, dann könnt ihr die Wahrheit nicht erkennen. Die Liebe hilft euch, Gott in jedermann zu sehen, jeden als göttlich anzusehen. Das Universum (*jagat*) ist keine Täuschung, es ist keine Falle, es ist der Glanz Gottes, seine Reflexion. Er schuf sein Spiegelbild, und das Universum nahm Gestalt an! Es ist seine eigene Substanz, die sich als Vielfalt, als latente oder potente Energie oder Materie manifestierte. Wenn euer Handeln in Übereinstimmung mit der Wahrnehmung Gottes in allem ist, breitet sich Rechtschaffenheit (*dharma*) immer stärker im Leben aus. Wenn diese Wahrnehmung vernebelt oder verkleinert und als Täuschung empfunden wird, dann nimmt *Dharma* ab, und der *Avatar* erscheint unter den Menschen.

Man sagt mir, die Menschheit stehe am Abgrund der Zerstörung, die Kräfte der Heuchelei und des Hasses hätten auf allen Kontinenten Fuß gefaßt und Unruhe und Angst seien auf den Straßen der Städte und Dörfer der Welt zu Hause. Es ist vollkommen unnötig, *mir* das zu sagen, denn gerade aus diesem Grunde bin ich gekommen. Wenn sich die Welt am Rande des Chaos befindet, kommt der *Avatar*, um den Sturm in den Herzen der Menschen zu besänftigen. Der höchste Frieden (prashānti) wird bald hergestellt sein, die dämonischen Abweichungen vom geraden göttlichen Pfad werden berichtigt werden. Rechtschaffenheit (*dharma*) wird in jeder menschlichen Gemeinschaft neu belebt und revitalisiert werden.

Ihr feiert die Geburtstage von *Krishna*, *Rāma* und Sai, aber sie haben keine Geburt erlebt, sie altern nicht. Sie erscheinen und verschwinden, wie die Sonne, die aufgeht und untergeht, weil *ihr* euch auf der Umlaufbahn befindet. Sie sind jederzeit da und allgegenwärtig. Sie treten in Erscheinung, damit ihr das Unbegrenzte erkennt und in der Ekstase das Begrenzte, das euch fesselt, vergeßt. Seid nicht zufrieden damit, nur Bilder und Symbole zu verehren und Hymnen oder Loblieder zu lesen oder zu rezitieren. Geht weiter zur nächsthöheren Stufe des Dienstes am Nächsten (*sevā*) und dann zu der höchsten der Glückseligkeit (ānanda), die die Ebene Gottes (*goloka*) ist! Nehmt eure Wirklichkeit und die aller Lebewesen so wahr, wie sie euch offenbart worden ist. In diesem Augenblick werdet ihr *Rādhā*, und da *Rādhā Krishna* ist und *Krishna Rādhā*, tretet ihr in das *Krishna*-Prinzip (krishnatattva) ein, die göttliche Wahrheit, und werdet eins damit. Wer *Krishna* ohne störende Unterbrechung durch einen anderen Gedanken oder ein Gefühl verehrt, ist *Rādhā*. Seht mit den Augen der Liebe, hört mit den Ohren der Liebe, arbeitet mit den Händen der Liebe, denkt Gedanken der Liebe, und liebt mit allen Fasern eures Herzens. Der Gott der Liebe, Krishna, wird auf den Wellen der Liebe zu euch kommen und in euren Herzen Wohnung nehmen!

Sperrt ihn nicht in einen Bilderrahmen oder eine Skulptur. Er nimmt alle Formen an. Er trägt alle Namen. Er ist die Essenz aller Wesen. Infiziert euch mit der Verrücktheit nach ihm statt nach der Welt. Jemand hat ein Lied über mich geschrieben, worin er sagt, daß ich Verrückte heile und andere verrückt mache, daß ich Tränen trockne und Tränen fließen lasse. Ja, es ist weitaus besser, nach dem Anblick Gottes verrückt zu sein als nach Reichtum und Macht.

Vergießt Tränen der Glückseligkeit (ānanda), nicht Tränen des Kummers. Sehnt euch danach, Liebe zu entwickeln, die euch die Liebe Gottes (*prema*) bringen wird. Ich habe keine größere Kraft. Ich könnte die Erde in den Himmel oder den Himmel in die Erde verwandeln, aber diese Macht ist nichts, verglichen mit der Macht der Liebe, die die Welt verbinden und regieren kann. Liebt, haßt nicht, und schadet niemandem. Selbst Moskitos können sich etwas auf ihre Fähigkeit zu verletzen und Krankheiten zu übertragen, einbilden! Käfer können das auch. Wenn ihr also auf eure Fähigkeit, andere zu verletzen, stolz seid, würdigt ihr euch selbst herab. Liebt und dient anderen, das ist die Disziplin (*sādhana*), die euch den größten Lohn bringen wird.

Schon die alten Weisen haben angeregt, Feste wie dieses zu feiern, da sie Gelegenheit geben, über die Grundlagen spirituellen Fortschritts nachzudenken. Ein junger Baum wächst besser und schneller, wenn der Boden um die Wurzeln herum ab und zu aufgelockert wird, damit Luft und Sonnenstrahlen dahin gelangen und ihn stärken. Ich segne euch, daß ihr ständig über Gott kontemplieren mögt. Möge euer Geist die Süße des Göttlichen ohne Unterlaß kosten.

Prashānti Nilayam, 13.08.1971

Trachtet danach zu dienen

Vināyacaturthī ist der Name des Festes, das heute überall im Land, vom Himalaja bis zum Südkap, gefeiert wird und auch dort, wo Menschen dieses Landes und dieser Kultur leben. Die Namen Vināyaka oder *Ganesha* oder *Ganapati* oder *Vighneshvara* bezeichnen alle den elefantenköpfigen Gott, der bei Jung und Alt beliebt ist und ganz am Anfang angebetet wird, vor dem eigentlichen Beginn einer Zeremonie (*samskāra*), eines Opferrituals (*yajna*), eines Gelübdes oder einer Fastenzeit oder einer Pilgerreise. Er ist der Herr der göttlichen Kräfte (gana) innerhalb und außerhalb des menschlichen Körpers. Er ist der Herr, der Hindernisse (vighna) kontrolliert und bewältigt, wie drohend und wie groß sie auch sein mögen. Dies ist eine natürliche Folge der Tatsache, daß *Ganapati* der Gott der Intelligenz, von *vidyā* oder *buddhi* ist.

Ganapati ist ein Gott, der in der tantrischen Lehre verehrt wird und auch durch vedische Mantren. Der Elefant ist als das intelligenteste Säugetier bekannt und er ist Vegetarier, was auf seine reine (*sāttvika*) Natur hinweist. *Ganapati* hat den Kopf eines Elefanten, ein Hinweis auf die Intelligenz, womit Hindernisse sowohl auf dem weltlichen als auch auf dem spirituellen Pfad der Verwirklichung überwunden werden können. Es gibt einen beliebten Vers, der bei fast allen Gelegenheiten zur Anrufung *Ganapatis* dient. Darin werden verschiedene Eigenschaften des Gottes beschrieben: Das Tragen weißer Kleidung (*shuklāmbaradhara*) steht an erster Stelle. Das ist das Symbol für Reinheit, denn „ambara" bedeutet auch der „Himmel", das „geistige Herz". *Ganapati* ist voller Reinheit, universaler Liebe und Mitgefühl. Die zweite, ihm zugeschriebene Eigenschaft ist zeitlose Allgegenwart (*vishnu*). Das dritte Adjektiv, das gebraucht wird, heißt soviel wie „aschfarben" (vibhūti, shashivarnam), und dies weist auf seine majestätische Ausstrahlung, seine spirituellen Fähigkeiten und Möglichkeiten hin. Diese werden auch oft „vibhūtis" genannt, denn *Krishna* sagt in der *Gita*, daß wir uns dessen bewußt sein sollten, daß Macht, Herrlichkeit und Majestät (vibhūti), wo immer sie auch auftreten, Ausdruck seines Wesens seien.

„*Ganesha* badet in seiner göttlichen Herrlichkeit" ist die Bedeutung der Eigenschaft „sashivarnam". „Vierhändig (caturbhuja)" ist die nächste Bezeichnung. Das heißt, daß er neben den beiden sichtbaren Händen zwei unsichtbare hat, die für die beiden göttlichen Handlungen des Segnens des Anhängers und des Beschützens vor Gefahr gebraucht werden. Die letzte Eigenschaft ist „strahlendes Aussehen" (prasannavadana). Das Aussehen spiegelt innere Ruhe, Glück und Ausgeglichenheit, Anmut und Barmherzigkeit, das Bewußtsein von Stärke und Souveränität wider.

Ohne Unterscheidungsvermögen können weder Fähigkeiten noch Stärken nutzbringend eingesetzt werden. Man muß z. B. wissen, wie man mit Feuer oder Elektrizität umzugehen hat und wieweit man es als Instrument für seine Bedürfnisse einsetzen kann. Die Sinne des Menschen sind mit dem Feuer zu vergleichen. Sie müssen einer ständigen Kontrolle und Disziplin unterworfen werden.

Keine Gottesverehrung führt zum Ziel, wenn das Herz nicht rein ist und die Sinne nicht beherrscht werden. *Ganesha* ist der Gott, der beim Überwinden von Hindernissen hilft, aber er wird Hindernisse erschaffen, wenn gutes Bemühen durch schlechte Einflüsse behindert wird. Er wird dann für den aufrichtigen Aspiranten (*sādhaka*) den Pfad freimachen. Er hat ein gütiges Gesicht (prasannavadana), wenn ihr ihn um Gutes bittet. Doch dies ist nicht der Fall, wenn ihr seine Hilfe für unheilige Zwecke sucht. Er ist das personifizierte OM (pranavasvarūpa), er ist die Verheißung von Glück und Segen schlechthin.

Wenn Gott verehrt und der Mensch dabei verletzt wird, kann kein Segen auf solchem Verhalten liegen. Der Mensch ist Gott in menschlicher Form. Er ist das Göttliche in dieser Form und mit diesem Namen. Wie kann man Großes (ghana) erreichen, wenn das Kleine (anu) vernachlässigt wird? Wer den Pfennig nicht ehrt, ist des Talers nicht wert! Alles beginnt mit einem einzigen Pfennig, kommt noch einer hinzu, so sind es schon zwei, mit 98 weiteren haben wir eine große Mark. Der Mensch ist der eine, fangt an, ihn zu achten, dann könnt ihr die Gnade des unsichtbaren Gottes gewinnen, mißachtet ihr aber den sichtbaren Pfennig, so verliert ihr die unsichtbare Mark!

Der Mensch setzt durch seine Handlungen, die selbst die Tiere beschämen würden, seinen Status als Mensch aufs Spiel. Er strebt nicht danach, seine ihm innewohnende latente Göttlichkeit zu offenbaren. Dies ist jedoch kein so großes Vergehen wie der Rückfall auf die Stufe des Tieres, von der er kam. Wenn er seinen menschlichen Eigenschaften und Fähigkeiten treu bleibt, verdient dies schon Lob. Man könnte eine beachtliche Liste der Fehler und Schwächen des Menschen erstellen, aber die grundlegende Schwäche ist Gier, unkontrolliertes Verlangen, Immer-Mehr-Haben-Wollen als Folge der ständigen Einflüsterung der Sinne. *Rāvanas* Gier führte zur Selbstzerstörung. Sogar die Götter standen ihm zu Diensten, so groß war zunächst die Furcht vor seiner Askese, so groß der Lohn für sein spirituelles Bemühen (*sādhana*)! Aber er gab sich nicht zufrieden. Die Flammen der Begierde wuchsen so schnell, wie sie geschürt wurden. *Dhritarāshtra*, der Vater der *Kauravas*, verfiel den machtgierigen Plänen seiner Söhne, und so verlor er sie alle auf dem Schlachtfeld, und nicht ein einziger der Hundert überlebte!

Während ihr durch den dichten Dschungel des Lebens auf der Erde wandert, in der tiefen Dunkelheit der Unkenntnis (*ajnāna*) über das Woher und Wohin und eure wahre Identität, werden euch sechs Räuber überfallen - Verlangen, Zorn, Gier, Anhaftung, Egoismus, Haß -, und ihr könnt sie nur überwältigen und euch selbst retten, wenn ihr das Licht der Weisheit (*jnāna*) entzündet und die Waffe der Hingabe (bhakti) gebraucht.

Das Licht der Weisheit kann nur dann hell und weit leuchten, wenn Liebe, reine Liebe, Liebe, die keinen Lohn erwartet, im Herzen wohnt. Wer nur liebt, um etwas dafür zu bekommen oder um geliebt zu werden, ist nichts anderes als ein Kuli, der seinen Blick auf die Goldmünzen heftet.

Im Grunde liebt ihr euch nur selber, denn nur ihr seid in allen. Er ist Ich (*so 'ham*). Wen ihr auch verletzt, ihr seid diejenigen, die leiden; wen ihr auch betrügt, ihr seid diejenigen, die betrogen werden. Wenn ihr eure Pflichten nicht nach bestem Wissen und Gewissen tut, betrügt ihr euch selber. Ich habe erfahren, daß die Dozenten an den Colleges in acht Klassen nur eine Stunde pro Woche lehren. Und in den anderen Stunden tun sie auch nichts Nützliches! Zeit und Fähigkeit zum Nutzen der Gesellschaft einzusetzen, dieser Dienst ist die höchste Form der Gottesverehrung, die Gott mit seiner Gnade belohnen wird. Dienen schenkt euch in der Tat die Erfahrung von Sein-Bewußtsein-Glückseligkeit (sat-cit-ānanda). Denn das Dienen hilft, den Egoismus zu überwinden und euch davon zu überzeugen, daß das Prinzip der

Einheit der Schöpfung zugrundeliegt. In den verschiedenen Zweigen der Sathya Sai Organisation muß jeder, sei er Träger eines Amtes oder nicht, die Ärmel hochkrempeln und an die Arbeit gehen. Der Körper muß durch Arbeit (*karman*) und der Geist durch Meditation (*dhyāna*) gereinigt werden; in allen Teilen des Landes müssen die Gruppen die Ideale hochhalten und in die Praxis umsetzen, damit sie für die anderen ein leuchtendes Beispiel sind. *Bhajan*-Singen muß eine tiefe Erfahrung sein. Schielt beim Singen nicht mit einem Auge in die Richtung der Zuhörer und mit dem anderen Auge in die Richtung Gottes, um zu sehen, welche Wirkung ihr hervorruft. Laßt euer Herz leidenschaftlich für Gott schlagen, dann werden Melodie (*rāga*) und Rhythmus (*tāla*) automatisch angenehm und richtig sein. Aufrichtigkeit wird alle Fehler beim Singen ausmerzen. Gestattet keinem einzigen Laster, wie z. B. der Arroganz, in eurem Herzen Wohnung zu nehmen. Das ganze Wasser in einem Brunnen wird ungenießbar, wenn auch nur ein toter Frosch auf der Oberfläche treibt. Hundert lebende Frösche machen das Wasser nicht ungenießbar, aber ein einziger toter tut das!

Das Leben ist wie ein reißender Strom, der in einen Kanal mit festen Dämmen gelenkt werden muß, damit er sein Tempo verlangsamen und nützlichen Zwecken dienen kann. Kein Fortschritt ist ohne Regeln und Beschränkungen möglich. Gesegnet sind die, die die Gebote halten, denn sie werden belohnt werden.

Prashānti Nilayam, 24.08.1971

Wo und warum?

Die glorreiche Geschichte Indiens (bhārata), die über die Jahrhunderte hinweg ein Licht in den Herzen der Menschen entzündet hat, erwartet nun den Aufschwung der Sai Bewegung. Er wird mit Sicherheit eintreten, wenn ihr sie angemessen repräsentiert und in die Praxis umsetzt, damit die Zukunft sich in den kommenden Jahren noch großartiger gestaltet. Wie der Funke, der das Feuer entfacht, wie der Lokomotivführer, dessen Lokomotive eine lange Reihe von Wagen zieht, wie der Erfinder und Betreiber eines Systems von „Lichtautomaten", so ist Sai hier, um die Welt und all ihre organischen und anorganischen Bereiche neu zu schaffen und zu fördern.

Ihr habt euch hier als Aufgabenträger der Sathya Sai Organisation versammelt, die in den Dörfern und Städten dieses Landes ihren Dienst verrichten. Ich freue mich, in eurer Mitte zu sein. Ihr alle wißt, daß dieses Treffen eine besondere Bedeutung hat. In der letzten Woche hattet ihr und alle mit dieser Organisation verbundenen Menschen Bedenken, ob diese Konferenz überhaupt stattfinden würde, denn dieses Land war von Feinden überfallen worden, und wir befanden uns mitten in einem militärischen Konflikt. Aber heute sind Ängste und Sorgen verschwunden, und ihr seid von einer Atmosphäre der Glückseligkeit (ānanda) umgeben.

Diese Konferenz ist von Sai selbst anberaumt worden, es ist sein Beschluß (Sai nirnaya) gewesen. Nichts kann die Realisierung jenes Beschlusses verhindern. Im vorigen Jahr verkündete ich - wie ihr wißt - an meinem Geburtstag, dem 23. November, daß Indien weder Unglück noch Not treffen würde. Als nun der Konflikt mit Pakistan entstand, fingt ihr an zu zweifeln, ob jene Ankündigung nicht durch die Ereignisse widerlegt werden würde. Einige kamen zu bestimmten Schlußfolgerungen und diskutierten diese auf der Grundlage ihrer eigenen Vorstellungen. Aber ihr solltet das, was vor einigen Tagen passiert ist, nicht als Krieg einstufen. Es war eigentlich nur das letzte Kapitel eines seit Jahren schwelenden Konfliktes, der in den letzten acht Monaten auch noch eskalierte. Mit Indien hatte das wenig zu tun, es war der Kampf eines Teils von Pakistan gegen einen anderen.

Dieser Bürgerkrieg in Pakistan zwang Millionen verängstigter Menschen, in Indien Zuflucht zu nehmen. In ihrer Verzweiflung baten sie uns, ihnen zu helfen. Und gemäß unseren Traditionen und unserem *Dharma* treu, brachten wir große Opfer und gaben ihnen Unterkunft und Nahrung und schickten sie erst nach Hause zurück, nachdem sichergestellt war, daß ihnen dort nichts passieren würde und sie in Frieden würden leben können. Das indische Volk hatte nie den Wunsch, sein Territorium zu erweitern oder anderen Nationen Schaden zuzufügen. Dies wird auch fortan nicht anders sein.

Dies ist das Land der Hindus. „Him" heißt „Gewalt" (himsā). „Du" bedeutet „weit entfernt von" (dur). „Hindu" heißt daher „weit entfernt von Gewalt". Dieses Land kennt keine Aggression gegenüber anderen.

Die Leute von Bangladesch, die zahllosen Qualen und Widrigkeiten ausgesetzt waren, wurden willkommen geheißen, freundlich und fürsorglich behandelt und in ihre Heimat zurückgebracht und auf dem Land angesiedelt, von wo sie weggelaufen waren. Das war ein heiliger Dienst Indiens, aber keine Offensive gegen Pakistan. Und alles kam kurz vor dieser Konferenz zu einem Ende.

Es gibt immer noch einige, die Angst haben, seit Bhutto die Führung jenes Landes übernommen hat, und seine Absichten sind in der Tat nicht freundlich. Aber ihr braucht deswegen keine Angst zu haben. Es ist unvermeidlich, daß Pakistan wegen seiner Niederlage grollt, aber das reicht nicht aus, um einen weiteren Überfall auf Indien durchzuführen.

Verkörperungen des Göttlichen! Das Wohlergehen der Welt hängt von dem Wohlergehen der Gesellschaft ab und das Wohlergehen der Gesellschaft hängt vom Wohlergehen der Menschen ab, die sie bilden. Der einzelne fördert oder unterminiert durch seine Gedanken, Worte und Taten das Wohlergehen der Gesellschaft und damit auch der Welt. Wenn Frieden und Wohlstand in der Welt herrschen, kann der einzelne frei von Angst sein und voller Freude leben. Ohne diese Glückseligkeit (ānanda) läßt sich das brahmanische Prinzip nicht verstehen, das ja gerade diese reine, grenzenlose Glückseligkeit ist.

Reinheit von Gedanken, Worten und Taten (tri karana suddhi) wird von den Weisen als wesentliche Voraussetzung für die Erfahrung der göttlichen Glückseligkeit (ānanda) genannt. Diese Reinheit ist sogar Voraussetzung für die effiziente Arbeit eurer Organisation. In der Tat ist sie für alle Ebenen menschlichen Bemühens wichtig. Aber gegenwärtig läßt sich diese Reinheit nirgends finden. Überall treibt man ein falsches Spiel, spricht von Frieden und schürt das Feuer des Krieges.

Unsere Organisation muß danach streben, diese Heuchelei zu korrigieren und den geraden Pfad der Aufrichtigkeit und Harmonie durch beispielhaftes Verhalten zu lehren. Diese Konferenz wendet sich an Wissenschaftler, die sehenden Auges blind sind, weise zu werden und die Dinge ganzheitlich und gründlicher zu betrachten als je zuvor. Der Mensch ist so geistesgestört, daß er humpelt, obwohl er gesunde Beine hat, verrückt ist, obwohl sein Verstand in Ordnung ist, taub ist, obwohl seine Ohren intakt sind. Es ist höchste Zeit, ihn auf solch absurdes Verhalten hinzuweisen und ihn zu etwas mehr Normalität zurückzubringen. Diese Konferenz soll ihn anspornen, ein höheres Bewußtsein zu entwickeln.

Vielfalt in der Einheit - das ist die wahre Natur der Gesellschaft. Alle für einen, einer für alle. Dies ist ein Slogan geworden, aber keine Realität mehr. Falls dies wirklich in die Tat umgesetzt würde, würde man entdecken, daß dies im Plan der Natur vorgesehen war und auch Kennzeichen einer hochentwickelten Kultur ist. Diese Konferenz ruft alle auf, Besitz, Kräfte, Fähigkeiten und Leistungen mit allen übrigen auf der Welt zu teilen. Denn Dienst am Menschen (mānavasevā) ist wirklich Gottesdienst (mādhavasevā). Es gibt heute viele soziale Hilfsorganisationen, aber der Dienst „wärmt nicht das Herz", er ist entweder kalte Routine oder eine kostspielige Show! Diese Organisationen haben ihren Teil zu der gegenwärtigen desolaten Situation des Landes beigetragen.

Welche Absichten jemand hat, welche unterschwelligen Bedeutungen seine Worte haben, was seine Taten andeuten, all dies muß koordiniert und harmonisiert werden. Dies ist der Test für den Erfolg unserer Organisation, das sicherste Mittel, ihn zu erreichen. Identifiziert eure Gruppe mit eurem eigenen Selbst. Laßt dies keine graue Theorie sein, setzt es Tag für Tag in die Praxis um. Die Gruppe hilft euch, euch der Tatsache vollkommen bewußt zu werden, daß die Gefühle aller gleichwertig und gültig sind (samasta samarasa sānubhūti). Das ist die Quelle reiner Glückseligkeit.

Es gibt heutzutage Menschen, die sich mit ihrem enzyklopädischen Wissen und technischen Know-how brüsten. Sie behaupten, die tiefsten Geheimnisse der Natur zu kennen. Sie fliegen in den Weltraum und landen sogar auf dem Mond. Aber wenn ihr sie fragt, ob sie Glückseligkeit (ānanda) kennen und darin verweilen können, müssen sie dies verneinen. Warum kennen sie dies nicht, wenn sie doch sonst alles Wissenswerte kennen? Es ist offensichtlich, daß sie einer Täuschung erlegen sind.

Ihr alle - oder zumindest diejenigen aus Andhra Pradesh - habt sicherlich von den Schülern von Paramānandaguru gehört oder gelesen. Zehn von ihnen wateten durch einen Fluß, um zum anderen Ufer zu gelangen. Um herauszufinden, ob alle sicher hinübergelangt waren, zählte einer den Rest und meinte, es seien nur neun. Jeder zählte nun die anderen der Gruppe und fand heraus, daß es nur neun Überlebende gäbe. Einer sei mit Sicherheit ertrunken. So fingen die zehn an, ihren Verlust zu beklagen. Ein mitleidiger Passant fühlte sich zu der Gruppe hingezogen. Er sah, daß es zehn waren, es war alles in Ordnung. Der einzige Fehler war nur, daß der Zähler sich immer selbst ausgelassen hatte.

Dies ist auch der Fehler, den die Neunmalklugen machen: Sie zählen jeden außer sich selber, sie wissen alles, außer welche Vorgänge in ihrem eigenen Geist ablaufen und wie man innere Ruhe erlangen kann. Also ist zunächst Selbsterkenntnis nötig, dann die Kenntnis von anderen Menschen und Dingen. Gegenwärtig ist alles auf den Kopf gestellt. Genauso wie all diese Gruppen der Organisation von einer göttlichen Kraft aktiviert werden, werden alle von einem Prinzip aktiviert. Faßt den Entschluß, dies herauszufinden und zu erfahren, dann ist den Zwecken der Organisation gedient. Gebraucht die einzigartigen Eigenschaften des Menschen, Unterscheidungsvermögen (*viveka*), Weisheit (*vijñāna*), Losgelöstheit (vairāgya), und erlangt diese Erkenntnis.

Um es noch einfacher zu sagen: Ihr werdet nur dann Glückseligkeit (ānanda) erlangen, wenn ihr drei Übungen durchführt. 1. Vergeßt das, was vergessen werden muß. Vergeßt die objektive Welt, ignoriert sie, sie ist nur relativ wirklich, nicht seiend (*asat*). Vergeßt sie. Erinnert euch an den ersten Satz in dem Gebet: „Asato mā sad gamaya - führe mich von der Unwirklichkeit zur Wirklichkeit". 2. Gebt das auf, was aufzugeben ist. Dunkelheit (jīvabhāva) muß aufgegeben werden, um Licht (devabhāva) zu erlangen. Ihr seid nicht der Körper, ihr seid nicht nur ein einzelner, nicht nur ein zufälliger Funken oder ein verirrter Tropfen. Ihr seid ein Teil Gottes, eine Flamme des Feuers, eine Welle des Ozeans. Dies ist der zweite Satz in dem vedischen Gebet: „Tamaso mā jyotir gamaya - führe mich aus der Dunkelheit ins Licht". 3. Ihr müßt den Ort erreichen, der euer Ziel sein muß, die formlose Realität (brahmantattva). „*Brahman*" bedeutet „Expansion, grenzenlose Gegenwart". Ihr müßt die Grenzen überschreiten und grenzenlos werden. Grenze ist Tod, unangefochten darüber hinauszugehen, ist Unsterblichkeit. So fügt das oben erwähnte Gebet als dritten Satz hinzu: „Mrityor mā amritam gamaya - führe mich vom Tod zur Unsterblichkeit".

Akzeptiert nicht die Halbwahrheit, daß ihr Teil der objektiven Welt seid, haltet vielmehr an der Wahrheit fest, daß ihr im Kern göttlich seid. Eure äußere Form veranlaßt euch zu der Feststellung, ihr seiet menschlich, aber in Wirklichkeit seid ihr göttlich. „Satyam vada - sprich die Wahrheit", sagt das vedische Gebot, und das ist die Wahrheit. Und das nächste Gebot heißt: „Dharmam cara - wandle auf dem Pfad der Rechtschaffenheit". Was ist also *„Dharma"*? *„Dharma"* heißt, „entsprechend der Wahrheit, die ihr erfahren habt, zu handeln". Ihr habt gehört, wie Gelehrte mit großer Beredsamkeit über das Axiom sprechen „brahma satyam, jagan mithyā", *Brahman* allein sei real, die Welt, Produkt eines schöpferischen Aktes, Veränderungen unterworfen und schließlich der Zerstörung verfallen, sei nur eine Erscheinung auf der Grundlage jener Realität. Vielleicht hört ihr solche Reden von Gelehrten und Wissenschaftlern auch von diesem Podium herab. Aber seht, wie fest sich dieselben Personen an diese illusionäre Welt klammern! Sie verkünden die Wahrheit mit Worten und verleugnen sie durch ihre Taten. Die Welt ist wirklich - „jagan satyam", verkünden sie durch ihre Taten, Gott ist unwirklich - „brahma *mithyā*", scheinen sie zu behaupten, wenn wir ihren Lebensstil betrachten! Das ist wirklich lächerlich! Unsere Organisation muß sich daran messen lassen, wie sie die Gebote, die sie aufstellt, in die Praxis umsetzt. Das ist mein Wunsch.

Die Organisation ist geschaffen worden, nicht um einer Person oder einer Glaubenslehre Publizität zu verschaffen oder einigen ehrgeizigen Personen ein Amt zu übertragen, das ihnen Macht über andere gibt. Die Organisation sollte als eine Gelegenheit zu spiritueller Praxis (*sādhana*) angesehen werden. So solltet ihr sie verstehen. Betrachtet die Regeln nicht als von mir auferlegte Einschränkungen oder als Fesseln, die eure Handlungsfreiheit einengen. Sie sollen vielmehr euch und andere in eurer spirituellen Praxis unterstützen.

Zwei Richtlinien, die die Organisation kennzeichnen, solltet ihr nicht vernachlässigen: 1. Handelt zuerst und gebt dann einen Rat, zuerst die Praxis, dann die Belehrung. Bevor ihr nicht selber schlechte Angewohnheiten abgelegt habt, ratet nicht von ihnen ab. 2. Die Regeln, die wir für die Organisation und ihre verschiedenen Gruppen niedergelegt haben, müssen befolgt werden und zwar bis auf das letzte i-Tüpfelchen.

Gegenwärtig befolgen allerdings die Gruppen diese Regeln nicht genau, sie erscheinen in den Verzeichnissen als Zentren und Gruppen, aber in Wirklichkeit verdienen sie dies nicht. Betrachtet eure Arbeit im

Rahmen der Organisation als euren eigentlichen Lebensprozeß. Diese Arbeit ist die Nahrung, die ihr zum Leben braucht. Wenn ihr eine Mahlzeit auslaßt, werdet ihr schwach; wenn ihr eine Regel nicht befolgt, wird die Gruppe geschwächt. Das betrifft nicht nur die Amtsträger, sondern alle Mitglieder. Wer irgendeine Regel außer acht läßt, schwächt die Organisation und bringt sie in Verruf. Die Mitglieder bilden zusammen die Gruppe. Ihre Stärke, ihr Nutzen, ihre Expansion, ihre Effizienz hängen von der Disziplin und dem Gehorsam gegenüber den Regeln ab. Ein strenges Befolgen der Regeln zeigt, daß Herz und Glieder der Organisation im Gleichklang sind. Mangel an Disziplin ist die Hauptursache von Unordnung und Streit, die all die verschiedenen Vereinigungen der Menschen, von den einfachsten bis hin zu den komplexesten, untergraben.

Darüberhinaus gibt es gewisse Dinge, die ich speziell den Leitern und Aufgabenträgern sagen muß und die sie sich zu Herzen nehmen müssen: Anhänger aller Glaubensrichtungen können sich unserer Organisation anschließen, niemand sollte sich ihrem Eintritt widersetzen, im Gegenteil, man sollte sie aufrichtig willkommen heißen und sie wie Brüder und Schwestern ansehen. Ihr solltet nicht zulassen, daß in euch aufgrund vorübergehender historischer Phasen böse Gefühle gegenüber Pakistanis, Mohammedanern oder Amerikanern aufkommen. Jemanden mit seinem Zorn zu verfolgen oder einen Unschuldigen zu verletzen und zu beleidigen, ist ein menschenunwürdiges Verhalten. Niemand, der mit unserer Organisation verbunden ist, sollte sich an solch verwerflichem Tun beteiligen oder es ermutigen.

Ihr müßt jeden, der in *Bhārata* lebt, als Inder (bhāratīya) achten und lieben. Dies ist eine Organisation, die sich die Aufgabe gestellt hat, universelle Liebe zu verbreiten. Fangt an, alle in eurer Gruppe zu lieben, und dann dehnt diese Liebe allmählich auf die ganze Menschheit aus und auch auf jene Wesen, die noch auf einer niedrigeren Entwicklungsstufe stehen. Es ist unsinnig, Gott zu verehren, als wäre er weit weg und nicht Teil der Schöpfung. Glaubt ja nicht, daß Gott sich darüber freut, wenn er so abgesondert wird.

Liebt den Gott, der in allen Menschen ist, verehrt ihn, bietet ihm an, was ihr könnt, schenkt ihm eure Glückseligkeit (ānanda). Erfüllt eure täglichen Pflichten mit derselben Freude (ānanda), die ihr in euren Gebeten zum Ausdruck bringt. Seid froh, daß ihr eine Pflicht zu erfüllen habt, eine Rolle in dem Schauspiel spielt, dessen Regisseur er ist. Andere haben andere Rollen. Andere haben ihre Auftritte und Abgänge, ihre Worte im rechten Augenblick zu sagen, ihre Gesten und Handlungen. Sie nehmen ihre Rollen genauso ernst wie ihr. Also versucht nicht, ihnen eure Rollen aufzudrängen!

Aufgabenträger sollten sich dazu entschließen, die Aktivitäten ihrer Gruppe gemäß den Richtlinien der Organisation weiterzuführen und auf deren strikte Einhaltung zu achten. Die Praxis, sich einmal im Jahr auf der Konferenz zu treffen und großartige Resolutionen zu erlassen und sie am selben Tag aufzugeben, ist nutzlos. Nur jene Gruppen der Organisation sind authentisch, in denen die Amtsträger durch das konsequente Festhalten an den Richtlinien Freude (ānanda) erfahren und verbreiten. Die übrigen stehen nur auf dem Papier, sie verlängern unnötig die Namenslisten und sollten sofort gestrichen werden. Es genügt, wenn eine oder zwei übrig bleiben, bei denen Reden und Tun in Übereinstimmung sind. Qualität wird akzeptiert, Quantität bedeutet gar nichts.

Die Vorsitzenden der Distrikte und Staaten haben Berichte über die Aktivitäten der Organisation in ihrer Region vorgelesen und schicken sie mir hin und wieder zu. Sie listen Tätigkeiten auf, die bloße Routine und Show sind, nur wenige Arbeiten finden meinen Beifall. Sie erwähnen z. B. „Armenspeisung" - ein Wort, dessen sie sich nicht schämen -, Krankenhausbesuche, *Bhajan*-Singen in Gefängnissen und am Morgen (*nagarasamkīrtana*) usw. Für wen wird das gemacht? Nicht für die Armen oder die Patienten oder die Gefangenen, sondern - vergeßt das nicht - für euch! Ihr eßt, um eure Gesundheit zu erhalten, ihr nehmt Medikamente, um eure Krankheit zu heilen, nicht wahr? Ihr dient, um daraus Glückseligkeit (ānanda) zu erfahren, um eure Verwandtschaft mit anderen zu erkennen, um Gott, der in allen ist, immer näher zu kommen, um geistige und spirituelle Gesundheit und Fähigkeiten zu erlangen. Seid davon überzeugt. Ihr schließt euch der Gruppe (*samiti*) an und nehmt an deren Aktivitäten um euretwillen teil, nicht um Sathya Sais willen oder der Gruppe, die diesen Namen trägt. Falls ihr das Gefühl habt, ihr könntet durch euren Beitritt zu Rang und Namen gelangen, so seid ihr fehl am Platze. Dies ist ein Ort für spirituelle Praxis, beständiges, lebendiges Bemühen (*sādhana*).

Diejenigen, die etwas besonders Wichtiges haben, ein neues Programm, das sie übernommen und nützlich gefunden haben, mögen jetzt nach vorn kommen und darüber sprechen. Warum sollten wir die wenige Zeit, die uns zur Verfügung steht, dazu verschwenden, Altbekanntes und überall Praktiziertes anzuhören. Wir sollten unsere Aufmerksamkeit jetzt mehr der Erforschung der Ursachen zuwenden, warum der erwünschte Erfolg ausbleibt. Vorschläge von eurer Seite, die darauf abzielen, Licht auf das Problem zu werfen, werden begrüßt, denn diese Zusammenkunft wurde einberufen, um Freude (ānanda) und Übereinstimmung hervorzubringen. Wo und warum bleibt der Erfolg aus - denkt über diese beiden Probleme nach.

Außerdem soll sich diese Konferenz auch besonders mit den beiden Bereichen Gesundheit und Erziehung auseinandersetzen. Es ist mein Wunsch, daß ihr im kommenden Jahr diesen beiden Tätigkeitsbereichen mehr Aufmerksamkeit schenkt. Ein gesunder Körper ist die wesentliche Voraussetzung für einen gesunden Geist, und ein gesunder Geist (mind) hat immer einen gesunden Körper zur Folge. Gesundheit und Erziehung sind eng miteinander verflochten. Denkt darüber nach, und laßt dieses Treffen ein Erfolg werden.

Madras, 22.12.1971

Der Königsweg

Die Beschlüsse, die auf dieser Konferenz zustandekamen, die Regeln und Richtlinien für die Gruppen der Organisation, die hier aufgestellt wurden, müssen von euch als Königsweg zur göttlichen Gegenwart angesehen werden. Dieser Weg ist unbeschwerlich und führt schnell zum Ziel. Als Inder müßt ihr die Ideale der alten Kultur eures Landes hochhalten und sie durch strenges Befolgen der Regeln schützen. Bislang war es euch aufgrund eurer geistigen und intellektuellen Schwäche unmöglich, jenen Idealen treu zu sein und die damit verbundenen Gelübde und Einschränkungen zu beachten. Obwohl wir während der vergangenen fünf Jahre viele Regeln, Bestimmungen und Richtlinien für das Funktionieren der Gruppen aufgestellt und ihre Bedeutung betont haben, hat man sie eher mißbraucht, als für die Verbesserung der Organisation eingesetzt. In der Folge seid ihr hilflos im Umgang mit euren eigenen Schwächen und den wild wuchernden Übeln in der Gesellschaft. Das Licht des Himmels ist hinter dichtem Nebel verborgen, so verdunkelt auch der Nebel der bösen Laster das Herz und bringt Atheismus und andere Krankheiten hervor. Darüber habt ihr den Sinn eures Lebens und den der Organisation, die euch eine Hilfe sein sollte, vergessen. Nehmt das zur Kenntnis, solange es noch möglich ist.

Einige Menschen treten spirituellen (ādhyātmika) Organisationen bei, sichern sich wichtige Positionen und verfolgen ehrgeizige Pläne. Sie glauben, oft ganz ehrlich, daran, daß ihre eigenen spirituellen Pläne und Methoden die besten sind. Viele machen das vielleicht aus schierer Unkenntnis der Zwecke und Ziele der Sathya Sai Organisation, der sie beitreten. Aber Unwissenheit ist keine Entschuldigung!

Das Wesen der Elektrizität ist immer noch ein Geheimnis, aber der Mensch kann doch auf tausendfache Weise Nutzen daraus ziehen. Elektrizität ist überall in der Natur vorhanden, aber nur mit Hilfe gewisser Erfindungen des Menschen kann sie gesammelt, gespeichert und genutzt werden. Die spirituelle Kraft des Selbst (ātmashakti), die auch überall vorhanden ist, ist im Körper gespeichert und wird durch die dünnen Drähte oder Nerven gelenkt, um das Handeln des Menschen zu erleuchten und in eine bestimmte Richtung zu lenken. Diese Handlungen sollten das Ziel haben, Glückseligkeit (ānanda) zu erlangen und nicht das schale Glück vergänglicher Freuden. Die Lebenskraft, die als Intelligenz durch jede Zelle und jeden Nerv fließt, ist auch ein Widerschein des Selbst (ātman).

Was geboren wird, muß auch sterben; Kommen impliziert Gehen. Was keine Geburt hat, hat auch keinen Tod. Der Atman kennt weder Geburt noch Tod, noch kann man von seiner Ausbreitung, seinem Wachstum, seinem Verfall reden.

Er hat keine Geschichte, er ist, das ist alles, was sich darüber sagen läßt. Er ist immer Intelligenz und Glückseligkeit. Das Verlangen, etwas haben zu wollen (icchāshakti), stammt auch vom Selbst (ātmashakti), das euer Kern ist. Erkennt dies, und degradiert es nicht, indem ihr schädliche Dinge begehrt. Wenn ihr das Wünschen so sublimiert, ist das die Grundlage der Liebe (prema). Wenn ihr euer Verlangen ganz auf Gott richtet, könnt ihr die Liebe als Frucht vom Baum pflücken. Die Frucht hat die bittere Schale (māyā) und die harten Kerne, die

Wahrnehmung von Unterschieden. Wenn man sie entfernt, kann man ihre Süße kosten. Der süße Saft ist Glückseligkeit (ānanda), das Geschenk des *Atman*. Natürlich gibt es einige wenige, die das Glück haben, den Saft zu trinken, ohne sich die Mühe zu machen, Schale und Kerne zu entfernen. *Prahlāda* gehörte dazu, es gab keine Täuschung (*māyā*) in seinem Leben, und er war frei von der Torheit, Unterschiede wahrzunehmen. Von Geburt kannte er nur die Süße des Namens des Herrn, die Süße des Saftes vom Baum der Liebe.

Kein Kind kann schon als Abc-Schütze das College besuchen. Mehrere Stufen müssen erfolgreich überwunden werden, die Grundschule, die Unter-, Mittel- und Oberstufe des Gymnasiums. Genauso haben wir auf dem spirituellen Weg die Stufen Arbeit, Verehrung, Weisheit und schließlich Opfer. Opfer ist das Herabfallen der reifen Frucht vom Baum, das Aufgeben von Bindungen, das Loslassen aller Dinge, die Halt und Nahrung gaben. Arbeit ist für die physische Ebene, Verehrung für die geistige und Weisheit für die spirituelle. Jeder von euch muß diese drei Stufen hinter sich bringen. Wenn ich „euch" sage, so meine ich die drei Personen, die ihr seid: einmal wie ihr euch selber seht, nämlich euer Körper, die physische Person, dann wie euch andere sehen, euer Charakter, die Leidenschaften, Gefühle, Impulse, Einstellungen, Glaubenslehren, und dann, was ihr wirklich seid, nämlich der *Atman*, der Geist, die innere Wahrheit eurer Persönlichkeit.

Jetzt müßt ihr prüfen, ob die Gruppe, für die ihr verantwortlich seid, im Anfangsstadium ist oder schon in einem weiter fortgeschrittenen. Gehen wir davon aus, daß die Organisation seit fünf Jahren besteht, so befindet sie sich in der Mittelschule, ein Stadium, da Disziplin oberstes Gebot ist, damit Höhere Schule und College von Nutzen sein können. Je größer die Zahl der Stockwerke in dem Haus, das ihr zu bauen wünscht, ist, desto tiefer muß das Fundament gelegt werden. Ihr plant, den wunderbaren, majestätischen Turm der Selbstverwirklichung zu errichten, und deshalb muß der Errichtung eines soliden Fundamentes von Glauben und Disziplin, Hingabe und Unterwerfung größte Aufmerksamkeit geschenkt werden. Prüft eure eigenen Aktivitäten in diesen Gruppen und urteilt selber, ob ein solches Fundament darin gelegt wird.

Der Mensch hat seine Fähigkeit, aufzubauen und zu zerstören, durch den Einsatz von Maschinen (*yantra*) millionenfach vergrößert.

Die Zerstörung, die eine Atombombe verursacht, übertrifft die mehrerer Armeen. So können auch die im Menschen verborgenen Kräfte die ungeheure Leistung vollbringen, das Geheimnis des Universums zu enthüllen. Dies geschieht mit Hilfe der Mantren, die der Mensch entdeckt hat. *Mantra* bedeutet „kraftvolle Formel". Der Mensch macht Maschinen (*yantra*), Mantren machen den Menschen! Man nennt den Erfinder von Maschinen einen Wissenschaftler, wer Kenntnisse von Mantren besitzt, wird ein Heiliger genannt. Folgt ihr dem von den Heiligen vorgeschriebenen Weg, so könnt ihr des Erfolges sicher sein, denn dort sind die reinsten Absichten und die höchsten Ideale zugrundegelegt.

Der Herr ist weder im Himmel (vaikuntha, svarga) noch auf dem Kailash (Wohnstatt *Shivas*, Anm. d. Ü.) Der Glaube, er habe sich nur an einem Ort manifestiert, den man aufsucht, ist ein ganz bedauerlicher Aberglaube. Er ist überall, in allen, zu allen Zeiten. Er ist der Zeuge von allem, in allen. Er ist die Energie, die Raum und Zeit ausfüllt und sich als Kausalität manifestiert. Die Organisation muß diese Wahrheit tief in die Herzen der Mitglieder senken und diese Wahrheit ohne Angst und Scheu verbreiten. Sie muß dazu beitragen, daß der Mensch sich selbst als sichtbare, aktive Verkörperung des Göttlichen erkennt, in dem Gott leuchtet, aus dem Gott spricht. Gott muß im Menschen und durch ihn verehrt werden. Das ist die Botschaft, die ihr täglich in die Praxis umsetzen müßt. Dies ist der Hauptprogrammpunkt, den ihr erfüllen müßt. Ihr solltet die Taktiken und Tricks politischer Machtspiele nicht in die Gruppen hineintragen. Desgleichen sollte es keine Spur von Ablehnung oder Mißtrauen aufgrund von Nationalität, Sprache, Kaste, Vermögensstand, Bildung, Alter oder Geschlecht geben. Verehrt den *Atman*, und eure Liebe wird euch das Glück der Selbsterkenntnis (ātmānanda) schenken.

Warum knüpft ihr falsche Wertvorstellungen an diese äußeren Symbole? Warum entwickelt ihr Vorurteile gegenüber jemandem, der auf der anderen Seite einer politischen Grenze geboren wurde oder Gott in einer anderen Sprache anbetet? Gott ist der Ursprung aller Sprachen. Grenzen sind veränderlich und der Revision, Neufestsetzung und dem Wechsel unterworfen. Wenn vor zwanzig Jahren jemand aus Bombay einen Bauern von Puttaparthi nach seinem Herkunftsland fragte, so erhielt er die Antwort: „Ich komme aus dem Distrikt Madras". Aber dieser Distrikt ist zwischenzeitlich in die Staaten Andhra Pradesh und Tamil Nadu aufgeteilt worden, so daß es kein Zusammengehörigkeitsgefühl mehr unter den Menschen dieses Gebiets gibt.

Dies sind vom Menschen geschaffene Unterschiede und sie sollten Aktivitäten, die auf Gott ausgerichtet sind, nicht beeinflussen. Gott hat das Universum als Wohnstatt für eine einzige Familie gemacht. Jeder Staat ist nur ein Wohnraum in diesem Haus. Die Mitglieder der Organisation müssen all jenen Liebe und Respekt entgegenbringen, die einem anderen Staat, einer anderen Religion, Kaste oder Gemeinschaft angehören und eine andere Sprache sprechen.

Hier ist ein kleines Beispiel, das sich erst vor einer Woche ereignete. Vor ein paar Jahren, im Jahre 1965, marschierten Bangladesch und Pakistan, die damals politisch einen Staat bildeten, in Indien ein. Jetzt suchte Bangladesch Schutz bei Indien, da Pakistan beschlossen hatte, Gewalt gegen seine Menschen einzusetzen. In dieser Stunde tödlicher Gefahr erinnerten sich die Menschen in Indien überhaupt nicht mehr an die damaligen Feindseligkeiten von Seiten Bangladeschs. Sie hießen seine Bewohner mit brüderlicher Liebe willkommen, stellten Nahrung, Obdach und Kleidung zur Verfügung und retteten Millionen vor der Ausrottung.

Diese noble Geste zeigt den Geist der Opferbereitschaft und Toleranz, der als Teil indischer Kultur jeden von Kindesbeinen an prägt. Wer auch immer in Not geraten ist, wann auch immer und unter welchen Voraussetzungen, er muß sofort praktische, freundschaftliche Hilfe erhalten. Niemand sollte als Abfallprodukt angesehen werden, sogar ein kleines Hölzchen kann noch als Zahnstocher nützlich sein! Gott hat niemanden ganz schlecht oder ganz gut gemacht, es ist eure Sympathie oder Antipathie, die sie so bezeichnet.

Wer ein Amt in der Organisation bekleidet, den fordere ich auf, sich seiner eigenen Wahrheit immer sicherer zu werden und in seinem Verhalten ganz klar zu zeigen, daß er davon überzeugt ist, daß alle Menschen nur Funken desselben göttlichen Geistes sind. Dienen sehe ich als die wichtigste Tätigkeit der Gruppenmitglieder an, denn es ist die höchste Form spiritueller Praxis (*sādhana*). Verstrickt euch nicht in Für und Wider, in Argumente dafür und dagegen, ob man das so oder so machen solle. Dies ist nur die Folge einer falschen und pervertierten Gelehrsamkeit. Liebe ignoriert die Logik, *Seva* respektiert keine

Schlußfolgerungen. Versucht, die Regeln zu beachten, die aus Liebe entstanden sind und dazu dienen sollen, die Liebe, die ihr entwickeln sollt, in die richtigen Kanäle zu lenken. Ich habe dies so oft gesagt, daß ihr alle schon meine Einstellung kennt: „Beginnt den Tag mit Liebe, verbringt den Tag mit Liebe, füllt den Tag mit Liebe und beschließt den Tag mit Liebe. Das ist der Weg zu Gott."

Zunächst wurde beschlossen, daß die Sathya Sai *Seva* Organisation ab jetzt die Kerngruppe der Organisation sein wird, Gruppen wie der Sathya Sai Satsang, die Sathya Sai Bālvikās, die Sathya Sai Studienkreise, die Sathya Sai *Bhajan*-Gruppen und der Sathya Sai Sevādal sind der Organisation untergeordnet und werden von ihr überwacht. Die Organisation ist das Herz und die Gruppen sind die Glieder. Die Glieder können nicht unabhängig handeln, als bestimmten sie selbst die Gesetze des Handelns. Während der dritten gesamtindischen Konferenz wurde die Mahila Vibhag, die Gruppe, die die Aktivitäten der Frauen organisiert, von der Gruppe der Männer getrennt, aber sie wurden weder den entsprechenden Gruppen angegliedert noch deren Leitung unterstellt. Natürlich kann der Frauenzweig eine eigene Vorsitzende und Sekretärin haben, aber beide müssen dem Rat und den Vorschlägen des Vorsitzenden der *Seva* Organisation folgen und die für sie festgelegten Regeln befolgen.

Jede Stadt soll eine einzige *Seva*-Organisation haben, aber nicht mehr. Sie mag innerhalb ihres Rechtsbezirks hundert *Bhajan*-Gruppen oder hundert Gruppen mit verschiedenen Aktivitäten haben. Aber es soll nur eine Gruppe für Dienst am Nächsten geben.

Die Bereiche der Erziehung in Menschlichen Werten für Kinder (bālvikās) und des Dienstes im Ashram (sevādal) sind nur Glieder der *Seva*-Organisation. Aber Bālvikās-Gruppen sollen, so unser Beschluß, der besondere Aufgabenbereich des Frauenzweiges sein. Denn Frauen können auf einzigartige Weise liebevoll, zärtlich, klug und voller Enthusiasmus mit Kindern umgehen. Die Bālvikās Gruppen sollen Kinder von 5 - 12 Jahren aufnehmen. Kinder im Alter von 12 - 18 Jahren sollen in der Junior Sevādal sein. Von 18 bis 30 dienen sie in der Sevādal, und ab dem 30. Lebensjahr haben sie das Recht, Mitglieder der *Seva* Samitis zu werden, besonders jene, die sich durch ein hohes Maß an Hingabe und Dienstbereitschaft auszeichnen.

Wenn sich die Bālvikās Bewegung ausbreitet und die Kinder bereit sind, Höhere Schulen zu besuchen, können Höhere Schulen eröffnet werden, die die Erziehung in Übereinstimmung mit den Idealen der Organisation fortsetzen, und mit der Gründung von Sathya Sai Colleges kann die Ausbildung ganz unter Sathya Sais Schirmherrschaft vervollständigt werden. So wird die alte indische Kultur auf starken Fundamenten wiederaufleben. Männliche Lehrkräfte dürfen auch Bālvikās Klassen leiten, aber ihre Schüler sollen nur Jungen sein.

Heute wurde auch noch über eine andere Angelegenheit entschieden: Ihr wißt alle, daß Bücher verschiedenen Stils und Inhalts von allerlei Leuten geschrieben werden, die meist ein geschäftliches Interesse damit verbinden. Dies soll ab jetzt aufhören; kein Buch darf im Rahmen der Sai-Literatur veröffentlicht werden, nur weil es dem Autor oder Herausgeber in den Sinn kommt. Es gibt eine offizielle Körperschaft mit Namen „Sri Sathya Sai Education Foundation". Das Manuskript muß der Stiftung vorgelegt und in der von ihr gebilligten Fassung veröffentlicht werden. Denn Bücher transformieren oder deformieren die Fähigkeiten des Menschen. Viele schreiben Bücher ohne einen echten Bezug oder Erfahrung, sie verlassen sich nur auf ihre ungezügelte Phantasie, und so sind die Leser völlig verunsichert und nicht in der Lage, Realität von Phantasie, Wahrheit von Lüge zu trennen.

Außerdem gibt es eine Anzahl von Zeitschriften in fast allen Sprachen Indiens und in Englisch, die unter verschiedenen Namen herausgebracht werden - Santhi, Prashānti, Sudha, Sanathana Sarathi usw. -, was Verwirrung stiftet und Komplikationen hervorruft. Also werden wir nur eine einzige Monatszeitschrift herausbringen, die überall und in jeder Sprache den Namen „Sanathana Sarathi" tragen wird. Von jetzt an wird es nicht mehr möglich sein, daß irgendwelche Zeitungen nach Lust und Laune veröffentlicht werden. Falls alles beim Alten bliebe, könnte sich das Niveau verschlechtern oder gar finanzielle Verluste und Einbußen einstellen. Also wurde beschlossen, in jedem Sprachgebiet die eine Zeitung „Sanathana Sarathi" auf eine gesunde Geschäftsgrundlage zu stellen und für das Niveau und die Authentizität des Inhalts Sorge zu tragen.

Eine weitere wichtige Angelegenheit: Die Organisation arbeitet noch nicht effizient. Tätigkeitsberichte der einzelnen Gruppen erreichen nicht die regionalen Koordinatoren, diese berichten nicht dem nationalen Zentralen Kreis, so daß diese nicht in der Lage sind, mir ein vollständiges Bild von den Aktivitäten im Staat zu geben. Der Fluß der Informationen von unten und der Instruktionen und Inspiration von oben muß stetig und ohne Unterbrechung sein.

Beachtung dieser Regeln wird die Organisation stärken, deren Ziel die Pflege der indischen Kultur als Beispiel für die ganze Menschheit ist. Die Organisation glaubt, daß der *Atman* im einzelnen der *Atman* in allen ist und daß der Gott, den der einzelne verehrt, der Gott ist, den alle verehren. Ihr dürft nicht darauf bestehen, daß beim *Bhajan*-Singen nur Lieder über Sathya Sai gesungen werden. Fanatismus dieser Art lehne ich ausdrücklich ab und verurteile ich. Denn alle Namen und alle Formen bezeichnen Mich allein! Ihr beweist nur eure Unkenntnis meiner Wahrheit, wenn ihr euch an ein paar meiner Namen klammert und andere ausschließt. Wenn ihr das Prinzip des *Atman* in euch erkannt und seine Herrlichkeit erfahren habt, könnt ihr euch über Regeln hinwegsetzen; aber bis zu diesem Zeitpunkt sollten Grenzen und bestimmte Verhaltensregeln beachtet werden.

Die Vorsitzenden der einzelnen Staaten sollten folgender Angelegenheit ihre unmittelbare Aufmerksamkeit schenken: In einigen Staaten haben ein paar Leute angefangen, aus geschäftlichem Interesse für die Manifestationen meiner Macht Propaganda zu machen. Es gibt einige Gruppen, die das tun und sich immer noch in der Organisation befinden. Ihr müßt ihren Ausschluß aus der Organisation beschließen. Viele sammeln Geld und Spenden, indem sie meinen Namen mißbrauchen, so daß viele, die die Richtlinien der Organisation nicht kennen, verwirrt und getäuscht werden. Es muß Sorge dafür getragen werden, daß jeder, der die Regeln der Organisation verletzt, ungeachtet seines Reichtums, seines wissenschaftlichen Ansehens, seiner einflußreichen Stellung in der Gesellschaft, ausgeschlossen wird. Dies muß unmittelbar nach Übertreten der Regeln eingeleitet werden. In Kerala und Mysore muß dies sofort und ohne Bedenken durchgeführt werden.

Das Symbol der Organisation ist die „Harmonie der Religionen", die „Einheit aller Glaubensrichtungen", die „Akzeptanz aller religiösen Ansätze". Ich stelle fest, daß dieses Symbol gegenwärtig bedenkenlos für Abzeichen, Briefköpfe, Hochzeitskarten usw. verwendet wird und dabei auch noch vom jeweiligen Benutzer nach Lust und Laune abgeändert wird. Das verursacht Verwirrung, denn es gibt kein eindeutiges

Symbol für die Gruppen der Organisation oder der Sathya Sai Sevādal zum Zwecke ihrer Identifizierung. Ihr müßt beschließen, dasselbe Symbol für Briefköpfe bei offizieller Korrespondenz zu benutzen wie für die Abzeichen im ganzen Land. Wenn ihr so auf dem Königsweg von Glauben und Disziplin unterwegs seid, könnt ihr den Königspalast erreichen und ihn betreten.

Auf dem Weg des spirituellen Fortschritts werden vier Stufen unterschieden: im Palast sein (*sālokya*), in der unmittelbaren Gegenwart des Königs sein (*sāmīpya*), mit gewissen königlichen Privilegien versehen sein (*sārūpya*), und selber König werden (*sayujya*). In der Bibel steht, Christus habe zunächst von sich als dem Boten Gottes gesprochen, später vom Sohn Gottes und schließlich habe er gesagt: „Ich und mein Vater sind Eins". Darüberhinaus wird die Identität mit dem Heiligen Geist erklärt. Im Koran werden ähnliche Gedanken vorgetragen. Die Sathya Sai Organisation muß sich bemühen, diese grundlegenden Ähnlichkeiten zu untersuchen und zu unterstreichen und Liebe und wechselseitige Kooperation zu fördern. Diese Regeln, die wir hier festlegen, mögen einigen von euch wie Dolchstöße oder Hammerschläge erscheinen. Aber sie sollen nur heilen und verbinden. Wenn ihr euch ihnen beugt und sie bei eurem Tun und Handeln aufrichtig beachtet, wird euer Weg wie mit Blütenblättern bestreut sein. Ich segne euch, damit ihr euch daran haltet und für eure Disziplin und Treue reich belohnt werdet.

Madras, 23.12.1971

Geben und Gewinnen

Für eine Welt, auf der Jagd nach dem stets flüchtigen Glück und Frieden, hilflos im Nebel der Enttäuschungen herumirrend, ist das Göttliche eine Lichtsäule, die den Pfad des Fortschritts zeigt. Der Mensch hat diese Stätte der Arbeit erhalten, diese Welt, eine Riesenfabrik, wo Menschen zu Göttern umgeschmiedet werden, wenn sie all ihre Energie und ihre Gaben in diesen Transformationsprozeß einbringen. Der Mensch muß arbeiten, in jeder Minute seines Lebens, diese Bürde muß er tragen. Seine Existenz gründet auf Tätigkeit, Anstrengung und Arbeit, und das Ergebnis der Arbeit kann gut oder schlecht, groß oder klein, mächtig oder gering sein. Also muß der Mensch seine Aktivität in die richtige Bahn lenken, um Schwierigkeiten und Leiden zu vermeiden. Diese Pflicht schuldet er sich selber.

Es mag Unterschiede zwischen den Menschen geben in bezug auf ihre physische Kraft, ihren finanziellen Status, ihren intellektuellen Rang, aber in den Augen Gottes sind sie alle gleich. Alle haben das Recht und das Potential, das Ziel der Vereinigung mit ihm zu erreichen. Jeder, sei es ein Bettler oder Multimillionär, spürt den Drang, jene höchste Glückseligkeit (ānanda) zu erreichen, die auf innerem Frieden beruht, der vom Auf und Ab unberührt bleibt. Jede Aktivität, wie niedrig oder weltbewegend sie auch sein mag, steht im Dienste dieses Ideals.

Diese göttliche Glückseligkeit wird in keiner Firma hergestellt, noch kann man sie irgendwo käuflich erwerben. Man kann sie nicht in der Außenwelt bekommen und sie seinem Besitz hinzufügen. Sie muß im Inneren wachsen und gedeihen, gehegt und gepflegt werden.

Nehmen wir das Beispiel der Nahrungsaufnahme und des damit verbundenen Genusses. Ein hungriger Mensch mag ganze Bündel von Geldscheinen oder gar Eßbares in der Hand halten. Aber wenn er nicht die Geldscheine in Eßbares umsetzt und dies tatsächlich ißt und sich einverleibt, kann kein Gefühl der Zufriedenheit aufkommen. Genauso ist Glückseligkeit eine innere Erfahrung, eine innere Ruhe, die erhebend und anregend ist. Man kann sie nicht durch das Anhäufen von Hindernissen wie Autos und Häuser, Land und Gold, Aktien und Wertpapiere erreichen. Wie kann eine Geldkassette Hunger stillen oder ein Sparbuch Frieden schenken? Glückseligkeit (ānanda) ist das Ziel, das alle suchen, die einen für sich, die anderen durch eine Tätigkeit in der Gesellschaft.

Der Mensch ist ein Sozialwesen. Die Gesellschaft kann ihm ein Ziel vor Augen führen, kann ihm das Know-how vermitteln und die Ausbildung ermöglichen. Sie ist keine zufällige Gruppierung von Menschen, die ihm ein paar Sinnesfreuden anbietet. So darf man sie nicht verstehen. Ihr Zweck ist viel erhabener. Sie ist kein Instrument, um sein Streben nach Macht und Autorität oder persönlichen Vorteilen zu unterstützen. Die Suche nach Vergnügungen, Stolz, Herrschaft und Nahrung teilt der Mensch mit den Vögeln und Tieren. Aber er ist auch ausgestattet mit Intelligenz, Unterscheidungsvermögen, einem Sinn für das Rechte und der Fähigkeit, Wissen in der Sprache zu speichern und es an nachfolgende Generationen weiterzugeben. Er weiß, daß die Sicherheit und Stabilität der Gesellschaft seine eigene Sicherheit und Stabilität bedeuten. Der Mensch kann in der Isolation nicht gedeihen. Das ist die Basis des vedischen Gebets: „Lokasamastāh sukhino bhavantu - Mögen alle Welten glücklich sein!" Der Mensch muß für das Glück der anderen sein Bestes geben, damit er glücklich sein kann.

Und was ist wohl das Beste, was er geben kann? Jeder hat seine besondere Pflicht, Aufgabe, Rolle als einzelner und als Glied der Gesellschaft, der er angehört. Erfüllt diese Pflicht, erfüllt die Aufgabe, spielt diese Rolle, so gut ihr könnt. Das ist der Weg zur Selbstverwirlichung. Ihr erfreut euch nur dann blühender Gesundheit, wenn jedes Glied, jeder Muskel, jeder Nerv, jede Arterie und jede Zelle ihre Pflicht effizient und gut erfüllt. So kann auch eine Firma oder eine Gesellschaft oder eine Werkstatt nur dann glücklich und gesund sein, wenn jeder Arbeiter oder jeder einzelne seine Pflichten oder Funktionen erfüllt.

Aber heutzutage ist es schwierig geworden, jemanden zu finden, der sich seiner Pflichten als Teil der Organisation oder Gesellschaft, der er angehört, oder des Landes oder der Nation oder der Welt bewußt ist. Ist man nicht in der Lage, Tugenden zu entwickeln, Fähigkeiten, Intelligenz und Unterscheidungsvermögen zum Wohle anderer einzusetzen, seine Körperkräfte zu zügeln, so bringt das Leben anderen nur bitteres Leid und muß als vergeudet angesehen werden.

In den *Veden* lesen wir: „Na karmanā na prajayā dhanena, tyāgenaike amritatvam ashnute - Unsterblichkeit kann weder durch Taten oder Reichtümer noch durch Nachkommen sondern nur durch Entsagung erlangt werden."

Entsagung, Losgelöstheit, Opfer, Aufgeben - dies allein führt mit Sicherheit zur Selbstverwirklichung, zu Glückseligkeit. Verzicht ist das Gesetz des Lebens. Deshalb ist das Leben lebenswert und eine Quelle des Glücks.

Ihr müßt ausatmen, was ihr einatmet, ausscheiden, was ihr verzehrt habt; das Blut muß im Körper frei kreisen, es kann nicht dort festgehalten werden, wo es eingetreten ist, denn das würde zu einer Entzündung oder einer anderen schweren Krankheit führen. Das gleiche gilt für den sozialen, ökonomischen, politischen und spirituellen Bereich. Die Lehre, daß der alles erhält, der alles hergibt, ist in Indien seit Urzeiten bekannt. Deshalb war es bekannt als Land der Entsagung (tyāgabhūmi), Land der Selbstkontrolle (yogabhūmi) und Land der aufbauenden Tätigkeit (karmabhūmi). Als der Aspekt des Entsagens vernachlässigt wurde, traten Probleme (*roga*) auf. Weinen und Klagen und Betteln um Brot an anderer Leute Türen machten das Leben aus.

Wie läßt sich aber die Fähigkeit zu verzichten ohne die Beherrschung der Sinne (yoga) entwickeln? Ihr habt vielleicht eine Klimaanlage in eurem Hause, aber wenn ihr euren Geist (*mind*) nicht klimatisiert, werdet ihr keinen Frieden finden. Ihr mögt die Preise kontrollieren, die Produktion von Stahl oder Tuch, die Verteilung von Getreide und vieles andere mehr, aber ohne Selbstkontrolle ist alles andere nutzlos. Selbstkontrolle ist jeder anderen Kontrolle überlegen. Ein rollender Zug kann selbst von tausend Menschen, die sich daran hängen und ihn zurückziehen, nicht aufgehalten werden. Aber drückt der Lokomotivführer nur auf einen winzigen Knopf, bleibt der Zug stehen. So kann der Geist, wenn er kontrolliert wird, alles, was kontrolliert werden soll, zum Stillstand bringen. Gegenwärtig werden Zeit und Geld in riesigem Ausmaß vergeudet, um unwesentliche Ziele zu erreichen, aber das wichtigste Ziel, Selbstkontrolle, wird vernachlässigt. Das System, durch das man Selbstbeherrschung lernen kann, wird als Yoga bezeichnet. Gegenwärtig sind alle auf der Suche nach Arbeit (udyoga) und vernachlässigen Yoga. Aber Arbeit ohne Yoga ist ein Nachteil, ein Hindernis auf dem Lebensweg.

Dies ist der Grund, warum sich jetzt eine heimtückische Krankheit überall schnell ausbreitet: Streiks. Alle streiken für alles überall - vom Koch in der Küche bis zum Hüter der Gesetze. Die Interessen der Eigentümer und der Arbeiter, der Arbeitgeber und Arbeitnehmer, sind miteinander verflochten. Eine Gruppe kann ohne die andere nicht sein, sie sind voneinander abhängig. Probleme stellen sich zwangsläufig ein, und beide Parteien haben das Recht und die Pflicht, sie durch wechselseitige Konsultationen und Kompromisse zu lösen.

Der Eigentümer ist das Herz der Organisation, die Arbeitnehmer, die deren Ziele in den verschiedenen Arbeitsbereichen durchzusetzen versuchen, sind die Glieder. Das Herz muß dafür sorgen, daß die Glieder aktiv sind, die Glieder müssen das Herz unterstützen. Nur diese beiden gehören zu einem Verbund, nur sie verbinden sich zu einem gemeinsamen Werk, nur sie sollten nach einem Modus der Verständigung suchen, keine dritte Partei kann die Probleme lösen. Am besten ist es, wenn die Probleme gemeinsam in einer Atmosphäre liebevoller Achtung gelöst werden. Das Wohl beider Gruppen sollte weder durch einen Mangel an Sachkenntnis noch durch ein Übermaß an Gefühlen gefährdet werden.

Das Geheimnis individuellen und sozialen Friedens ist in Indien schon vor langer Zeit entdeckt worden. Es wurde auch Jahrhunderte hindurch praktiziert. Es ist beschämend, daß wir in eben diesem Lande Streit, Kämpfe, Zwietracht zwischen einzelnen, Dörfern, Städten, Gemeinden und Distrikten erleben. Dies weitet sich zu einem Erdbeben aus, denn es ist jetzt ein universelles Phänomen, das sogar die Grundlagen der menschlichen Gesellschaft attackiert.

Zuallererst und insbesondere muß Glauben entwickelt werden. Er muß sich mit Liebe verbinden und diese wiederum wird durch Gleichmut (*shānti*) genährt.

Gleichmut wird nur dem zuteil, der sich ganz auf Gott verläßt und sich dem göttlichen Willen völlig unterwirft.

Der Friede der Welt hängt vom Frieden und der Freundschaft zwischen den Nationen ab, der Friede zwischen Nationen hängt vom Frieden zwischen verschiedenen zugehörigen Gemeinden ab, den Dörfern, den Familien und schließlich den einzelnen Familienmitgliedern. So trägt also jeder einzelne die Verantwortung, andere zu lieben, ihnen zu vertrauen und sie als Träger des göttlichen Funkens zu verehren. Jedermann muß die Tugenden der Toleranz, Geduld und Brüderlichkeit pflegen.

Wenn man seinen Reichtum verliert, kann man ihn vielleicht durch den einen oder anderen Trick wiedergewinnen. Wenn man seine Gesundheit verliert, kann man sie vielleicht mit einer vom Arzt verordneten Medizin zurückgewinnen. Wenn man Rang und Namen verliert, kann man sie mit bloßem Mut zurückgewinnen. Wenn man seine Tugend verliert, ist sie auf immer verloren, nichts kann die ursprüngliche Reinheit wiederherstellen. So muß man immer wachsam sein und in seinen Bemühungen nicht nachlassen.

Die größte der Tugenden ist die Liebe. Liebe ist die Grundlage des Charakters. Ihr mögt alle anderen erstrebenswerten Dinge in Hülle und

Fülle besitzen, aber wenn ihr keinen Charakter, d. h. keine Tugend habt, was wiederum von der Liebe abhängt, könnt ihr keinen echten Frieden im Herzen haben. Geld kommt und ... geht! Aber Tugend? Sie kommt und ... wächst! Tugendhaftigkeit muß im Herzen wachsen, indem sie mit Liebe genährt wird, und nur dann wird es Gerechtigkeit, Sicherheit, Gesetz und Ordnung geben. Wenn die Liebe unter den Menschen abnimmt, bedeutet dies eine Schwächung der Nationen und den Untergang der Menschheit.

Liebe ist das Antriebsrad in einer Fabrik. In einer Fabrik muß man mit Hunderten von anderen Menschen unterschiedlichen Temperaments zusammenarbeiten. Also muß man Geduld und Gleichmut lernen. Man muß eine ruhige Atmosphäre in seiner Umgebung schaffen. Niemand sollte die Zielscheibe von Neid, Bosheit oder Haß sein. Ruhe kann gefördert werden, wenn jeder gewissenhaft und gründlich seine Pflicht tut. Dies ist zugleich die höchste spirituelle Übung (*sādhana*).

Pflicht ist Gott, Arbeit ist Gottesdienst. Wenn ihr eure Pflichten, so gut ihr könnt, erfüllt und die Organisation, deren Mitglied ihr seid, dadurch einen Nutzen hat, so habt ihr Gott gedient, und er wird sicherlich zufrieden sein. Euer Leben spielt sich zwischen Maschinen (*yantra*) ab; macht ihr eure Arbeit aber zum Gottesdienst, so wird die Atmosphäre wie durch Mantren aufgeladen sein.

Es ist in der Tat überraschend, daß die Kamanis das Wagnis einer Unternehmensgründung eingegangen sind und noch dazu zu einer Zeit, da große Probleme nicht nur die industrielle Welt bedrängen. Dies ist ein mutiger Schritt. Die Kamanis verlassen sich vor allem auf die göttliche Gnade. Dies ist auch der Grund, warum ich hier bin und diese Fabrik einweihe und euch diese Botschaft vermittle. Dies ist wahre Gottesverehrung - Tausenden von Menschen die Möglichkeit zu geben, ihren Lebensunterhalt in dieser Fabrik zu verdienen. Sie beabsichtigen, noch ein paar weitere Fabriken zu eröffnen, und da sie ein tiefes Gottvertrauen besitzen, wird sein Segen auf allen ihren Unternehmungen liegen.

Wenn der Mensch keiner geeigneten Arbeit nachgeht, wandern seine Gedanken auf Abwege und führen zu bösen Taten. Wenn genügend Arbeit für Körper und Geist vorhanden ist, sind Gesundheit, Glück und soziale Sicherheit auch da. Dann hat man das Gefühl, daß das Leben nicht umsonst ist.

Die Kamanis sind hervorragende Unternehmer. Alle Brüder in dieser Familie leben im selben Haushalt. Der Geist des Hauses wird durch liebevollen Umgang miteinander und durch gemeinsames Handeln bestimmt. Es ist ein sehr glückliches Heim. Da ich sie schon über einen sehr langen Zeitraum hinweg beobachtet habe, kann ich sogar sagen, es ist eine ideale Familie. Die Familie besteht aus ziemlich vielen Mitgliedern. Jeder ist an spirituellen Übungen (*sādhana*) interessiert und praktiziert sie auf der Suche nach Glückseligkeit (*ānanda*). Diese Fabrik, deren Leitung sie haben, wird die gleiche Liebe und Kooperation zwischen den Arbeitern und den Kamanis widerspiegeln, denn sie ist nur eine Erweiterung derselben Gruppe. In einer solchen Atmosphäre können sie euch Freude bereiten und ihr ihnen.

Ich wünsche, daß ihr in dieser Fabrik jede Woche ein Treffen (*satsanga*) organisiert, um eure Gedanken ganz auf die Herrlichkeit Gottes zu richten. Ihr könnt jeden Sonntag um ca. 16.30 Uhr zusammenkommen, um *Bhajans* zu singen oder einer musikalischen Darbietung beizuwohnen oder einem Vortrag über ein spirituelles Thema oder eine heilige Person. Das wird euch von vulgären Filmen, Kartenspielen und anderen schädlichen Unternehmungen fernhalten. Es ist falsch, Freizeitbeschäftigungen nachzugehen, die die körperlichen und geistigen Kräfte schwächen. Wenn ihr eure Aufmerksamkeit auf Gott richtet, baut ihr sie wieder auf.

Friede und Wohlergehen können nicht vom Himmel herabfallen; man muß danach streben, sich ehrlich darum bemühen und Gott mit reiner Hingabe dienen. Wer Liebe, Demut und Ehrerbietung zeigt, wird sie erlangen. Möge das Ideal der Bruderschaft der Menschen und der Vaterschaft Gottes euch leiten und euch von Erfolg zu Erfolg führen.

Bangalore, 02.01.1972

Du und Das

Wer an dieser Institution als Studierender, in der Lehre oder in der Verwaltung tätig ist, sollte sich fragen, welche Ziele verfolgt werden und wie diese am besten erreicht werden können. Die Weisen Indiens haben nach Jahren beharrlicher und unvoreingenommener Forschung festgestellt, daß das Ziel der Erziehung die Selbstverwirklichung ist, wobei Eigenschaften wie Sein-Bewußtsein-Glückseligkeit (sat-cit-ānanda) in Erscheinung treten. Neben Instinkten, Impulsen, Gefühlen und Leidenschaften, die der Mensch mit den Tieren gemeinsam hat, hat er ein paar einzigartige Eigenschaften wie z.b. den Wunsch zu verzichten und zu dienen, sich der Wahrheit hinzugeben und Toleranz und Selbstbeherrschung zu entwickeln. Die Sathya Sai Colleges setzen sich eine solche höhere Entwicklung des Charakters zum Ziel und wollen so den spirituellen Ruhm Indiens wiederherstellen.

Daß sie an diesem Bemühen teilhaben dürfen, erfüllt die jungen Männer hier mit Freude und Enthusiasmus. Ihr habt die Rede von Satish gehört, der im zweiten Jahr Betriebswissenschaft studiert, wie er über den Gleichmut, Frieden und die innere Ruhe sprach, die sich als Folge der Meditation über die ständige Gegenwart Gottes bei ihm eingestellt haben. Die Erfahrung der Glückseligkeit (ānanda), die die jungen Leute haben, wird sicher ihre Eltern, Freunde und Verwandten und andere inspirieren. Die Jugend Indiens wird mit derselben oder sogar noch größeren Begeisterung den Weg wählen, der zu Glückseligkeit (ānanda) führt, wie sie jetzt den wählt, der zu Angst, Furcht und Zerstörung führt. Deshalb gibt es keinen Grund zum Verzagen. Wenn diese Studenten Lehrer werden, wird die Zahl derer, die ihr Schiff sicher und glücklich durch das wilde Meer des Lebens lenken, steigen. Ungerechtigkeit, Unwahrheit, Unredlichkeit werden als schändliche, beschämende soziale Übel angesehen werden, die man nicht als notwendig zu tolerieren braucht. Wahrheit, Gerechtigkeit, Liebe und Frieden werden bald auf die Erde zurückkehren.

Die Reform der Erziehung ist eines unter vielen Mitteln, dieses Ziel zu erreichen. Als der Gouverneur des Staates Mysore jetzt den Grundstein für die Collegegebäude gelegt hat, hat er den ersten Schritt in diese Richtung getan, und in Kürze werden Colleges, die die neue Generation auf den rechten Weg vorbereiten, in jedem Staat Indiens entstehen. Heute wird yugādi gefeiert, der Anfang einer neuen Ära. Jede Ära oder jedes Zeitalter wird „yuga" genannt. Die *Purānas* nennen das erste Zeitalter, in dem überall die Wahrheit herrschte, „Kritayuga". Danach schloß sich das „*Tretāyuga*" an, ein Zeitalter, in dem die Ideale eines rechtschaffenen Lebens hochgehalten wurden. Im dem darauf folgenden „*Dvāparayuga*" galt die Reinigung und Schärfung des Intellekts (jñānadeva thu kaivalyam), um die Wirklichkeit zu erkennen, als das Mittel zur Rettung der Menschheit. Im jetzigen „*Kaliyuga*" gelten die Wege der Hingabe, der Rechtschaffenheit und des Erwerbs von Weisheit als gleichrangig, so daß Menschen verschiedener Konstitution und Temperamente die Chance haben, die Wahrheit zu erkennen.

Die Erziehung muß den Kindern diese Wege eröffnen. Wenn das Kind zum ersten Mal mit dem Alphabet bekannt gemacht wird, nennt man diese Zeremonie „aksharābhyāsa", Erlernen des Unzerstörbaren. „*Kshara*" ist das Materielle, Objektive, Geschaffene, Gesehene, Erfahrene. „*Akshara*" ist das Nicht-Materielle, Subjektive, der Schöpfer, der Zeuge, der Erfahrende. Der Buchstabe A ist der erste Schritt auf dieser lebenslangen Pilgerschaft zur Quelle des Lebens, des Lichtes und der Liebe, des Göttlichen und der Wahrheit. Es ist eine Pilgerschaft, die dann zu Ende ist, wenn der, der sich manifestiert hat, wieder mit dem verschmilzt, aus dem er hervorgegangen ist, wenn du (tvam) erkennst, daß du Das (tat) bist. Die Geschichte von Milliarden von Geburten und Toden wird in den drei Worten „tat tvam asi" zusammengefaßt.

Der wahre *Guru* ist tat, und er enthüllt tvam die Tatsache des asi. Der wahre Schüler ist der, der nach tat dürstet und sich danach sehnt, die Weisheit des asi zu erlangen.

Brindāvan, 16.03.1972

Die stärkste Rüstung

Indien trägt gegenwärtig eine große Verantwortung. Es muß die Kultur, die es aus der ehrwürdigen Vergangenheit übernommen hat, in ihrer ursprünglichen Reinheit bewahren. Dies schuldet es der Welt. Diese Kultur trägt die höchsten menschlichen Werte in sich und den besten Schlüssel zum Verständnis menschlicher Bestimmung. Es muß diese Lehren auch in der ganzen Welt verbreiten, damit Wahrheit, universale Harmonie und Frieden gefördert werden. Und die Lehren müssen von jedem Inder in die Praxis umgesetzt, gelebt und erfahren werden, damit diejenigen, für die sie bestimmt sind, ihnen auch Glauben schenken. Bloße Propaganda wird keine Früchte bringen, es sei denn der Verkünder der Lehre erbrächte einen sichtbaren Beweis für ihre Anwendung.

Also muß jeder die Elemente dieser Kultur studieren und deren Ideale in die Tat umsetzen. Damit ist der Verbreitung am besten gedient. In anderen Ländern gibt es eine Kultur mit vielen Facetten, eine gewisse Einheitlichkeit des Glaubens und nur einige wenige verwandte Religionen, die Gehorsam von den Menschen verlangen. Aber in Indien begegnen wir der Koexistenz und sogar Kooperation vieler Glaubensrichtungen, vieler Traditionen und Kulturelemente. Indien ist ein schöner Garten, wo vielfarbige Blumenbeete dem Leben Anmut und Duft verleihen. Jeder Bürger Indiens hat das Privileg, diesen prächtigen Garten der Wahrheit, der Rechtschaffenheit, des Friedens und der Liebe zu hegen und zu pflegen.

Wie kam es, daß Indien das Ursprungsland dieser großen Wahrheitslehre ist? Eine lange Reihe von Helden und Märtyrern bemühte sich, ein Vorbild zu sein und die Ideale hochzuhalten; sie litten furchtbare Qualen und mußten oft in diesem Kampf alles, sogar ihr Leben opfern. Aber am Ende war der Sieg auf ihrer Seite, und die Erinnerung daran müßt ihr ehren und achten. König *Haricandra* unterwarf sich bereitwillig einer Reihe von Prüfungen und Torturen auf seiner unbeirrten Suche nach Wahrheit. Die *Pāndavas* nahmen ein 13jähriges Exil in der Wildnis auf sich und ertrugen um der Wahrheit willen extreme Armut und Schmach. *Shrī Rāma* war die Verkörperung von Wahrheit und Sittlichkeit schlechthin. Seit unvordenklichen Zeiten hat dieses Land Wahrheit und rechtes Verhalten zur Grundlage seiner Kultur gemacht. Jede Handlung und Bewegung, sei sie materiell, moralisch, administrativ oder spirituell, ist auf der Grundlage der Wahrheit und Sittlichkeit geprüft und beurteilt worden. Hier kann niemand als „große Persönlichkeit" geehrt werden, wenn er nicht gleichzeitig einen guten Charakter hat.

Wahrheit und *Dharma* sind die stärkste Rüstung für uns. Andere Länder verlassen sich auf Atom- und Wasserstoffbomben, uns genügen diese beiden Schilde. Einige von euch, glaube ich, kennen die Geschichte der *Pāndavas. Dharmarāja*, ein Sohn von *Dharma*, war der älteste Bruder. Die Brüder *Bhīma* und *Arjuna* standen rechts und links neben ihm. Neben *Bhīma* und *Arjuna* standen die beiden anderen

Brüder, *Nakula* und *Sahadeva*. *Arjuna* war die Verkörperung des klaren, scharfen Intellekts, und *Bhīma* war das Symbol der physischen Kraft und des Heldentums. In diesem Bild der Brüder wird folgende Lehre vermittelt: Wenn *Dharma* oder Rechtschaffenheit auf der einen Seite von intellektueller und auf der anderen Seite von physischer Kraft unterstützt wird, ist der Erfolg sicher. Die einzige Voraussetzung ist, daß diese beiden, Intellekt und Mut, die Regeln der Rechtschaffenheit befolgen und sie nicht herabsetzen oder ihre Anweisungen gar mißachten.

Indien mit seiner Loyalität und seinem unerschütterlichen Vertrauen in Frieden und Zusammenarbeit beim Erreichen edler Ziele repräsentiert *Dharmarāja* unter den Völkern der Welt. Amerika ist *Arjuna*, bereit zum Einsatz seines riesigen Waffenpotentials. Rußland mit seiner ungeheuer großen, urwüchsigen Kraft ist *Bhīma*. Indiens Stärke liegt darin, daß es an *Dharma* festhält. Alle anderen Länder, deren Stärke nur auf ihren Feuerwaffen beruht, werden nur dann den Sieg erringen, wenn sie sich schließlich der Macht der Rechtschaffenheit unterwerfen. Wenn wir die Rechtschaffenheit schützen, wird sie uns im Gegenzug schützen. *Dharma* ist der Lebenssaft der Liebe (*prema*). Wo Liebe ist, wird auch Friede sein. Wo Friede ist, wird Göttlichkeit sein. Und wo Göttlichkeit ist, wird Glückseligkeit sein.

Dies sind ewige Wahrheiten; aber selbst Inder haben aufgehört, darauf zu vertrauen, und sogar angefangen, sie zu verspotten und sich zu weigern, sie in die Praxis umzusetzen. Solche Menschen beleidigen ihre eigene Mutter. Die Mutter und das Land der Mutter müssen gleichermaßen verehrt werden, heißt es in den alten Schriften. Ihr ehrt die Mutter, indem ihr ihr gehorcht und ihre Wünsche erfüllt, und ihr ehrt euer Mutterland, indem ihr seine uralten Traditionen und ehrwürdigen Ideale beachtet, die den Test der Zeit bestanden haben. Niemand achtet einen Deserteur. Indem er sein Heimatland verleugnet, verurteilt er sich selbst. Deshalb achtet darauf, daß ihr nicht unter den Einfluß fremder Ideologien, importierter Sitten, Verhaltensweisen oder Modeströmungen und faszinierender Vorstellungen gesellschaftlichen Verhaltens geratet. Die Jugend heute, die der Faszination des Fremden erliegt, geht daran zugrunde. Gedankengut, von anderen Kulturen übernommen, fügt sich nicht in die Struktur unserer Kultur ein. Die ewige Göttliche Ordnung (*sanātana dharma*) ist die Kultur, die auf diesem Boden gewachsen ist und am besten geeignet ist, Frieden und Freude in der menschlichen Gemeinschaft zu erhalten. Man kann sich nicht lange mit fremden Federn schmücken. Es macht nur eine kleine Weile Spaß. Deshalb laßt es nicht zu, daß eure Kultur durch Nachahmung fremder Gebräuche oder Vernachlässigung der eigenen verzerrt und entstellt wird.

Faßt, bevor es zu spät ist, den Entschluß, die falschen und fremden Vorstellungen und Verhaltensweisen aus euren Herzen zu reißen. Haltet an dem Glauben fest, daß Gott in jedem Lebewesen existiert. Alle Menschen sind eure Mitmenschen, und alle Mitmenschen sind Gottes Kinder. Wenn euch jemand verletzt oder kränkt, mildert den Ärger durch das Wissen, daß „ihr und er" in Gott eins seid. Wenn ihr euch auf die Zunge beißt, bestraft ihr nicht die Zähne, Zunge und Zähne gehören euch und werden von euch gleichermaßen geschätzt.

In einer Umgebung, in der Liebe (*prema*) herrscht, wird immer Friede und Harmonie sein. Seht Gott als Liebe, lebendige Liebe an. Oft wird diese Liebe durch den Nebel von Zorn, Gier und Verlangen verdeckt. Trennt euch von diesen vorübergehenden Gefühlswallungen und beherrscht den bösen Einfluß dieser Begierden. Nur dann könnt ihr echte Liebe fühlen und ausdrücken. Liebe muß durch Intelligenz und Unterscheidungsvermögen in die richtige Bahn gelenkt werden. Sonst kann sie sogar Schaden anrichten und zu Verlusten führen.

Einmal sah jemand einen Fisch auf einem Flußufer liegen und um sein Leben kämpfen, weil das Wasser gesunken war und er nun oben im Trockenen lag. Er wollte ihn aus seiner gefährlichen Lage befreien, wickelte ihn in ein Taschentuch und brachte ihn nach Hause. Der Fisch schlug aber weiter mit den Flossen, selbst als er ihn ins Bett legte. Also gab er ihm ein paar Teelöffel voll heißem Kaffee. Was konnte der arme Fisch mit einer so törichten Liebe anfangen? Er starb. Hätte der Mann ihn nur wieder in den Fluß geworfen, so hätte er glücklich weitergelebt. Selbst wenn ihr ihn in eine Schale mit Edelsteinen gelegt hättet, hätte er sich elend gefühlt. Ebenso ist es des Menschen eingeborene Natur, im Göttlichen zu schwelgen. Wenn also der Mensch in der Welt festgehalten und mit Komfort und materiellen Gütern überschüttet wird, so sehnt er sich doch nach Gott, den er als Quelle des Glücks erkannt hat.

Stellt euch vor, daß ihr alle hier in dieser Halle nicht wißt oder vergessen habt, wo ihr hergekommen seid und wohin ihr nach dieser Veranstaltung zu gehen habt. Da wird es totale Verwirrung und Panik geben. Wenn ihr nicht wißt, wer ihr seid, woher ihr kommt und was euer Ziel ist, werden Furcht, Angst, Zorn und Gier unter euch sein.

Wer ist der wirkliche Bewohner dieses Körpers? Ihr seid der positive Aspekt, der den Körper, den negativen Aspekt, aktiviert. Bei jedem Atemzug wiederholt ihr „so' ham". Das heißt, „Ich bin Er, Ich bin Gott". Was für eine profunde, authentische Aussage der Atem macht und dies in jedem Augenblick eures Lebens, ob ihr wach seid oder träumt oder euch im Tiefschlaf befindet, ob ihr ihm zuhört oder nicht! Wenn euch diese einfache Lehre, diese höchste aller Wahrheiten, die euch 24 Stunden des Tages eingetrichtert wird, nicht die Augen öffnet, nicht über eure eigentliche Aufgabe in Kenntnis setzt, wie könnt ihr dann eure Wirklichkeit durch bloßes Studium von Büchern verstehen?

Seht den Faden, der durch alle Blumen geht und sie zu einer Girlande verbindet. Wenn ihr die Blumen seht, seht ihr nicht den Faden, und doch hält er dies alles zusammen. Ihr könnt aus eurer silbernen Tasse einen Teller oder ein Schmuckkästchen oder ein Götterbild machen. Namen und Formen verändern sich, aber alles ist und bleibt dennoch Silber. Ruft *Rāma* oder *Krishna*, beide werden kommen und sagen, „Ich bin *Rāma*", „Ich bin *Krishna*". Aber wer ist das „Ich", das sowohl *Rāma* als auch *Krishna* gemeinsam ist? Dieser gemeinsame Faktor ist nach Aussage der indischen Weisen der *Atman*. Dieses Konzept des *Atman* hat drei Aspekte: Was ihr selbst von euch denkt, ist das Körperselbst (*dehātman*); was andere von euch denken, ist das individuelle Selbst (*jīvātman*); und was ihr wirklich seid, ist das höchste Selbst ohne Begrenzungen durch Name oder Form (*paramātman*).

Bindungen berauben euch eurer Freiheit. Ihr könnt euch frei bewegen, wenn keine Bürden auf euch lasten. „Weniger Gepäck, mehr Komfort" ist ein Slogan für die Lebensreise. Verringert eure Wünsche, löst Bindungen, dann gewinnt ihr Freiheit. Das Ziel der Weisheit ist Freiheit, das Ziel der Erziehung ist Charakter, das Ziel der Kultur ist Vollkommenheit, das Ziel des Wissens ist Liebe. Selbstvertrauen ist auch die Grundlage von Gottvertrauen. Menschen, die nicht wissen, wer sie sind und die kein Vertrauen in ihre eigene Stärke und Macht haben, behaupten, es gäbe keinen Gott. Aber wie können sie sagen, daß es den Gott, an den ihr glaubt und der für euch existiert, nicht gibt?

Sie mögen behaupten, daß Gott für sie nicht existent sei, aber mit ihrer Behauptung hört Gott nicht auf zu existieren! Es gibt eine Geschichte über einen Hindigelehrten aus Benares. Er pflegte jeden Morgen und jeden Abend fünf Minuten zu beten, so daß er täglich zehn Minuten über Gott meditierend verbrachte. Seine Kollegen lachten darüber, daß er zehn kostbare Minuten für diese alberne unnötige Gewohnheit verschwende. Seine Antwort war: „Meine Herren, gäbe es wirklich keinen Gott, so müßte ich zugeben, daß ich täglich zehn Minuten meiner Zeit verschwende. Aber stellen Sie sich nur einmal vor, Gott existiere tatsächlich, da würden Sie, die Sie nicht beten, doch 24 Stunden täglich verschwenden. Ich verlasse mich auf mein Gefühl, daß ich dem, was ich tue, vertrauen kann. Außerdem macht es mir viel Freude."

Versucht nicht, die Fehler bei anderen zu finden, sucht lieber nach euren eigenen. Ich fordere euch auf, drei Ideale in euer Herz zu senken: 1. Vergeßt Gott nicht. 2. Setzt euer Vertrauen nicht auf die Welt, die euch umgibt, sie verändert sich jede Sekunde und ist vergänglich. 3. Fürchtet euch nicht, ihr seid der unvergängliche *Atman*, der keine Furcht kennt. Ich möchte auch, daß ihr zwei Gedanken aus eurem Herzen verbannt: 1. Vergeßt das Leid, das euch angetan wurde. 2. Vergeßt das Gute, das ihr für andere getan habt.

Entwickelt vor allem Liebe (*prema*). Liebt alle Religionen und Nationen. Erkennt und akzeptiert alle Religionen als Wege, die die Menschen zum selben Ziel bringen. Alle lehren Liebe und Mitgefühl, Demut und Geduld. Ich segne euch alle und bitte euch, allen Wesen noch mehr Liebe, Mitgefühl und Verständnis entgegenzubringen. Gott ist in jedem einzelnen, und es ist eure Pflicht, Gott in jedem zu verehren.

Kamani Auditorium, Neu Delhi, 29.03.1972

„Mein Volk"

Hingabe (bhakti) wurde als „sā parānuraktih īshvare - höchste auf den Herrn ausgerichtete Bindung" definiert. Eine solche Bindung können sogar Tiere zeigen, wie dies Legenden über *Shiva* in Kalahasti und den

Elefanten, der ihn dort verehrte, beschreiben. Junge Burschen sind dazu in der Lage, wie es die Geschichte von *Dhruva* beweist. Frauen haben bewiesen, daß sie zu dieser Bindung fähig sind, wie z. B. *Draupadī*.

Der Mond hat kein eigenes Licht, die Sterne dagegen strahlen riesige Mengen von Licht aus. Aber das Licht der Sterne ist so verschwommen und undeutlich, daß es keinen Unterschied machte, wenn sie gar kein Licht hätten, während der Mond mit seinem geborgten Licht dem Menschen viel mehr helfen und die Nächte mit durchaus genügend Licht erhellen kann. Der Grund liegt darin, daß die Entfernung des Mondes von der Quelle des Lichtes, der Sonne, und von jenen, die es brauchen, nämlich den Menschen auf der Erde, sehr gering ist. Die Sterne sind von beiden zu weit weg, als daß sie ihnen irgendeinen Dienst erweisen könnten. Und welchen Nutzen hat all das Glitzern und Strahlen, wenn es nur bei einem kurzen Funkeln bleibt. Am Himmel stehen Milliarden von Sternen, aber die Lichtmenge, die die Erde erreicht, ist unendlich klein.

Gott ist größer als tausend Sonnen, aber wenn ihr zu weit weg von ihm seid, könnt ihr weder Wärme noch Licht erhalten. Natürlich kommt es bei Gott nicht auf die Entfernung an, man muß um seine Liebe werben. Das läßt sich als Hingabe (bhakti) bezeichnen.

Aber als Folge materieller Not und sinnlicher Begierden bemüht sich der Mensch mit miesen Tricks und vulgärer Schmeichelei eher darum, die Gunst aller Arten und Typen von Menschen zu gewinnen. Weltliche Wünsche (lokavāmchā) entfernen euch von dem Herrn aller Welten (*lokesha*). Das Beispiel des Flusses kann euch eine Lehre sein. Er fließt immer zu den tiefer gelegenen Stellen, niemals zu den höheren. Beugt die Knie vor den Demütigen, den Bescheidenen, den Gottesfürchtigen, den Guten, aber nicht vor den Stolzen, die nur Haß und Gier schüren. Wer Gott im Herzen trägt, wird sich immer hintanstellen, nie in den Vordergrund drängen. Wenn ein Mensch großspurig auftritt, wird er leiden müssen, da er sich an der Glückseligkeit (ānanda) nicht laben kann. Sehnt euch nicht danach, Autorität über andere zu erlangen, erkennt Gottes Autorität über alle an. Taucht in Glückseligkeit (ānanda) und Liebe ein.

Der Mensch schwächt sich selber, wenn er drei Betrügern glaubt: dem Namen (nāman), der Form (*rūpa*) und den Eigenschaften (*guna*).

Wenn er sagt, sein Name sei Soundso und „Hier bin ich" antwortet, wenn der Name gerufen wird, so ist er Betrüger Nr. 1! Wenn er sich als krank oder gesund, schwach oder stark, arm oder reich beschreibt, ist er Betrüger Nr. 2! Wenn er wegen eines Verlustes oder Schmerzes betrübt und wegen eines Gewinns gut aufgelegt ist, ist er Betrüger Nr. 3! Er hat keinen Namen, er hat alle Namen, die Gott hat! Er erlebt keine Veränderung, sein Körper erlebt dies, aber er ist nicht der Körper. Sein Auto mag defekt sein, sein Haus verfallen, aber es berührt ihn nicht. Verlust oder Gewinn, Schmerz oder Vergnügen, diese ganze dualistische Erfahrung, verursacht durch das Spiel der Phantasie, ist eine Täuschung!

Diese Täuschungen müssen durch den Erwerb von drei Arten von Wissen und der daraus resultierenden geistigen Einstellung beseitigt werden: *adhibhūta*, Wissen, das sich auf alle vergänglichen Dinge bezieht und den Körper und seine Ausrüstung, d.h. die Persönlichkeit (*jīva*) einschließt; *adhidaiva*, Wissen, das sich auf die göttlichen Kräfte bezieht, die Tätigkeiten hervorrufen, z.B. die Mondphasen, die das Ohr beherrschen, die Luft, die den Tastsinn beherrscht, die Sonne, die das Auge beherrscht, *Varuna*, der Herr der Gewässer, der die Zunge beherrscht, das Zwillingspaar *Ashvin*, das die Nase beherrscht, das Feuer, das das Sprechen beherrscht, *Indra*, der über die Hände, und Upendra, der über die Füße herrscht, *Mitra*, der über das Verdauungssystem und *Prajāpati*, der über das Fortpflanzungssystem herrscht, der Mond (candra), der über den Geist (*mind*) herrscht, kurz die *īshvara*- oder *saguna*-Aspekte Gottes mit den verschiedenen zusätzlichen Eigenschaften, die den Fortschritt des Menschen in der Gegenwart und Zukunft fördern, und schließlich adhyātma, das Wissen, das sich auf den *Atman* bezieht, d. h. das individuelle Selbst, den universellen ewigen *Atman*.

Das Körperbewußtsein (*adhibhūta* oder *jīva*) bindet einen mit den Fesseln von „Ich" und „Mein". Das *īshvara*-Bewußtsein oder die Wahrnehmung der Attribute Gottes, die unsere Handlungen energetisieren und aktivieren, begrenzt das Höchste auf ein Einzelwesen. Wenn das Bewußtsein des *Atman* erreicht ist, verschwindet alle Täuschung (*moha*) und ihr erreicht die Befreiung (*moha* kshaya). „Kshaya" bedeutet „Verschwinden, Verfall, Untergang". *Arjuna* erkennt mit Dankbarkeit gegen Ende des Dialogs in der *Gita*: „Nashto mohah - verschwunden ist die Täuschung", „smritir labdhā - ich habe die Erinnerung zurückgewonnen". Er hatte vergessen, daß er *Atman* war. Er erinnerte sich daran und wurde aus dem Gefängnis befreit, das er um sich herum errichtet hatte.

Es gab einmal einen reichen Mann, einen eingefleischten Geizhals, der seinen Schatz an einem Ort, wo niemand ihn würde entwenden können, verstecken wollte. Er beschloß, ihn in einer Schlangengrube aufzubewahren. Der arme Kerl kam nicht auf die Idee, daß sein Gold, das vor dem Zugriff anderer sicher war, auch für ihn unzugänglich sein würde. So verliert der Mensch oft durch seine eigenen Listen und Begierden Freude, Frieden und Freiheit. Er entwirft Strategien, um den Nachstellungen anderer zu entgehen, aber nichtsdestoweniger gerät er durch die eigene Taktik, mit verbundenen Augen in einem dunklen Raum die schwarze Katze fangen zu wollen, die gar nicht da ist, in die Falle! So ist das Leben für die meisten Menschen. Sie wollen den Weisen nicht glauben, wenn diese sie warnen oder richtige Informationen übermitteln.

Seht in der äußeren Welt kein Objekt der Ausbeutung, sondern etwas, das angenommen und geschätzt werden sollte. Dann könnt ihr ein Höchstmaß an Glückseligkeit (ānanda) aus diesem Kontakt gewinnen. In Delhi strömten Tausende von Menschen zu allen Tages- und Nachtstunden herbei, um Darshan zu bekommen. Nur wenn eine Gruppe Darshan erhielt und sich weiterbewegte, gab es Platz für die nächste hinter ihr, die sie nach vorn schob. Also ging ich auf die Terrasse und schenkte ihnen dieses Glück (ānanda). Lastwagen voller Menschen aus Jullunder, Meerut, Patiala und noch weiter entfernt liegenden Ortschaften kamen an den Tagen meines Aufenthalts dort an. Sie wurden von dem Glück, das der Darshan schenkt, angezogen.

Als nun jeder Augenblick meines Aufenthalts in Delhi so voll von Glückseligkeit war, an der alle teilhatten, bat mich Gulzarilal Nanda, Präsident der Sādhu Organisation Indiens, nach *Kurukshetra* zu kommen. Ich antwortete ihm: „Wie kann ich diese vielen Menschen verlassen, die mir aus tiefer innerer Not 'Baba, schenke uns deinen Darshan' zurufen, und mit dir nach *Kurukshetra* gehen? Sie werden das Gefühl haben, ich hätte sie im Stich gelassen." Aber es war soviel Aufrichtigkeit und Selbstlosigkeit in seiner Bitte, daß ich nachgab und ihm zusagte, während der heißen Stunden des Tages, wenn ich mich in

Delhi dem Drängen der betenden Menge eine Weile entziehen konnte, mit ihm zu gehen.

Dort fand ich eine große Schar von über dreitausend Menschen. Unter ihnen waren viele Samnyāsins, überall sah man ockerfarbene Gewänder. Eine Welle der Freude (ānanda) stieg in mir auf, als ich vor dieser glücklichen Gemeinschaft stand, auf vertrautem Boden, als Lehrer. Ich sagte, daß Samnyāsins, Menschen, die weltliche Wünsche aufgegeben haben, eine einzigartige Rolle in der Gesellschaft spielen. Die Farbe ihrer Gewänder muß die Reinheit ihres Inneren anzeigen. Ich warnte sie vor dem korrumpierenden Einfluß von Politik und Institutionalisierung. Sie sollten ihre Freiheit, Einfachheit und ihre Rolle als wachsame Beobachter nicht den Verlockungen von Pomp und Pracht opfern. Ich beschrieb den politischen Druck, der die spirituelle Kultur Indiens im Namen des Säkularismus aushöhlt. Ich versicherte ihnen, daß der Ganges der Spiritualität, der aus dem Himalaja der Wahrheit (*satya*), der Rechtschaffenheit (*dharma*), des Friedens (*shānti*) und der Liebe (*prema*) entspringt, niemals durch politische Taktiken verunreinigt werden kann. Jahrtausendelang fanden Generationen von Indern ihre Lebensfülle in Gott, sie arbeiteten für Gott, sie wurden von Gott ernährt. Gott ist die Wurzel, die Grundlage, der Atem von Millionen von Indern. Niemand kann ihn austrocknen, verbrennen oder leugnen.

Die Wahrheiten über das Individuum, das Universum und Gott, die aufgrund hingebungsvoller Studien entdeckt und voller Liebe verbreitet worden sind, können niemals verunreinigt oder wegdiskutiert werden. Der amerikanische Botschafter Keaton sagte mir: „Ich vermag die tiefe Bedeutung indischer Kultur durch das Studium von Büchern nicht zu erfassen, noch kann ich mich für die Authentizität der Schriften dieses Landes verbürgen. Aber wenn ich in den siebziger Jahren des 20. Jahrhunderts in der Hauptstadt von Indien ein solches Phänomen sehe, fünfhunderttausend begeisterte Männer und Frauen, die sich um diese 5-Fuß-große Persönlichkeit drängen, nur um einen liebevollen Blick von ihm zu erhaschen, dann meine ich, den Herzschlag dieses alten Volkes zu hören".

Wenn jemand nachts bei völliger Dunkelheit in einem Zimmer im Bett schläft und man mit ihm reden möchte, versucht man, ihn aufzuwecken. Man tastet herum und wenn man einen Stuhl, ein Regal oder ein Buch berührt, sagt man zu sich selber: „Nein, das ist er nicht". Wenn man schließlich einen Fuß berührt, ist man ganz aufgeregt. Denn man weiß dann, „das ist er". „Wenn ihr einmal den Kontakt zu Gott hergestellt habt, festigt euren Glauben, und indem ihr seine Gebote haltet, verbindet euch immer fester mit ihm", sagte ich zu der Versammlung in *Kurukshetra*. Ich riet den Samnyāsins, sich von Ärger, Gier und Neid zu befreien, Zwietracht und Pomp zu meiden, sich zu jeder Zeit des Gottes im Inneren und in der Außenwelt bewußt zu sein und sich so zu verhalten, daß alle dazu inspiriert werden, dem spirituellen Weg zu folgen. Ich erklärte ihnen, daß Weisheit nur dann im Herzen aufleuchtet, wenn das Bewußtsein rein ist.

Eines Abends gingen wir nach Meerut, ein Ort von historischer Bedeutung während der Zeit der englischen Herrschaft und ein großes Armeequartier. Hier erlitten die Engländer ihre erste Niederlage in den Tagen des Aufstands. Jetzt möchten sie dort ein Sathya Sai College haben! Die Menschenmenge auf dem Versammlungsplatz war so riesig und dicht gedrängt, daß weder Autos noch wir zu Fuß durchkommen konnten. Als wir schon an Rückkehr dachten, gab es soviel Weinen und Jammern, daß ich auf dem Podium erschien, während sie sich schon fragten, wo ich sei und ob ich gegangen sei. Sie freuten sich sehr, als ich ein paar Lieder sang, die den Namen des Herrn preisen (nāmāvalī).

Ich erzähle euch dies, weil es eine Prognose für die kommende Zeit ist. Seit sechs oder sieben Jahren sage ich, daß der Tag schnell herankommt, an dem Millionen sich um den *Avatar* scharen werden, um Hilfe zu bekommen. Ich rate euch, all die Zeichen der Gnade und Glückseligkeit zu sammeln und zu schätzen, solange ihr die Gelegenheit dazu habt, so daß ihr euch durch die Erinnerung an die Süße der Erfahrung später stärken könnt.

Wenn ihr auf der Ebene des Körpers und des Individuums lebt, werdet ihr euch in Dinge wie Essen, Vergnügen, Spaß, Bequemlichkeit, Neid und Stolz verstricken. Vergeßt das alles, ignoriert es, überwindet es -, ihr werdet dafür Frieden, Freude und Ruhe erhalten. Auf dem spirituellen Pfad ist keine Niederlage möglich, denn es ist der Pfad der Liebe.

Wir haben im Mai ein Sommerlager für Collegestudenten in Brindāvan - den ganzen Monat lang. Der Vorsitzende des Universitäts-

Stipendien-Ausschusses, der einen ausführlichen Bericht über College Erziehung geschrieben hat, sagte mir in Delhi, daß nun sein lang gehegter Traum in Erfüllung gehe und *Swami* das in die Tat umsetze, wozu die Regierung nicht imstande sei. Eine Reihe von Forschern und Gelehrten wird über verschiedene Themen zu den Studenten sprechen. Natürlich handelt es sich um spirituelle Themen, es gibt nichts jenseits des Reiches des Geistes (spirit). Selbst Materie ist im Grunde Geist.

Ich möchte, daß ihr eure Glückseligkeit (ānanda) mit anderen teilt und daß ihr in eurem täglichen Leben, Reden und Handeln Ideale zum Ausdruck bringt, denen sie nacheifern können. Niemals werde ich die Glückseligkeit (ānanda), die ich euch gebe, schmälern oder zurückhalten, es liegt an euch, das anzunehmen, was geboten wird. Achtet darauf, daß euch auch nicht der kleinste Teil dieser Glückseligkeit entgeht.

Prashānti Nilayam, 08.04.1972

Ein Tonikum für die Jugend

Verkörperungen des Göttlichen! Ich sehe euch hier vor mir, strahlend vor Freude über die Inspiration, die ihr in dieser Atmosphäre des Friedens und der Selbstkontrolle bekommen habt, über die Vision, die ihr in bezug auf eure eigene Realität gewonnen habt, über das Gefühl der Berufung, das sich eingestellt hat, über die Entscheidungen, die ihr getroffen habt, und den hilfreichen Kontakt, den ihr während dieser dreißig Tage mit Lehrern, die wahrhaft Führer der Jugend sind, gehabt habt. Man hat euch die Elemente des Yoga und der Meditation (*dhyāna*) gelehrt, die grundsätzliche Einheit all der verschiedenen Wege zur Selbstverwirklichung, die notwendigen Korrektive für ein Leben voller Frieden und Freude in dieser technologischen Welt.

Ich bin sicher, daß sich eure Herzen morgen auf der Fahrt nach Hause nach Gott sehnen, obwohl eure Körper zu euren Heimatdörfern unterwegs sind. Ich freue mich darüber, denn der Schatz der Hingabe ist kostbarer als Gold, Silber und Grundbesitz. Diese können nicht inneren Frieden oder dauerhafte Freude gewähren. Tugend ist die wahre Schatztruhe. Ein „Sterling Charakter" ist der überall akzeptierte

„Sterling" (Pfund Sterling - britisches Zahlungsmittel, Anm. d. Ü.). Die
Erkenntnis, daß ihr eine Welle im Ozean der Glückseligkeit seid, ist
der größte Besitz. Ihr erlebt, wie schwierig die Lage der Prinzen in
Indien ist. Es ist ein Beweis dafür, daß Macht, Autorität, Status und
Regierungsgewalt nur Strohfeuer sind. Regenfälle füllen die Wasser-
tanks bis zum Rand, und für kurze Zeit sitzen ganze Horden von
Fröschen um die Ufer herum und bequaken den grandiosen Reichtum.
Aber wehe, wenn der Tank eines Tages zwangsläufig austrocknet.
Kein einziger Frosch wird seine Loyalität beweisen und eine Lobes-
hymne quaken. Ruhm und Reichtum sind so unzuverlässig wie die
Lobeshymne des Frosches. Wenn ihr aber euer Selbst entdeckt und in
dessen Göttlichkeit schwelgt, habt ihr den schönsten Sieg errungen.

Seht einmal, wie gut ausgebildet, wie mächtig, wie physisch stark,
wie heldenhaft die epischen Gestalten *Rāvana, Hiranyakashipu, Hi-
ranyāksha* und *Duryodhana* waren. Jeder von ihnen besaß all diese
Eigenschaften in reichem Maße, was aber fehlte, waren Tugend und
die Sehnsucht, ein rechtschaffenes Leben zu führen -, und dieser Makel
führte zu ihrem unwiderruflichen Untergang.

Bevor *Duryodhana* und sein Gegner, der *Pāndava*-Prinz *Arjuna*,
sich auf dem Schlachtfeld begegneten, eilten sie hilfesuchend zu
Krishna. Krishna gestattete ihnen, selber die Wahl zu treffen. Er stellte
ihnen zwei Hilfsmittel vor: die Armee, die das eigene militärische
Potential vergrößern würde, und seine eigene Person, den göttlichen
Führer und Schutzherrn, der für den eigentlichen Kampf auf dem
Schlachtfeld ohne Nutzen sein würde. *Duryodhana* wählte die Armee,
er zog Quantität vor, Menschen-Macht. *Arjuna* wählte Qualität, Gottes-
Macht. *Krishna* hatte für ihn so viel Wert wie die Eroberung der
ganzen Welt.

Der einzelne muß in einem Streitwagen mit den Rädern der Nicht-
Anhaftung (*tyāga*) und Wahrheit (*satya*) Platz nehmen. Der Herr wird
dann die Position des Wagenlenkers einnehmen. Er wird die Zügel
(Geist) halten und die Pferde (Sinne) gerade und sicher auf den Weg
lenken, der über die Selbstverwirklichung zur Befreiung führt.

Jeder muß versuchen, Weisheit (*ātmavidyā*) zu erlangen, wodurch
man sich des unendlichen, ewigen, absoluten Selbst bewußt werden
kann. Erziehung muß zu dieser Entdeckung führen, sonst verdient sie
diesen Namen nicht. Der Prozeß, der einen instandsetzt, seinen Le-

bensunterhalt zu verdienen oder die Natur und seine Brüder auszubeuten, kann nicht im eigentlichen Sinne Erziehung genannt werden. Bücher füllen das Gehirn nur mit Stoff aus zweiter Hand, Praxis, Erfahrung, Gefühl, Etwas-Mit-Den-Eigenen-Händen-Tun -, so gewinnt man Einsicht und Intelligenz. Büffeln ist nur Zeitvergeudung. Bücherwissen hilft, gute Noten (im Engl. „mark", Anm. d. Ü.) auf der Schule und am College zu bekommen, ich ziehe aber Studenten vor, die keine negativen Beurteilungen (im engl. remark, Anm. d. Ü.) in ihren Zeugnissen erhalten, selbst wenn ihre Noten ein wenig schlechter sind.

Ein Studium sollte einen bescheidener machen, aber heute zeichnen sich Studenten durch aggressives und vorlautes Benehmen aus. Im Bereich der Erziehung haben wir Zwietracht und Auseinandersetzungen, die die Beziehungen zwischen Studenten, Dozenten und der Verwaltung belasten. Die Politiker tragen die Schuld daran. Weder die Studenten noch die Dozenten verdienen Tadel. Die Studenten haben zarte, eifrige, selbstlose, idealistische, mitfühlende Herzen. Das ist der Grund, warum ich jedem für den heutigen Tag Kleidung in makellosem Weiß geschenkt habe, passend zum Anlaß in Whitefield (dt. Weißes Feld, Anm. d. Ü.).

„Kshetra" heißt Feld. Eure Persönlichkeit ist das Feld, aber ihr müßt, indem ihr nach Reinheit strebt und danach lebt, den Herrn des Feldes (kshetrajna) erkennen. Es wäre Torheit und Verschwendung, ein vielversprechendes Leben aufs Spiel zu setzen, indem ihr die Wutanfälle eitler Emporkömmlinge wiederholt, die eure Energien dazu mißbrauchen, den Besitz unschuldiger Bürger zu zerstören und den Nachbarn zu terrorisieren. Wenn das Reservoir voll ist, wird Wasser aus der Leitung kommen; wenn das Herz das Reservoir von Liebe, Mitgefühl und Glauben ist, werden Taten, Worte und Gedanken Frieden und Freude vermehren. Die Politiker erkennen dies allerdings nicht, sie füllen die jungen Herzen mit Haß, Neid und Gier und spornen sie zu Gewalttaten und schändlichen Reden an. Sie locken sie aus Klassenzimmern, Bibliotheken und Laboratorien und lassen sie durch die Gegend laufen. Sie stacheln sie auf, Unschuldige zu verletzen, Eigentum zu zerstören und ein ungezügeltes, wildes Benehmen an den Tag zu legen.

Die indische Kultur - das habt ihr in diesem Sommerkurs von ausgezeichneten Experten gehört - ermutigt niemals dazu, Gewaltanwendung als Mittel zur Veränderung der Gesetze oder der sozialen Struktur eines Volkes zu gebrauchen. Gandhi richtete die Unabhängigkeitsbewegung Indiens nach spirituellen Grundsätzen aus, was Mut und Vertrauen hervorrief, und er bezog auch das Volk durch die Rezitation und Meditation über den Namen Gottes (*nāmasmarana*) mit ein. Er reinigte das Herz der Nation von Haß und Neid, Angst und Zweifel. Er hielt am Ideal und dem Pfad fest, ihr solltet dies auch tun. Ein Student hat sein Studium als Ideal und Pfad gewählt. Diese Aufgabe darf nicht hinausgeschoben oder nachlässig erledigt werden. Deshalb müssen auch Hindernisse oder Versuchungen aller Art überwunden werden.

Studenten haben das Recht, in einer Atmosphäre des Friedens zu lernen, auch Lehrer müssen in einer Atmosphäre von Frieden und Freude lehren. *Dronācārya* lehrte sowohl *Arjuna* als auch *Ashvatthāman*, seinen eigenen Sohn, das Bogenschießen, aber *Arjuna* war voller Begeisterung dabei, und so wurde er der größte Bogenschütze seiner Zeit. *Ashvatthāman* konnte dies nicht erreichen. Schließt euch eurem Lehrer voller Hingabe und Demut an, dann werdet ihr das Beste von ihm erhalten. Kann denn Wissen, in einer Atmosphäre von Ärger und Unzufriedenheit vermittelt und aufgenommen, Frucht bringen? Kann der Empfänger dadurch gestärkt werden?

Ich segne euch, damit ihr im Leben mit Hilfe der Ideale und Inspiration, die ihr in diesen Tagen in Brindāvan erhalten habt, der Disziplin, dem sozialen Gewissen, der Weisheit der alten Zeiten, der Lehren von Vergangenheit und Zukunft, Fortschritte machen könnt. Besinnt euch darauf, wann immer ihr von Zweifel oder Verzweiflung bedrängt werdet. Setzt sie in die Praxis um, meditiert darüber, denkt über ihre Wichtigkeit und Bedeutung nach. Ich werde euch eine Wahrheit enthüllen: ihr habt diese Chance erhalten als Belohnung für die Verdienste, die ihr in früheren Leben erworben habt. Ich brauche die Zuneigung, die eure Lehrer für euch entwickelt haben, nicht zu beschreiben, ihr habt selbst gesehen, wie sie am Ende ihrer Vorlesungsreihe beim Abschied den Tränen nahe waren. Was sie euch mit soviel Liebe gelehrt haben, solltet auch ihr mit großer Ehrerbietung schätzen. Euer wahrer Lehrer (*sadguru*) ist euer *Swami*, ich werde immer bei euch sein. Also kehrt nun glücklich heim und voller Mut, der aus Selbstvertrauen entstanden ist. Teilt eure Glückseligkeit (*ānanda*) und eure neue Anschauung mit euren Eltern, Freunden und Gefährten,

Verwandten, Lehrern und mit allen, mit denen ihr in Kontakt kommt. Ich ermahne euch, aufrichtig danach zu streben, anderen und euren eigenen besten Interessen zu dienen.

Ich segne euch, damit alle eure Unternehmungen von Erfolg gekrönt sind.

Brindāvan, 31.05.1972

Lehrt durch Beispiel

Jedes Glied des Körpers hat einen eigenen Namen, eine eigene Form und Funktion. Jedes Glied, jeder Muskel und jedes Gelenk hat seinen Anteil am Erhalt und Wachstum des Körpers. Das Wort „Körper" bezeichnet all dies zusammen. Dasselbe gilt für das Wort „Dorf" und den Namen „Puttaparthi". Sie bezeichnen Personen, Familien und Gruppen, die hier zusammen leben und einer Tätigkeit nachgehen. Wenn ein einziger Nerv oder Muskel oder ein Gelenk krank ist (im Engl. dis-eased, Anm. d. Ü.), leidet der Körper als Ganzes und verliert seine Funktionstüchtigkeit. Genau so verhält es sich, wenn eine Person oder eine Familie im Dorf unter Stress steht (im Engl. no ease, Anm. d. Ü.), bedrückt oder behindert, furchtsam oder ängstlich, krank oder bettlägerig, bedürftig oder unwissend ist, so ist das ganze Dorf durch das Leid betroffen. Wenn der Zeh irgendwo anstößt, vergießt das Auge Tränen, wenn die Geringsten und Ärmsten hungrig und bedrängt sind, sind die Höchsten und Reichsten auch betroffen. In den Zeiten, da jeder als komplementärer Teil desselben Staatswesens angesehen wurde, herrschte Frieden im Land, auf den Feldern wurde gelacht, und Türen wurden mit Girlanden geschmückt.

Aber jetzt bemüht sich jedes Glied, das andere zu verletzen, es gibt weder Kooperation noch Koordination. Und der Körper liegt qualvoll darnieder. Leben, glückliches Leben ist nur in der Gesellschaft und durch sie möglich. Die Gesellschaft kann nicht auf der Grundlage von Egoismus, Gier und Neid gedeihen, die die Menschen dazu bringen, mit Zähnen und Klauen aufeinander loszugehen.

Die Dorfgemeinschaften, die die Zellen des Staates sind, werden heute von dieser furchtbaren Krankheit heimgesucht. Also wird diese

Schule gegründet, damit die Kinder Richtlinien für ihr Leben erhalten und um die Älteren dazu zu inspirieren, Vorbilder für Toleranz, Dienst und gegenseitige Liebe zu sein. Freude und Frieden müssen in diesem Dorf durch die Einführung von Wahrheit, Güte, Gerechtigkeit und Liebe wieder hergestellt werden. Jeder kann die ihm vom Schicksal auferlegte Pflicht am besten ausführen, wenn er eine Haltung der Hingabe an diese Ideale entwickelt.

Jedes Dorf muß mit vier Häusern (ālaya) ausgestattet sein: 1. das Gasthaus oder Hotel (bhojanālaya), das zu einem mäßigen Preis saubere und gesunde Nahrung anbietet. Natürlich lebt der Mensch nicht nur von solcher Nahrung. Er ernährt sich von dem reinen Wasser und der Luft, und die Nahrung, die er mit Auge, Ohr, Zunge und Geschmacksnerven aufnimmt, muß auch von Schmutz und Gift frei sein. 2. das Krankenhaus oder Hospital (arogyanilaya). Dies ist heute eine absolute Notwendigkeit, da der Mensch weder gesunde Ernährungsgewohnheiten hat noch bereit ist, sie anzunehmen. 3. das Haus des Lernens, die Schule (vidyālaya), die wie eine helle Lampe die dunklen Schatten fernhält. Die Schule muß die Jungen lehren und die Alten dazu bringen, die Wurzeln der eigenen Kultur am Leben zu erhalten. 4. und letztens, das Haus Gottes, der Tempel (devālaya), das Herz der Dorfgemeinschaft, das das Blut von Glauben, Verehrung und Beständigkeit durch das ganze Staatswesen pumpt.

Die Schule wird ebenso vom Dorf beeinflußt wie diese von der Schule. Die Kinder lernen auf der Schule während einiger Monate des Jahres einige Stunden ein paar Disziplinen und Fähigkeiten und ein paar Informationsbrocken. Sie sind beinahe unwiderruflich durch ihre Eltern und Verwandten geprägt. Kinder bewundern die Älteren und übernehmen durch Nachahmung deren Vorurteile und Vorlieben. Sie beobachten das Verhalten der älteren Leute und schätzen es durchaus, obwohl sie vielleicht die Ratschläge und Ermahnungen nicht annehmen. Sie können die Schleier von Unsinn und Heuchelei durchschauen.

Puttaparthi ist ein Name, der in der ganzen Welt verehrt wird. Es ist ein heiliges Wort geworden, das Menschen aus aller Welt Trost und Ermutigung schenkt. Aber im Hinblick auf Erziehung ist dieses Dorf weit zurück. Ich bin mir dessen bewußt, niemand braucht mich darüber zu informieren. Ich weiß, daß die Verbindung mit Orten in der Nähe, wo es Höhere Schulen gibt, häufig durch Überschwemmungen abgeschnitten wird. Die Jungen und Mädchen dieses Dorfes müssen viele Kilometer zurücklegen, um sie zu besuchen. Also habe ich den Entschluß gefaßt, diese Höhere Schule zu bauen.

Meine Aktivitäten sind weder für die Öffentlichkeit bestimmt, noch haben sie etwas mit Propaganda zu tun. Auch sollen sie nicht anderen Freude bereiten, sondern zuerst und vor allem mir selber! Ich habe es nicht nötig, anderen zu gefallen oder Zustimmung und Anerkennung zu bekommen. Denn ich und du sind keine verschiedenen Wesen, du bist ich, und ich bin du. Ich bin der Strom, der in jede Glühbirne fließt und sie zum Leuchten bringt. Wer mich als etwas, was von ihm getrennt ist, wahrnimmt, täuscht sich. Ich bin in euren Herzen, ihr in meinem. Laßt euch nicht von Zweifeln und Traurigkeit in die Irre führen. Hunde mögen bellen und Schakale heulen, aber die Wahrheit schreitet majestätisch voran.

Jeder im Dorf ist eine Blume, deren Farbe und Duft einzigartig sind. Sie werden gepflückt und zu einer Girlande für den Herrn geflochten. Der Bindfaden, der durch alle hindurchläuft, der alle zusammenhält, der sie in den Stand versetzt, den Liebreiz des Herrn zu vergrößern - falls dies überhaupt möglich ist -, ist die heilige Schnur *Brahmas* (*brahmasūtra*), des göttlich Absoluten. Diese Wahrheit muß jedem enthüllt werden. Sie muß ins Herz eingepflanzt werden, so daß jeder stark genug ist, sowohl Niederlagen als auch Siege gelassen hinzunehmen. Das ist das eigentliche Ziel der Schule.

Dieses Geschenk hält die Schule für euch bereit. Aber der Geber wird nur dann glücklich sein, wenn das Geschenk optimal genutzt und nicht vergeudet oder gar weggeworfen wird. Der Geber ist nur dann bereit, erneut und mehr zu geben, wenn das Geschenk mit Intelligenz und Dankbarkeit angenommen wird. Es besteht die Absicht, die Schule in ein College umzuwandeln, um den Bedürfnissen dieser Region entgegenzukommen, ein College, das anderen ähnlichen Typs angegliedert werden kann, die in allen Staaten Indiens im Rahmen des Sathya Sai Erziehungssystems errichtet werden.

Es gibt auch einen Plan, in diesem Dorf eine Beschäftigungsinitiative zu starten, damit niemand Hunger leiden muß. Die Absicht ist vorhanden, die Realisierung hängt von eurem Enthusiasmus und Vertrauen ab. Das Medikament, das Heilung verspricht, ist da, aber bevor es nicht streng nach Vorschrift eingenommen worden ist, kann es nicht helfen. Verschwendet keine Zeit an törichte Phantasien, sondern zeigt eure Aufrichtigkeit und euer Vertrauen ganz praktisch, indem ihr eure Kinder zur Schule schickt, und ihre Studien durch eine arbeitsfreundliche Umgebung erleichtert. In den Tresoren der Staatsbank befinden sich Unsummen von Geld, aber sind sie euch von Nutzen? Wenn ihr darüber sprecht, beseitigt ihr nicht eure Armut. Arbeit allein führt zu einem Einkommen, Weisheit allein zu Frieden.

Dankbarkeit den Eltern gegenüber ist eine grundlegende Tugend, Ehrerbietung den Eltern gegenüber schließt die Vergangenheit ein, die Tradition der Vergangenheit, den großen Schatz an Weisheit, den die Vergangenheit gespeichert und aufbewahrt hat. Ich verbreite diese Botschaft, indem ich selber ein Beispiel gebe. Die Festhalle, die im Dorf gerade gebaut wird, soll die Erinnerung an den „Vater" wachhalten. Er hatte immer die Interessen des Dorfes im Auge, wie ihr alle wißt. Die Halle wird ein Gemeindezentrum für religiöse Zeremonien und für die Verbreitung spiritueller Ideale sein. Diese Schule soll die Erinnerung an die „Mutter" wachhalten. „Mein Leben ist meine Botschaft", sage ich oft. Ich habe damit die Mahnung der *Upanishaden* erneut betont: „Sprecht die Wahrheit, handelt rechtschaffen, verehrt die Mutter, den Vater, den Lehrer als göttlich." Ich betone dies nicht nur durch Worte, sondern stärker durch Taten. Ihr müßt eure Fähigkeiten, euren Verdienst, eure Intelligenz in den Dienst eurer Eltern stellen und eure Pflichten als Nachkommen erfüllen. Wenn ihr dies versäumt, verdient ihr nicht die Ehre, ein Inder und ein Mensch zu sein.

Puttaparthi, 20.07.1972

Lehren vom Meer

Heute ist Weltlehrertag, benannt nach dem ersten Lehrer (ādiguru), dem Weisen *Vyāsa*, dem Kodifizierer der vedischen Texte, dem Dichter, der das große, als 5. Buch der *Veden* berühmt gewordene Epos *Mahabharata* zusammengestellt hat, und das *Bhāgavatam*, jenes andere große Werk religiöser Hingabe. In Wirklichkeit ist die Welt selber ein großer Lehrer, ein beständiger Führer und eine Quelle der

110

Inspiration. Das ist der Grund, warum der Mensch von der Welt umgeben und unterstützt wird. Jeder Vogel, jedes Tier, jeder Baum, jeder Berg und jeder Stern, jeder winzige Wurm hält eine Lehre für den Menschen bereit, wenn dieser nach Wissen dürstet. Dann wird die Welt tatsächlich für den Menschen zu einer Universität, einer spirituellen Schule (*gurukula*), wo er von der Geburt bis zum Tode ein Schüler ist.

Wie ein Schwamm nimmt der Mensch aus seiner Umgebung Lektionen auf, ob bewußt oder unbewußt. Das ist der Grund, warum diejenigen, die seine Zukunft im Auge haben, ihn auffordern, die Gesellschaft guter Menschen (*satsanga*) zu suchen, Verleumdungen, Streitigkeiten, Stolz und Gewaltanwendung zu vermeiden. Der erste *Guru* ist die Mutter: Ihr Beispiel, ihr Rat, ihre Ermahnung beeinflussen den Menschen am stärksten und längsten. Der zweite ist der Vater, der vom Kind wegen seiner Stärke und seines Wissens bewundert und wegen seiner Strafen gefürchtet wird. Der nächste ist der Lehrer in der Schule, der ihn in das Labyrinth objektiven Wissens führt.

Aber nur der spirituelle Lehrer, der *Guru* kann das innere Auge öffnen und die inneren Instrumente der Intuition reinigen. Er veranlaßt euch, euch selber zu fragen: „Bin ich dieser Körper, oder ist dieser Körper (*deha*) nur ein Vehikel, das ich benutze „ und die Antwort zu entdecken, „Ich bin nicht dieser Körper (*nāham*), nein. Ich bin der Beobachter, der Zeuge, der Zuschauer." Dann stellt sich die Frage nach der Realität des Ichs: „Wer bin ich dann (*ko 'ham*)?" Und die Antwort leuchtet im geläuterten Bewußtsein auf. „Ich bin Er, ich bin ein Funke jener Herrlichkeit, ich bin göttlich (*so 'ham*)".

Der grobstoffliche Körper hat seine Eigenschaften - Größe, Gewicht, Körperumfang, Proportionen, Name, Kaste, Partei, Nationalität. Er ist ein Gefäß, ein Behälter, er ist erdacht, geformt, er zerfällt, er wird zerstört. Das könnt ihr nicht sein. Der feinstoffliche Körper ist wie das Wasser im Topf, das auch von jemandem hineingeschüttet wird. Es entsteht nicht darin, es ist kein wesentlicher Bestandteil, es ist nicht seine Lebensaufgabe (*dharma*). Also seid ihr das auch nicht. Der Kausalkörper wird durch Bindung und Loslösung beeinflußt, durch die Welt und ihre Objekte, durch Reaktion und Reflexion. Also könnt ihr das auch nicht sein. Ihr seid jenseits dieser drei Körper. Ihr seid nicht begrenzt durch diese drei Gefäße, eines innerhalb des anderen, eines feinstofflicher als das andere.

Es gibt fünf Hüllen, worin das Selbst sein Licht verbirgt. Die materielle Hülle (*annamayakosha*) ist der grobstoffliche Körper. Der feinstoffliche Körper besteht aus den nächsten drei Hüllen, der vitalen (*prānamayakosha*), der mentalen (*manomayakosha*) und der intellektuellen (*vijnānamayakosha*). Der Kausalkörper ist die Hülle der Glückseligkeit (*ānandamayakosha*). Selbst dies ist eine Begrenzung, eine Phase, eine Eigenschaft. Das Selbst hat weder Grenzen noch Bindungen. Der *Guru*, der euch dieses Selbst erkennen läßt, ist euer eigener Geist (*mind*). Richtet ihr ihn auf Erkenntnis und Glückseligkeit (ānanda), so seid ihr auf dem rechten Weg. Richtet ihr ihn auf das Leben und das Materielle, so seid ihr dem Untergang geweiht.

Gurupūrnimā, die Vollmondnacht, die dem Lehrer gewidmet ist, sollte mit der Kontemplation des Weges verbracht werden, der zur Befreiung führt, und indem man jenen, die einem den Weg zeigen, Dankbarkeit entgegenbringt. Gegenwärtig gibt es drei Arten von *Gurus*: diejenigen, die sich mit dem Vermögen der Schüler selber die Bäuche füllen, jene, die die Schüler ihrer Individualität und Intelligenz berauben und die Rolle despotischer Tyrannen spielen, und jene, die die Schüler von Angst und Panik befreien und ihre Aufgabe als Wohltäter erfüllen. Viele *Gurus* bestehen darauf, daß ihre Anhänger sie überschwenglich verehren und ihnen besondere Gaben zu Füßen legen. Solch oberflächliche Verehrung zu beanspruchen und anzunehmen, ist verabscheuungswürdig. Der Schüler muß ständig im Zustand der Gottesverehrung und Hingabe an höhere Ideale sein. Der Meister muß für diesen Weg (yoga) ein unerschütterliches, leuchtendes Beispiel sein.

Der *Guru* ist wie der Vollmond (pūrnimā) - voll, frei von Zweifeln, Fehlern und Bedürfnissen. Wie der volle Mond schenkt er Freude, sanftes Behagen und Entspannung. Haltet eine Weile inne, ihr könnt hier selber eine Bestandsaufnahme machen. Wenn ihr noch dualistische Vorstellungen habt, seid ihr noch halb blind. Wenn ihr nur den Einen seht, ist eure Sicht am klarsten. Alles doppelt zu sehen, ist ein Merkmal einer Augenkrankheit. Seht nur den Einen, den Ewigen, den Wahren, den Göttlichen. Erhebt euch zum Göttlichen und zieht das Göttliche nicht auf eine menschliche oder gar tierische Ebene herab. Verehrt Gott nicht in der Form des Bildes vor euch, sondern verehrt das Bild vor euch als Gott, denn Gott ist in allem und kann in jedem Symbol erkannt werden. Es gibt nichts, worin er nicht ist. Macht und Recht existieren nicht ohne ihn.

Das Auge sieht, aber welche Instanz sieht das Auge, erkennt die vom Auge erfaßten Eindrücke? Es ist der Geist (*mind*). Die Welt der Objekte ist das Gesehene (*drishya*), das Auge ist der Seher (drishta). Aber das Auge selbst ist für den Geist, der der Seher ist, das Gesehene. Der Geist ist aber auch das Gesehene, wenn der Intellekt der Seher ist. Schließlich ist der Intellekt auch das Gesehene, denn der *Atman* ist der letzte Seher, der als Zeuge dieses Spiel des Geistprinzips (manorāma) beobachtet.

Der Geist (*mind*) ist immer unstet, er ist nur „beständig in der Unbeständigkeit", wie *Arjuna* gegenüber *Krishna* klagte. Er bringe Leid, habe tiefe Wurzeln, und man könne ihn schlecht beherrschen, sagt *Arjuna*. *Krishna* stimmt dem zu, aber er versichert auch *Arjuna*, daß er gezähmt und unschädlich gemacht werden kann, wenn Weisheit erworben und Entsagung geübt werden.

Heute morgen hat jemand aus Delhi das gleiche Problem vorgebracht. Ich sagte ihm, es gäbe eine einzige einfache Lösung, aber seine Antwort war nur ein Seufzer. Er meinte, er habe schon viele Weise befragt und jeder von ihnen habe eine „einfache Lösung". Es möge ja einfach für mich sein, aber für ihn sei die Lösung in der Tat unglaublich schwierig. Ich sagte ihm, daß er ja schon viel schwerere Dinge ausführe als das, was ich ihm vorschlüge. Es würde also gar nicht schwierig sein. Er solle nicht den Mut verlieren. Er trage ein riesiges Kraftpotential in sich. Er könne genügend Kraftreserven mobilisieren und Erfolg haben. Dann erzählte ich ihm das Beispiel von der Hummel. Sie sei ein winziges Ding, was ihre Größe angehe, aber sie könne den dicksten Balken durchbohren. Es gäbe sogar eine Legende, wonach sie sich durch die stählernen Muskeln von *Karnas* Oberschenkel gebohrt habe. Diese Hummel lasse sich bei Sonnenuntergang auf einer Lotosblüte nieder und schlürfe den berauschenden Nektar. Sie falle in eine Art Ohnmacht, überwältigt von dem Elixier. Währenddessen gehe die Sonne unter und die Blütenblätter schlössen sich, um aus der Blüte wieder eine Knospe zu machen. Die Hummel sei nun in dem weichen Gefängnis eingeschlossen, sie habe nicht die Kraft, den zarten, samtweichen Schleier zu durchbohren. Ich sagte ihm: „Laß deinen Geist (*mind*) den Nektar des Gottesnamens trinken, laß ihn das Elixier der Lotosfüße des Herrn schmecken, dann wird er außer Gefecht gesetzt, unfähig, irgend etwas zu tun oder Leiden zu verursachen."

Ihr seid vielleicht hervorragende Wissenschaftler, berühmt und erfolgreich. Aber die Hummel kann euch lehren, frei von innerer Unruhe zu sein. Der Baum kann euch Geduld und Toleranz lehren. Er spendet allen Schatten, unabhängig von Alter, Geschlecht oder Religion, Nationalität oder Einkommen. Er schenkt seine Früchte und seinen Schatten sogar dem Feind, der ihm die Axt an den Stamm legt. Der Hund kann euch Vertrauen, selbstloses Dienen und den Prozeß der Hingabe lehren.

Der Mensch entwürdigt sich selbst durch seine Undankbarkeit, die er sogar Gott gegenüber zeigt, der ihm all diesen Reichtum geschenkt hat. Heute ist Vollmond, und das Meer zeigt seine Freude durch hohe Wellen. Es kennt nur Fülle und Glück und Zufriedenheit. Eine Menge Wasser mag durch die Sonneneinstrahlung verdunsten, darüber klagt das Meer nicht. Die Flüsse, durch den Regen angeschwollen, mögen ihr Wasser in das Meer ergießen, es jubelt nicht. Es lehrt euch Gleichmut - keine Trauer, keinen Jubel. Seht wie die Wellen, eine hinter der anderen, an den Strand rollen. Ihr bemerkt, daß sie Strandgut, Flaschen und Zweige, Balken und Wrackteile, an Land bringen. Das Meer kämpft ständig darum, ein reines Gesicht zu haben - ein lobenswertes Bemühen (*sādhana*), das der Mensch sich auch aneignen sollte. Dann beachtet aber auch die Ruhe seiner Tiefe, den Frieden (prashānti), der in den inneren Regionen seines Bewußtseins herrscht. An der Oberfläche erscheint das Meer ruhelos und aufgewühlt. Aber in der Tiefe herrscht Friede. Der Mensch muß wie das Meer sein und es als seinen Lehrer annehmen. Nehmt an diesem Weltlehrertag die Welt als euren spirituellen Lehrer an.

Prashānti Nilayam, 26.07.1972

Das einfachste Heilmittel

Der Mensch ist der Sklave seiner niedrigen Instinkte und Begierden geworden. Er ist unfähig, zwischen den niedrigen Trieben der Lust und

114

den edlen Gefühlen der Liebe zu unterscheiden. Liebe (*prema*) ist der erste Schritt auf dem Weg, der zu Gottes Gnade führt. Aber der Mensch schwelgt in sinnlichen Genüssen und körperlichen Freuden. Er wird von dem unheilvollen Gefährten der Begierde, dem Zorn, verfolgt. Wenn er seine Lüste nicht ausleben kann, wird er wütend, bestialisch oder gar dämonisch; wenn Begierde im Herzen des Menschen wohnt, nehmen Wahrheit, Gerechtigkeit, Mitgefühl und Frieden Reißaus. Die Welt wird zu einer Schlangengrube, und Gott kommt, um die Menschheit aus dem Pfuhl zu retten.

Der *Avatar* kommt, um dem Menschen Selbsterkenntnis zu bringen, um sein Geburtsrecht auf göttliche Glückseligkeit wiederherzustellen. Er kommt nicht, um einen neuen Glauben zu begründen, eine neue Sekte einzurichten, einen neuen Gott einzusetzen. Falls das geschieht, ist es die Auswirkung des Bösen im Menschen. Der *Avatar* kommt als Mensch, um die Göttlichkeit des Menschen zu beweisen, um in Reichweite des Menschen zu sein. Der menschliche Geist (*mind*) kann das absolute, eigenschaftslose Prinzip nicht erfassen, es ist abstrakt und kann weder in Worte gekleidet noch vom Verstand erfaßt werden. Feuer ist im Zündholz vorhanden, aber nur, wenn es als Flamme erscheint, können wir daraus Nutzen ziehen. Das Gestaltlose (*nirguna*) muß sich als Gestalt (*saguna*) manifestieren, das Formlose (*nirākāra*) muß als Form erscheinen. Nur dann, aufgrund dieser beglückenden Erfahrung kann der Mensch zuhören, lernen, verstehen, folgen und gerettet werden. Er zündet das Feuer der Selbstverwirklichung in jedem an, und die jahrhundertealte Unwissenheit wird in einem Augenblick zerstört.

Als die rechtschaffenen *Pāndavas* von den bösen *Kauravas* bedrängt wurden, erschien der anmutige *Krishna* und rettete sie. Der Herr kann niemals Gewalt und Blutvergießen planen. Sein Instrument ist Liebe, Gewaltlosigkeit seine Botschaft. Erziehung und Beispiel setzt er ein, um Bösewichte zu besseren Menschen zu machen. Aber, so mag man fragen, warum gab es dann überhaupt die Schlacht von *Kurukshetra*? Es war eine Operation und kann daher nicht als Gewalttakt angesehen werden. Der Chirurg rettet Leben durch den wohltätigen Gebrauch seines Messers.

Betrachtet den Namen „*Krishna*", den der *Avatar* trug. Welch bedeutsamer Name! „*Krishna*" ist von der Wurzel „krish" abgeleitet, die

115

Folgendes bedeutet: 1. anziehen, 2. pflügen und anbauen und 3. das göttliche Prinzip jenseits von Zeit, Raum und Kausalität. Wie alle *Avatare* zieht *Krishna* nicht nur Sucher, Heilige und Weise an, sondern auch einfache, unschuldige und gute Menschen. Er zieht auch Neugierige, Kritiker, Skeptiker und armselige Atheisten an. Es ist der unwiderstehliche Charme seiner Person, dem sie nicht widerstehen können, sein bezwingender Blick, seine Stimme, sein Flötenspiel, sein Rat und sein unerschrockener Mut. Er ist ständig im Zustand der Glückseligkeit und verbreitet Harmonie, Musik und Schönheit um sich herum. Er singt überall - auf dem friedlichen Weideland von *Brindāvana* und dem blutgetränkten Schlachtfeld von *Kurukshetra*. Er hält an einem Ort die Flöte in der Hand und gebraucht die Peitsche an einem anderen. Aber das Ergebnis ist immer Musik, bedeutungsvoll, wirkungsvoll, ein Flötenstück (venugana) oder die *Bhagavadgita*. Sowohl „gana" als auch „gītā" bedeuten „Lied"!

Warum besitzt er für alle eine so große Anziehungskraft? Weil er die Herzen umpflügt und sie auf den Regen der Gnade vorbereitet, den Samen der Liebe einpflanzt, das Unkraut böser Gedanken jätet, das den Ertrag der Freude erstickt, und es den Menschen ermöglicht, die Ernte der Weisheit einzufahren. Diese Weisheit findet ihre Erfüllung in *Krishna* selbst, denn *Krishna* heißt auch die reine Essenz, das höchste Prinzip, Sein-Bewußtsein-Glückseligkeit (sat-cit-ānanda).

Die Hirtinnen (*gopī*) von *Brindāvana* waren mit dem *Avatar* unauflöslich verbunden. Sein Name war unauslöschlich in ihr Herz eingegraben. Er alleine war wirklich, alles übrige war auch Er. Als *Rādhā*, die glühendste Verehrerin, über die „Trennung von *Krishna*" (!) in Klagen ausbrach und sich die Hirtinnen um sie scharten, um sie vom Gegenstand ihrer Liebe abzulenken, konnten sie keine anderen Worte des Trostes hervorbringen als „*Govinda! Dāmodara! Mādhava!*", Worte, die *Rādhā* den Verlust noch schlimmer fühlen ließen. Wenn die Hirtinnen Milch, Quark und Butter in den Straßen zum Verkauf anboten, pflegten sie gewöhnlich die Namen ihrer Waren auszurufen. Aber die Worte, die aus ihrem Munde kamen, waren die, die alle anderen ersetzt hatten - „*Govinda! Dāmodara! Mādhava!*", die Kosenamen des über alles geliebten *Krishna*! Als *Akrūra*, der Bote des bösen Onkels von *Krishna*, ihn von *Brindāvana* abholte, liefen die Hirtinnen über die Straße, um ihn aufzuhalten, aber selbst in ihrem verzweifelten Protest konnten sie keine anderen Worte hervorbringen als „*Govinda, Dāmodara, Mādhava*"!

Gott ist der Zucker, der den faden Trunk des Lebens in ein süßes Getränk verwandeln kann. Rührt den Zucker gut um, damit jedes Wassermolekül etwas von der Süße abbekommt. Die Hirtinnen können euch bei dieser spirituellen Übung (*sādhana*) ein Vorbild sein. Sie hatten - wie ihr auch - den *Avatar* in ihrer Mitte, und so konnten sie ihres Heils sicher sein, wenn sie Reinheit und Vertrauen erwarben.

Avatare manifestierten sich im *Kritayuga*, dem ersten Zeitalter, um die vedische Tradition zu bewahren, im *Tretāyuga*, dem zweiten, um die Rechtschaffenheit (*dharma*) zu schützen, und im dritten Zeitalter, im *Dvāparayuga*, um das Recht auf Eigentum zu verkünden. Im *Kritayuga* bewahrte der *Avatar* die *Veden* davor, daß sie in Vergessenheit gerieten, im *Tretāyuga* rettete er Frauen vor Schmach und Schande, und im *Dvāparayuga* schützte er Besitz vor ungerechtem Zugriff.

In diesem vierten Zeitalter, dem *Kaliyuga*, droht allen drei Bereichen höchste Gefahr. Die *Veden* werden lächerlich gemacht, die Frauen geraten in Versuchung, ein unweibliches Leben zu führen, und Eigentum wird als Diebstahl gebrandmarkt. Also hat der *Avatar* eine dreifache Aufgabe. Der Mensch hat keine Reinheit im Herzen, keine Heiligkeit in seinen Gefühlen, keine Liebe in seinen Taten und keinen Gott in seinen Gebeten.

Obwohl es in diesem *Kaliyuga* am schlimmsten aussieht, ist das Heilmittel am einfachsten. Im *Kritayuga* war die spirituelle Disziplin, die das Verderben aufhalten sollte, sehr schwer. Jahre der Askese und Abstinenz waren oft nutzlos. Der sechs Jahre alte *Dhruva* mußte jahrelang in der Abgeschiedenheit der Wildnis Buße tun, bevor Gott ihm seine Gnade schenkte. Und der Knabe *Prahlāda* unterzog sich unvorstellbaren Torturen, die er gar nicht wahrnahm, weil sein Bewußtsein auf die Gegenwart Gottes in seinem Inneren gerichtet war. Was heute nötig ist, um sich jetzt und für alle Zeit von Angst und Furcht zu befreien, ist Hingabe und die Ausrichtung des Geistes (*mind*) auf Gott. Dann werden körperliche Schmerzen und Sinnesqualen den Geist nicht berühren.

Meditation (*dhyāna*) ist jene innere Reise, die von der objektiven Welt und den Sinnen, die ihr hinterherlaufen, wegführt. In den *Upanishaden* heißt es, „Nāyam ātma balahīnena labhyah" - der *Atman* könne niemals von einem Menschen erkannt werden, der nicht stark sei. Stärke (bala) beinhaltet körperliche, energetische, moralische, intellektuelle und spirituelle Kraft. Denn nur so können die Sinne beherrscht werden. Ihr mögt meditieren, aber eure Sinne sind hellwach und aktiv, so daß eine winzige Mücke euren Zorn erregt und ihr mit den Armen herumfuchtelt, um sie zu töten!

Vor langer Zeit lebte eine sehr fromme Familie am Ufer des *Krishna*-Flusses. Sie besaß riesige Ländereien. Die Eltern hatten einen einzigen Sohn, der sich in den alten religiösen Schriften gut auskannte und durch Gehorsam und gutes Benehmen auszeichnete. Aber als der Vater starb und der Besitz auf den Sohn überging, umgab er sich mit einer Schar böser Menschen und führte bald ein liederliches und unmoralisches Leben. Er geriet unter den Einfluß einer Dirne und war von ihren Verführungskünsten so bezaubert, daß er sich einmal beim Überqueren eines Flusses, der Hochwasser führte, beim Schwimmen an der Leiche seiner eigenen Frau festhielt, die vorher aus Verzweiflung Selbstmord begangen hatte. Er hielt die Leiche für ein Stück Holz, das den Fluß hinabtrieb. Plötzlich wurde er sich seiner furchtbaren Lage bewußt, er gab seinen Augen die Schuld, daß sie ihn in die Sünde geführt hatten. So blendete er sich, um sich selbst zu bestrafen, und irrte in dem Heiligen Land umher, das die Ankunft des Herrn als *Krishna* erwartete, und sang Lieder zu seiner Ehre. Dieser blinde Sänger war *Surdās*. Mit dem Namen auf den Lippen und dem Bild Gottes im Herzen hat keine Sünde Macht über euch. Reue läutert, Zerknirschung reinigt. *Krishna* erschien vor dem blinden *Surdās* und bot ihm an, ihm sein Augenlicht wieder zu schenken. Aber *Surdās* bat ihn um innere Schau und legte keinen Wert mehr auf ein nach außen gerichtetes Sehen.

Gott ist kein Despot mit einem Herzen aus Stein. Er ist verkörpertes Mitgefühl, personifizierte Gnade. Sobald ihr euch durch Weinen gereinigt habt, zieht er euch an sich heran, tröstet und ermutigt euch. Ohne ein geläutertes Herz ist Selbstverwirklichung unmöglich. Weisheit kann nur in einen gereinigten Geist (*mind*) einziehen. Langsames und stetiges spirituelles Bemühen (*sādhana*) wird diese Reinigung des Geistes herbeiführen. Wenn ihr euch ein Beispiel an *Arjuna* und seinem Streben nehmt, werdet ihr den Sieg erringen.

Der letzte Vers (*shloka*) der *Gita* lautet: „Yatra yogeshvarah krishno yatra pārtho dhanurdharah, tatra shrīr vijayo bhūtir dhruvā nītir matir mama. - Wo *Krishna* der höchste Yogi ist und *Arjuna* seinen Bogen trägt, werden Wahrheit und Gerechtigkeit den Sieg davontragen." Dieser Vers verspricht nicht nur *Arjuna* im *Mahabharata* den Sieg, wenn er den Bogen in der Gegenwart *Krishnas* spannt. Jeder von euch kann *Arjuna* sein und den Bogen spannen und den Sieg erringen. Denn der Bogen ist nur das Symbol für Mut und Vertrauen, für hohe Entschlußkraft und furchtlosen Einsatz. Und wie könnt ihr *Arjuna* werden? *Arjuna* heißt „weiß, rein, unbefleckt, makellos". Sobald ihr das werdet und den Bogen in die Hand nehmt - die *Upanishaden* sagen, daß das OM der Pfeil ist und Gott das Ziel -, ist *Krishna* da, denn er ist in jedem Augenblick allgegenwärtig. Es besteht keine Notwendigkeit, ihn einzuladen oder in seine Aufgabe einzuführen. Ihr werdet seine Antwort in eurem Herzen hören.

Prashānti Nilayam, 31.08.1972

Die Wippe

Der Mensch ist dem Irrtum verfallen, die Natur sei sein Rivale, der unterworfen und erobert werden müsse. So kämpft er und erleidet Verluste und muß leidvolle Erfahrungen machen. Er fühlt sich sogar als Held in dem schweren Kampf, die Natur zu unterwerfen. Aber wenn er erkennen könnte, daß die Natur mit ihm verwandt ist, daß sie ebenfalls von Göttlichkeit erfüllt ist und mit ebensolcher Klarheit die Immanenz Gottes verkündet, könnte er glücklicher, ruhiger und zufriedener sein. Wenn ihr überall, auf jedem Quadratzentimeter des Bodens, in jedem großen oder kleinen Wesen die Fußspuren Gottes seht, erscheint die Natur plötzlich in einem ganz neuen Licht, als eine Manifestation, die verehrt werden will, nicht ausgebeutet und versklavt.

Das Ego des Menschen führt zu Abgrenzung und Auseinandersetzung mit allen anderen, bringt es zum Schweigen, und alle werden zu euren Verwandten. Das Ego ist der erste Sproß aus dem Samen der Unwissenheit, die kein positiver Besitz ist, sondern nur der Mangel an Wissen. Wenn das Licht der Erkenntnis aufleuchtet, werden innere und äußere Natur als göttlich angesehen. Es gibt nichts, was nicht DAS ist.

Wenn das erfahren wird, durchflutet Liebe das Herz und fließt zu allen. Es gibt keine Unabhängigkeit, es gibt nur wechselseitige Abhängigkeiten, denn alle Wellen sind gleichermaßen vom Meer abhängig. Ihr gebraucht das Wort „mein eigenes"; wer ist dieses „mein", das euch besitzt, und das ihr als euer „eigenes" besitzt? Es ist das Göttliche in euch und in allen. Das Wort für den eigenen Willen heißt im Sanskrit „svecchā", der Wille (icchā) des Selbst (sva). Da das Selbst des einen und das Selbst aller anderen das gleiche sind, sollte der eigene Wille (svecchā) der gemeinsame Faktor im Willen aller sein, nämlich Liebe. Hört auf die Stimme Gottes, die warnt, leitet, anspornt und zurückhält. Dann könnt ihr keine Fehler machen.

Man könnte sagen, daß Liebe eine universale Tugend ist, die sich in menschlichen Beziehungen mehr oder weniger bei allen zeigt. Aber sie wird durch kleinliches Denken eingeschränkt und vergiftet und durch Haß und Neid ausgetrocknet. Liebe muß im anderen das Beste und nicht das Schlechteste sehen. Liebe kann die Göttlichkeit in anderen nicht übersehen. Blinde haben das Recht, die Existenz des Lichtes zu leugnen, aber die, die Augen haben, haben dieses Recht nicht. Wenn solche Menschen schwören, daß sie nur viele sehen und nicht das Eine, ist ihre Sicht mit Sicherheit falsch. Versucht, dies durch spirituelle Disziplin (sādhana) ins rechte Lot zu bringen.

Ihr habt drei Instrumente des Verstehens: die Willenskraft (icchāshakti), die Tatkraft (kriyāshakti) und die Kraft der Erkenntnis (jnānashakti). Richtet alle drei auf Gott aus: verlangt nach ihm, dient ihm und erkennt ihn. Laßt nicht zu, daß die Sinne und Gefühle euch huckepack nehmen und davonlaufen. Haltet sie in Schach, stellt Gott als Ziel vor sie hin. Wenn eure Gefühle in eine Richtung streben, lenkt sie in die entgegengesetzte. So könnt ihr das Böse durchkreuzen.

Einmal verirrten sich *Krishna, Balarāma* und *Sātyaki*, damals noch kleine, kaum 4- oder 5jährige Jungen, ganz allein in einem dichten Dschungel, als es dunkel wurde und es keine Möglichkeit gab, die Stadt *Gokula* zu erreichen! Natürlich war dies, wie ihr sicher schon erraten habt, von *Krishna* geplant. Selbst in diesem Alter tat er gewöhnlich nichts, ohne einen tiefen Grund zu haben, und dieser Grund war jedesmal derselbe: jemandem eine Lehre zu erteilen. Sie entschlossen sich, die Nacht da, wo sie gerade waren, zu verbringen. *Krishna* machte ihnen Angst, indem er von Geistern, Gespenstern und Dämonen auf der Suche nach menschlichen Opfern erzählte. Er schlug vor, daß jeweils zwei von ihnen drei Stunden am Stück schlafen sollten, während einer Wache hielt.

Sātyaki sollte von sieben bis zehn Uhr wach sein und aufpassen, *Balarāma* war dann von zehn bis ein Uhr morgens an der Reihe, und *Krishna* sollte seine Pflichten zwischen ein und vier Uhr wahrnehmen. *Sātyaki* trat seine Wache also um sieben Uhr an, während *Balarāma* und *Krishna* sich auf ein Lager aus getrockneten Blättern niederließen und in tiefen Schlaf versanken. In der Zwischenzeit erschien tatsächlich ein Dämon vor dem kleinen *Sātyaki*. Er fiel über den Jungen her, der sich tapfer schlug, Faustschläge austeilte und einstecken mußte, und sich auch mit Kratzen und Beißen wehrte. Der Dämon mußte sich schließlich trollen, während *Sātyaki* übel zugerichtet, aber glücklich zurückblieb. Die zwei Brüder schliefen tief, der Lärm der Begegnung hatte sie nicht im mindesten gestört. *Sātyaki* hatte jeden Schlag mit gleicher Härte beantwortet. Um zehn Uhr weckte er *Balarāma* und legte sich auf dem Blätterhaufen nieder, als sei nichts geschehen. Der Dämon forderte auch *Balarāma* zum Kampfe auf und mußte sich geschlagen zurückziehen, weil *Balarāma* ebenso wild war wie er und seine Schläge noch schlimmer als die *Sātyakis*. *Balarāma* kroch schließlich auch um ein Uhr nachts ins Bett, nachdem er *Krishna* geweckt hatte, der nun bis vier Uhr morgens Wache halten sollte, der Gottesstunde (brahmamuhūrta), wenn die Götter versöhnlich gestimmt werden.

Wie ein verwundeter Tiger brüllend kam der Dämon und ging drohend auf den kleinen, göttlichen Knaben los. *Krishna* wandte ihm sein süßes Antlitz zu und schenkte ihm ein reizendes Lächeln. Dieses Lächeln entwaffnete den Dämon; je länger er unter dessen Einfluß stand, um so schwächer wurden sein Rachedurst und seine Bosheit. Schließlich wurde der Dämon so fügsam wie ein Lamm. Als die anderen beiden erwachten, waren sie von dem Sieg überrascht, den *Krishna* mit den Waffen der Liebe errungen hatte. Ihr könnt Zorn nicht durch Zorn beseitigen, Grausamkeit durch Grausamkeit, Haß durch Haß. Zorn kann nur durch Vergebung, Grausamkeit durch Gewaltlosigkeit und Haß durch Güte und Mitgefühl besiegt werden.

Auch *Arjuna* klagte einmal seinen ältesten Bruder *Dharmarāja* der gefühllosen Gleichgültigkeit gegenüber den Leiden seiner anderen

Brüder und ihrer Königin *Draupadī* und ihren Kindern an. Er verspottete ihn wegen seines starren Festhaltens an den Grundsätzen der Moral und Rechtschaffenheit, obwohl ihre Vettern sie auf die schändlichste Weise provozierten. Schließlich sagte *Arjuna* zu ihm: „Unsere Mutter lebt von uns getrennt, unsere Frau wird am Hof öffentlich beleidigt, wir irren im Exil im Dschungel umher, mein Sohn ist umzingelt und getötet worden, und wir sind verleumdet und auf die unerträglichste Weise entehrt worden. In der ganzen Zeit hat dich die schmachvolle Situation der Familie überhaupt nicht berührt, ja, du hältst weiterhin zufrieden an deinem Ideal tugendhaften Verhaltens fest." Als er mit seiner Schimpfkanonade fertig war, erwiderte *Dharmarāja* ruhig und ganz ohne ein Zeichen von Entrüstung: „Geduld, Toleranz, Liebe - nur diese führen zum Erfolg. Was nützt ein Sieg, der durch Betrug und Grausamkeit zustandegekommen ist? Solch ein Kampf wird immer neue Kämpfe hervorbringen. Wir sollten immer so handeln, als wären wir in der Gegenwart Gottes, als schaute Gott zu und wöge jeden Gedanken, jedes Wort und jede Tat ab. Seht euch selbst in allen anderen, seht alle anderen in euch selbst, das ist der Weg, der zu ewigem Frieden und Freude führt. Laßt uns nicht die Herrschaft im Äußeren suchen, laßt uns Herrscher im inneren Königreich werden. Laßt uns nicht versuchen, dem äußeren Feind zu trotzen, während wir dem inneren erlauben, weiter zu erstarken. Wir haben *Krishna* bei uns, wer also kann uns besiegen? Wir werden gewinnen, wenn wir seine Gnade gewinnen."

Weicht niemals vom rechten Pfad ab, wie groß auch immer die Mühe oder Versuchung sein mag. Lockert nicht die Zügel, wendet den Blick nicht zurück. Bleibt ruhig und fest im Glauben. Wenn ihr Reichtümern oder Kindern, Ruhm oder Vermögen Bedeutung beimeßt, gebt ihr damit zu erkennen, daß ihr nicht Gott ergeben seid, sondern dem Reichtum, den Kindern und allem übrigen. Wie sollte sich eure Hingabe zeigen, wenn ihr euch Gott ergeben habt? Indem ihr göttliche Qualitäten, göttliche Tugenden, göttliche Liebe, göttliche Stärke manifestiert. Werdet Sai, seid Sai!

Wenn der Citrāvatī viel Wasser führt, nennen wir ihn Strom. Wenn das Wasser zurückgegangen ist, nennen wir ihn Fluß. Wenn Begierden, Pläne, Wünsche und Sehnsüchte stark sind, nennen wir es „Geist" (*mind*), wenn sie nachlassen, nennen wir es „Bewußtsein" (*citta*).

Wenn das weiße Tuch schmutzig ist, ist es „Geist", wenn es durch Waschen wieder weiß geworden ist, ist es „Bewußtsein". Wenn ihr gierig nach Besitz strebt, ist es der Geist (*mind*), der euch antreibt, wenn die Liebe euch dazu bringt, zu verehren, anzubeten, mitzufühlen und zu dienen, ist es das Bewußtsein (*citta*). Der Geist kann nur durch Erforschung (jijnāsā) und Disziplin (*sādhana*) in Bewußtsein verwandelt werden. Jijnāsa ist die Stufe des Studenten oder Lehrlings, *sādhana* die des Berufstätigen. Und wenn ihr diese beiden Stufen erklommen habt, könnt ihr es euch leisten, ruhig und zufrieden zu sein, alle zu lieben und von allen geliebt zu werden, wie der alte Pensionär. Wenn ihr eure immanente Göttlichkeit zum Ausdruck bringt, nimmt sie die Form der Liebe an. *Rāmakrishna* Paramahamsa konnte es nicht ertragen, wenn jemand über den Rasen lief, er spürte das Gewicht der Füße und das Knicken der Grashalme.

Ihr müßt euch mit etwas beschäftigen, damit ihr die Zeit und eure Fähigkeiten bestmöglich nutzt. Das ist eure Pflicht, und Pflicht ist Gott. Die Trägen und Schwerfälligen werden aus Angst vor Erschöpfung, Versagen oder Verlusten zögern, etwas zu tun. Die impulsiven Gefühlsmenschen werden sich Hals über Kopf in etwas hineinstürzen und nach schnellen Erfolgen suchen, aber wenn diese ausbleiben, werden sie enttäuscht sein. Die ausgeglichenen Naturen werden etwas tun, weil es ihre Pflicht ist, und sie werden sich weder durch Erfolg noch Mißerfolg aus dem Gleichgewicht bringen lassen. Die Frommen werden ihre Tätigkeiten als Gottesverehrung ansehen und das Ergebnis Gott überlassen. Sie wissen, daß sie nur Instrumente in der Hand Gottes sind. Die Frommen wandeln auf dem Pfad der Reinheit (*sattva*), der zu Gott führt. Die wahre Natur des Menschen ist es, rein zu sein, aber aus bloßem Unwissen und einer bedingungslosen Unterwerfung unter die Herrschaft der Sinne muß der Mensch Leid und Kummer ertragen. Dies ist leider nicht nur in Indien, sondern auf der ganzen Welt der Fall.

Versucht, jede Tätigkeit zu heiligen, indem ihr sie einem göttlichen Ziel weiht. Das Universum ist das Werk Gottes und daher voller Bedeutung und Moral. Seht es als solches an, und zieht den größten Nutzen daraus. Ohne Hingabe ist Arbeit wie eine Papierblume, die man Gott nicht darreichen darf, trocken, kitschig, ohne Wert und ohne Duft. Bringt Gott echte Blumen dar, die im Garten eures Herzens gewachsen sind, voller Duft, Zauber und Schönheit. Versucht, jeden als einen Strahl Gottes zu sehen.

Das Leben ist eine Wippe, wobei der Mensch auf einem Balken sitzt, der auf dem runden Holzblock der Weisheit (jnānashakti) ruht, die die Grundlage bildet. Wenn der Balken auf der einen Seite herunterkommt, ist es *icchāshakti*, bhaktiyoga, Hingabe. Wenn er auf der anderen Seite herunterkommt, ist es kriyāshakti, karmayoga, Verehrung der Menschen als Verkörperungen der Göttlichkeit, Dienst am Nächsten, Verehrung der Natur durch Liebe und Zärtlichkeit. Solange die Wippe die Weisheit (*jnāna*) zur Grundlage hat, ist alles in Ordnung. Weisheit (*jnāna*) ist das Wissen, daß Gott alles ist. Er ist der Samen, das Universum ist der Baum, Instinkte, Impulse, Gefühle, Leidenschaften sind die Äste, große und kleine Zweige, Intelligenz ist die Blüte, reines, unabhängiges Bewußtsein ist die Frucht, und Liebe ist die Süße der Frucht.

Prashānti Nilayam, 26.09.1972

Das vedische Opfer und seine Lehre

Die dem Ursprung des *Veda* und dem Höchsten Wissen geweihte Woche des Opfers (vedapurusha saptāha jnānayajna), die bei jedem *Dasara*-Fest in *Prashānti Nilayam* gefeiert wird, ist ein Ritual, das das Wohlergehen und den Fortschritt der ganzen Menschheit fördert. Aber es ist schwierig, Zweifler und Ungläubige von dieser Wahrheit zu überzeugen. Viele meinen, daß solche vedischen Zeremonien im orthodoxen Stil mit all den korrekt ausgesprochenen Mantren nur in Indien durchgeführt werden können. So müsse ihre Wirksamkeit - wenn überhaupt - nur auf dieses Land beschränkt sein, und sie fragen, wieso dies in Regionen, wo die Menschen an solche Rituale und Hymnen nicht glauben, von Nutzen sein solle.

Solche Zweifler schränken die Bedeutung des Begriffs „yajna" ein. „Yajna" heißt „jede zur Ehre Gottes ausgeführte Tätigkeit", nicht nur diese in den alten Schriften vorgeschriebene Tätigkeit. Eine zur Ehre Gottes ausgeführte Tätigkeit ist in allen Klimazonen, allen Regionen und bei allen Rassen möglich. Da sie zur Ehre Gottes ausgeführt wird, führt sie zum Erfolg. Ohne diese Hingabe werden unweigerlich Angst, Furcht und Zwiespalt entstehen. Jede Tätigkeit auf der Welt ist auf Gott ausgerichtet, bewegt sich auf Gott zu, ob ihr es wißt oder nicht. Nur muß man sich dessen bewußt sein und die Freude dieses Wissens teilen. Wie wäre es möglich, daß das Universum seine harmonischen Bewegungen und sanften Drehungen ausführt, wenn Gott nicht der Inspirator und Verursacher wäre. Andernfalls gäbe es nur eine Spielhölle mit Chaos und Anarchie.

Glaubt nicht, daß Opfer (*yajna*) nur diese an dieser Stätte durchgeführte Zeremonie sei, die als besonders heilig bezeichnet wird, wobei Passagen aus den heiligen Schriften vorgelesen und vorgetragen und vedische Hymnen gesungen werden, und sonst nichts. Nein, Opfern (*yajna*) ist ein kontinuierlicher Prozeß, wer beständig in der Gegenwart Gottes lebt und alle Handlungen Gott widmet, bringt Opfergaben (*yajna*) dar.

Drei Prozesse gehören zur spirituellen Disziplin, so haben es die Weisen niedergeschrieben, Opfer (*yajna*), Barmherzigkeit (dāna) und Selbstkontrolle (*tapas*). Sie können nicht aufgeteilt und isoliert werden. Barmherzigkeit und Selbstkontrolle sind integrale Teile von *yajna*. Deshalb wird „*yajna*" mit „Opfer" übersetzt, denn Barmherzigkeit (dāna) ist ein wesentlicher Bestandteil von „*yajna*". Dasselbe gilt für Selbstkontrolle (*tapas*), strenge Kontrolle der Gefühle und Gedanken, um Frieden und Glauben zu sichern.

Verschiedene Opfer (*yajna*) werden in den *Veden* vorgeschrieben. Dies ist der vedapurusha yajna, eine Opferzeremonie, die dem in den *Veden* gepriesenen höchsten Wesen gewidmet ist, dem *purusha*, der in der *Purushasūkta* als das kosmische Wesen beschrieben wird, das das Universum konstituiert und es als die Glieder seines kosmischen Körpers umfaßt.

Jeder Haushaltsvorstand hat die Pflicht, zum Wohle der eigenen Familie und der Gesellschaft, in der er lebt, fünf Opfer (*yajna*) durchzuführen: Opfer für die Vorfahren (pitriyajna), Opfer für die Seher (rishiyajna) durch Studium und praktische Umsetzung ihrer Lehren, Opfer für alle Lebewesen durch Bereitstellung von Ställen und Futter (bhūtayajna) und Opfer für die Götter (devayajna).

Der *purusha*, aus dem die *Veden* hervorgegangen sind (veda*purusha*), ist purushottama, das höchste Wesen, denn kraft seines Willens manifestierte er sich aus sich selbst heraus als Kosmos in all seiner Vielfalt. Es gibt nichts, was nicht er ist; wie könnt ihr also etwas anderes sein? Hier muß der Glaube den höchsten Stellenwert haben. Glaubt, daß ihr göttlich seid, zeigt in eurem Verhalten die Souveränität dieses Standes, dann werdet ihr mit der Erfahrung (anubhūti), der geistigen Schau, der Verwirklichung, der Erkenntnis und der Freude gesegnet sein. Und als Ergebnis werdet ihr in ewige Glückseligkeit (ānanda) eintauchen.

Denkt daran, daß ihr Autorität (anubhāva) und Glückseligkeit (ānanda) nicht im voraus haben könnt. Und ihr könnt den Glauben daran nicht aufschieben, bis ihr sie bekommt. Ihr könnt auch nicht in der Weise feilschen, daß ihr sagt, „schenk uns die Glückseligkeit, dann werden wir glauben". Seht in jedem einzelnen (*purusha*) das höchste Wesen (purushottama). „*Purusha*" heißt „der Bewohner einer Stadt". Jeder von uns ist der Bewohner - und zwar der einzige Bewohner - eines besonderen Gotteshauses. Aber der höchste Bewohner (purushottama) in all den Städten ist Gott. Ihr könnt ihn erkennen, wenn ihr euch entsprechend schult. Nehmt das Opfer hier als Beispiel: In diesem einen Feuer werden fortlaufend Opfergaben dargebracht und gleichzeitig die Namen Gottes, die in wunderbaren Hymnen enthalten sind, rezitiert. Sieben Tage lang werden mehr als 3560 Opfer täglich dargebracht. Jeder Name beschreibt Gott in einer ganz speziellen Form. Aber dieses eine Feuer verzehrt alle Opfer, und so erreichen alle Opfer den Einen Gott, den Einen, der wirklich IST. Oder stellt euch vor, euer Opfer sei die Rezitation der 1008 Namen Gottes (sahasranāmārcana). Ihr habt ein Bild Gottes vor euch und legt jedesmal, wenn ihr einen Namen sagt, eine Blüte zu dessen Füßen nieder. Das eine Symbol des Einen Gottes ist nur Eins, obwohl er mit tausend Namen erreicht werden kann.

Obwohl ihr nur Einen in all diesen Ritualen verehrt und die Nichtdualität (*advaita*) des Einen Göttlichen verkündet, bestehen eure Sinne, euer Verstand und euer Geist mit seinen vielen Wünschen darauf, den Vielen nachzulaufen. Dies ist das Werk von *Maya*, die Schwache und Unwissende täuscht. Sie bringt die Menschen dazu, sich den wilden, ausschweifenden Begierden der Sinne zu unterwerfen.

Um das Eine, das universale Absolute, das sich als Gott und seine Schöpfung personalisiert, zu erkennen, gibt es kein wertvolleres und wirksameres Mittel als Dienst am Nächsten (sevā). All die 1008 Namen von sahasranāmārcana erreichen den Einen. All die tausend Namen einer tausendköpfigen Menge bezeichnen nur den Einen Gott, der diese tausend Rollen spielt. Der Eine erscheint, als wäre er in tausend Körpern eingeschlossen. Dies ist die Wahrheit, die ihr erkennen und als die kostbarste im Leben schätzen müßt.

Ihr habt beobachtet, daß die vedischen *Pandits* jedesmal, wenn die Rezitation einer Hymne vorüber ist, geklärte Butter (ghee) ins Feuer gießen. Jeden Tag, wenn ihr Nahrung zu euch nehmt, opfert ihr dem Feuer, das Gott in euch für die Verdauung der Nahrung angezündet hat. Ihr müßt in einer Haltung des Betens und der tiefen Dankbarkeit eure Mahlzeiten einnehmen. Die *Gita* sagt, daß das Feuer, das das Essen gekocht hat, Gott ist, daß das Essen Gott ist, daß der Esser Gott ist, daß der Zweck des Essens die Fortführung der Arbeit ist, die Gott einem anvertraut hat oder die ihm gefällt, und daß die Frucht dieser Arbeit der Fortschritt hin zu Gott ist.

Ihr müßt jeden Tag auch noch ein weiteres Opfer darbringen. Übergebt die egoistischen Wünsche und Gefühle, Leidenschaften, Impulse und Taten den Flammen der Hingabe und Verehrung. Das ist in der Tat das wahre Opfer (*yajna*), und dies hier sind nur Reflexionen, Anregungen, Leitbilder und Prototypen. Dieses Opferritual ist nur die konkrete, symbolische Darstellung der abstrakten, verborgenen Wahrheit. Genauso wie man einem Kind die Aussprache der Wörter „Kopf", „Netz", „Welle", „Girlande" beibringt, indem man es die Laute und Buchstaben mit den Bildern dieser so bezeichneten Gegenstände assoziieren läßt, so wird auch hier durch ein vergängliches (*kshara*) Symbol das ewige Prinzip (*akshara* tattva) ins Bewußtsein gehoben.

Dieser Gottesdienst (*pūjā*), dieses Opferritual (*yajna*) mit diesen Opfergaben (homa), wird jedes Jahr zum *Dasara*-Fest durchgeführt, damit ihr jenes andere, immerwährende, abstrakte Opfer darzubringen lernt, das jeder einzelne von euch tun muß, um sich von Furcht, Kummer und Angst zu befreien.

Ihr müßt bemerkt haben, daß die *Pandits* die tägliche Zeremonie mit einem Gebet beschließen, worin um den Frieden in der Welt, Frieden für die ganze Menschheit, Frieden und Glück gebetet wird, denn es kann keinen Frieden ohne Glück und kein Glück ohne Frieden geben. „Lokasamastāh sukhino bhavantu - mögen alle Welten glücklich und in Frieden sein". Der innere Frieden kann nicht durch Reichtum oder Ruhm, Gelehrsamkeit oder Geschicklichkeit erworben werden. Dafür müßt ihr Geist (*mind*) und Herz reinigen und euch danach sehnen, den Verkörperungen der Göttlichkeit in eurer Umgebung einen Dienst zu erweisen. Laßt alle Handlungen Ausdruck der Verehrung sein, erfüllt euer Denken mit Sehnsucht nach ihm, verwandelt jedes Wort, das aus eurem Munde kommt, in eine Hymne zu seiner Ehre.

Das ist die Lehre, die ihr aus jedem *Dasara*-Fest in *Prashānti Nilayam* in der Woche, in der Opfer (*yajna*) dargebracht werden, ziehen solltet.

Prashānti Nilayam, 11.10.1972

Vollmond

Eine Wasserblase entsteht aus dem Wasser, besteht aus Wasser und löst sich wieder im Wasser auf. Der Mensch entsteht aus Gott und geht wieder in Gott ein. Das ist die Lehre, die Indien seit Jahrhunderten seinen Kindern vermittelt und ebenso allen Menschen auf der ganzen Welt. Es hat der Menschheit die Botschaft von der Göttlichkeit des Menschen gebracht. Feste wie *Dasara* sind entstanden, um den Menschen auf seine Göttlichkeit hinzuweisen, um ihn mit Reinheit zu füllen, damit er seiner Heiligkeit bewußt wird, jene Weisheit in sein Herz zu senken, die die Sucher nach Jahren des Strebens erlangt hatten. Die Äbte der Klöster, durch Erbe eingesetzte *Gurus*, die Herrscher und Regierenden des Landes inspirieren die Menschen nicht dazu, diese Wahrheit zu erkennen. Obwohl Millionen auf diesen Festen und Pilgerfahrten einen Schimmer der ekstatischen Vereinigung mit göttlicher Schönheit und Majestät erhaschen, wird die wahre Bedeutung der Feste und des Nutzens, den man aus dem Umgang mit Gleichgesinnten gewinnen muß, weder verstanden noch von irgend jemand erklärt. Die heiligen Lehren unseres Landes werden von den sogenannten Hütern der Kultur, den Erziehungswissenschaftlern, den Lehrern und den *Gurus* nicht in die Praxis umgesetzt.

Auf Pilgerfahrten lernen die Menschen die Lehre der Einheit kennen. Es kommen Leute aus allen Ecken der Welt, unabhängig von

Sprache und Ort, zusammen. Die Pilgerorte sind auch über das ganze Land verteilt. Feste wie das *Dasara*-Fest in *Prashānti Nilayam* bringen Gottsucher (*sādhaka*) aus allen Kontinenten zusammen, unabhängig von Religion, Kaste, Glaube und Rasse; sie spüren alle denselben inneren Drang, immer mehr Versuche zu unternehmen, um ihre immanente Göttlichkeit zu realisieren. Sie sind hier zusammengekommen, um die höchste Freude in der heiligen Gegenwart des Herrn zu erleben und die Einheit aller im göttlichen Glanze des Höchsten zu erkennen.

Aber der Mensch ist Sklave seiner niedrigen Begierden. Begierde ist der einzige Grund dafür, daß es Sorge und Leid gibt. Das Opfer ist das beste Mittel, der Begierde und ihren Gefährten Kummer und Enttäuschung aus dem Wege zu gehen. Einige *Devotees* kommen zu mir und klagen: „Herr, ich leide sehr unter diesem Problem", „ich habe Kopfschmerzen", „ich habe Bauchschmerzen". Ich gebe allen die gleiche Antwort: „Ich bin glücklich, santosha". Wenn eine Witwe mir erzählt, ihr Mann sei gestorben, dann sage ich auch, santosha. Wahrscheinlich fragt ihr nun, warum ich allen die gleiche Antwort gebe. Santosha ist nicht die gewöhnliche Art von Freude oder Glück, das vergängliche, seichte Vergnügen, das ihr über weltlichen Erfolg oder materiellen Gewinn empfindet. „San" heißt, „etwas, was auf faire, ehrenhafte Weise erworben wird". „Tosha" ist „Enthusiasmus, heilige Ekstase". Unter allen Geschenken, die ihr von Gott bekommt, ist santosha das größte. Das Gegenteil von santosha ist Leid, die Frucht der Begierde (*āshā*), die Hoffnungen weckt und fast immer in Enttäuschung und Verzweiflung endet. Ein Wunsch ruft den anderen hervor, eine Begierde weckt hundert andere, selbst wenn sie gestillt worden ist. Die Begierde ist wie der Schatten, den die Morgensonne wirft - er wird länger, wenn ihr lauft, um ihn einzufangen. Er quält euch und hält euch zum Narren. Sie kennt keine Rechtfertigung und kommt nie zu einem Ende. Also ist santosha der höchste Segen des Herrn, der in seiner unendlichen Liebe dem unstillbaren Durst ein Ende setzt. Weder Reichtum noch irgendeine andere Errungenschaft können sich damit messen. Santosha tritt ein, wenn alle Wünsche sich auflösen und ein Gefühl heiliger Sättigung und Zufriedenheit den Menschen erfüllt.

Indiens Kultur ermahnt seit jeher die Menschen, diese Lektion zu lernen und Selbstdisziplin zu praktizieren, aber der Glanz des Westens mit seinen wissenschaftlichen Fortschritten und seiner technologischen

Überlegenheit hat Hirn und Herz der Inder verblendet, und sie schenken der warnenden und mahnenden Stimme der Mutter kein Gehör. Sie verhalten sich wie die törichten Bewohner des Gangesbeckens, die an den Ufern des heiligen Flusses Brunnen graben, statt das heilige Wasser des Flusses für ihre Bedürfnisse zu gebrauchen. Ihr solltet euch dafür einsetzen, daß die in den Jahrhunderten altbewährte Kultur eures Landes geschützt, praktiziert und gefördert wird. Es ist kein Zufall, daß ihr in diesem Lande geboren seid. Eine heilige Verpflichtung ruht auf euren Schultern. Die Größe Indiens ist einzigartig, ebenso euer Glück, zu einer Zeit zu leben, da sie auf der ganzen Welt zunehmend von Menschen anerkannt wird, die von Angst besessen und von Furcht gepeinigt sind.

Ich möchte auch ein Wort über Dichter sagen, die gegenwärtig Lesungen veranstalten. Traditionsgemäß wurden nur die *Rishis*, denen Hymnen zum Preise Gottes und der Göttlichkeit des Menschen offenbart worden waren, als Dichter (kavi) verehrt. Natürlich wurden die *Rishis* oder Seher als Dichter verehrt, aber die Bezeichnung „rishi" stand nicht den Dichtern zu. *Rishis* konnten auch „kavi" genannt werden, weil „kavi" einen Menschen bezeichnete, der die Vergangenheit verstand, die Gegenwart erkannte und die Leute für die Zukunft ausbildete. Da der Dichter ein reines Bewußtsein hat, konnte er ein gerechtes Urteil über die Vergangenheit abgeben, den Finger auf das Böse und das Gute der Gegenwart legen, und er konnte Wege in eine fortschrittliche Zukunft aufzeigen. Die Menschen konnten seinen Worten vertrauen und seinem Ruf folgen, da er niemanden in die Irre führen und nichts falsch interpretieren würde.

Wahre Dichter sind sich der drei Zeitabschnitte bewußt, ihre Phantasie kann durch die drei Welten stürmen und ihr Bewußtsein mit den drei göttlichen Wesenheiten der Trinität verbunden sein. Die heiligen Schriften (shāstra), *Purānas*, Epen und andere heilige Texte Indiens zeichnen sich nur deshalb durch solche Lebendigkeit und Echtheit aus, weil ihre Autoren unbestrittene Autorität besaßen, das Zeitalter, in dem sie lebten und ihre Werke schrieben, zu führen und zu interpretieren.

Vyāsa und Vālmīki brachten lange Phasen der Askese und des Studiums hinter sich, hatten auch Erfahrungen der Glückseligkeit und stiegen so zur Ebene der *Rishis* auf, bevor sie die Epen und Texte schrieben, die ihre Namen tragen. Man mag durchaus fragen, warum sie Werke der Dichtkunst, wenn auch erhabenen Charakters, schrieben, nachdem sie Erleuchtung erlangt hatten. Was veranlaßte sie dazu? Die Antwort lautet: Sie waren voller Mitgefühl für jene Gottsucher, die sich auf dem Pfad, den sie gerade hinter sich gelassen hatten, mühsam vorankämpften. Sie litten unsäglich mit jenen, die im Feuer weltlicher Verstrickungen fast umkamen. Sie wollten Frieden auf Erden stiften und Freude unter den Menschen verbreiten. Ihre Aufmerksamkeit galt immer der vedischen Botschaft, „svayam tīrnah, parān tarayati - wer das Meer des Wechsels (samsāra) überquert hat, hilft den anderen das gleiche zu tun". Wer zur Göttlichkeit aufgestiegen ist, hilft den anderen aufzusteigen.

Eine der Entwicklungsstufen auf dem Weg zur Göttlichkeit ist das Mensch-Sein (mānavatattva). Es bedeutet, daß man mit Geist (*manas*) ausgestattet ist, der sowohl ein Instrument für die Bindung an die physische Hülle ist als auch für die Befreiung davon. Einige meinen, die objektive Welt (prakriti) sei nur ein Phantasieprodukt. Aber sie ist so echt, so wirklich, wie der Herr selber. Gott hat weder einen Anfang noch ein Ende. Auch die Natur (prakriti) hat weder Anfang noch Ende. Die Natur ist ein Strom, der von jenseits der Zeit in die zeitlose Zukunft fließt. Der einzelne ist das Selbst (*purusha*), das in diesem Körper (pura) oder Schloß oder dieser Festung wohnt. Es gibt zwei *purushas*, den Körper, *ksharapurusha* und die ewige Seele, *aksharapurusha*. Der Körper ist mit dem Leben in der Materie verbunden und deshalb dem Wechsel unterworfen. Er ist mit den fünf Hüllen (kosha) verbunden, den fünf Lebenshauchen (prāna), den fünf Sinnesorganen (indriya). Das wirkliche Selbst (*aksharapurusha*) ist der Zeuge (sākshin).

Es gibt ein allerhöchstes Selbst (purushottama), das jenseits der drei Zeitphasen, der drei Universen ist und zu allen Zeiten allgegenwärtig ist. Seine Herrlichkeit ist in allen Dingen und Wesen offenbar. Ihr solltet danach streben, euch von der Identifikation mit dem Körper zu befreien und zu erkennen, daß ihr nur der Bewohner des Körpers, der *ksharapurusha*, seid. Dann werdet ihr durch spirituelle Disziplin (*sādhana*) die Seele, *aksharapurusha* erkennen können, den Zeugen des Körpers. Indem ihr übt, in der kontinuierlichen Gegenwart des Allerhöchsten (purushottama) zu sein, dessen Glanz die ganze Schöpfung belebt, könnt ihr schließlich als Krönung aller hier unten verbrachten Leben mit ihm verschmelzen.

Mitglieder der Sai-Organisation und die, die den universalen Weg der Sai-Lehre gehen, sollten alle Gefühle der Unter- oder Überlegenheit hinsichtlich Religion, Gesellschaftsschicht oder Glaube aufgeben. Sie sollten Vertrauen, Beharrlichkeit, Aufrichtigkeit und Reinheit achten, wo immer diese auftreten. Es gibt einige Leute, die alle Mißstände in der Gesellschaft auf die Vorherrschaft der Religion zurückführen und auf die Tatsache, daß gesellschaftlichen Klassen zuviel Gewicht beigemessen wird. Sie sagen, daß die gegenwärtig vorherrschende Unruhe und Unordnung direkte Folgen dieses Systems seien. Das trifft nicht zu. Unterschiedliche Religionen und Glaubensrichtungen tragen zum Wohl der Menschheit bei. Arbeitsteilung ist ein soziales Erfordernis von allergrößtem Nutzen. Das Leben kann geheiligt und zu einer ehrfürchtigen Pilgerfahrt gemacht werden, wenn nur jeder an seinem Weg festhält und ihn in der richtigen Perspektive sieht. Denkfaule übertreiben alles und Zyniker richten großen Schaden in der Gesellschaft an. Gräben werden durch gedankenlose Kritik noch vergrößert. Wenn nur alle von euch die beiden Prinzipien des Zusammenhaltens, die Vaterschaft Gottes und die Bruderschaft der Menschen, beachten würden, würde die Menschheit bald eine mächtige Familie voller Frieden und Freude werden.

Ich möchte hier ein Beispiel für hervorragende Arbeit anführen, die von Menschen mit einem hohen Pflichtgefühl getan worden ist. Diese geräumige Halle, diese Reihen dreistöckiger Appartementhäuser, die Erweiterungen und künstlerischen Arbeiten, die am Prashānti-Tempel durchgeführt worden sind, sind alles Beispiele für Arbeit im Geiste der Verehrung. *Swami* gibt den Ingenieuren, die er hier auf das Podium gebeten hat, seinen Segen, denn sie haben einen beispielhaften Dienst geleistet, damit die Scharen von *Devotees*, die in *Swamis* Nähe sein möchten, mehr Annehmlichkeiten vorfinden. Unter uns ist der 82-jährige Ingenieur B. Sathyanarayana aus Andhra Pradesh, der in der Vergangenheit verantwortungsvolle und höchst bedeutende Positionen innehatte. Er hat mit größtem Enthusiasmus und unter Einsatz aller seiner Fähigkeiten die ihm anvertrauten Arbeiten durchgeführt. Joga Rao wurde als Ingenieur hohe Verantwortung von *Swami* übertragen, diese hat er auf bewundernswerte Weise in die Tat umgesetzt. Er hat voller Hingabe Tag und Nacht gearbeitet. Ich segne die Ingenieure und ihre Familien. Mögen sie sich guter Gesundheit erfreuen und Glück und Frieden erleben.

Diese überaus geräumige Halle mit einer Licht- und Tonanlage, wo ihr zu Tausenden bequem Platz habt, mit dieser so breiten, tiefen und künstlerisch ausgeschmückten Bühne hat jemand aus tiefer Hingabe und Pflichtgefühl geschaffen, den ich euch vorstellen möchte. Das von *Swami* festgesetzte Datum nicht aus den Augen verlierend, hat *Shrī* P. R. Kamani, einer von *Swamis* größten *Devotees*, persönlich die Oberaufsicht über die Errichtung dieser Halle übernommen. Mit einem Lächeln auf den Lippen und Freude im Herzen sorgte er dafür, daß genügend Eisen und Zement ebenso zur Stelle waren wie technisches Know-how. So versuchte er, *Swamis* Wunsch (*samkalpa*) zu erfüllen, und es gelang ihm. *Shrī* P. R. Kamani verdankt ihr also viel Freude. Seine Hingabe, der liebevolle Einsatz und die beharrliche Aufmerksamkeit, die er jeder von *Swami* übertragenen Aufgabe entgegenbringt, sind wirklich bemerkenswert. Es ist beschlossen worden, dieses große Auditorium dem Andenken von *Shrī* P. R. Kamani zu widmen. Von heute an soll es den Namen Poornachandra Auditorium tragen.

Poornachandra, der Ort, an dem wir all dieses Glück erleben, ist wie der Vollmond (*pūrnacandra*), die Verkörperung und das Symbol eines erfüllten Geistes, der frei von jeder Spur von Selbstsucht und Unentschlossenheit ist. Es ist meine Absicht und mein Wunsch, daß alle, die in dieses Auditorium kommen, um den Vorträgen und speziellen Programmen zuzuhören und Anregungen zu empfangen, auch „volle Monde" werden. Manchmal geben wir der einen oder anderen Eingebung des Geistes nach und erleben auch ein wenig Glück, während wir unser Leben auf diese und jene Weise verbringen, aber die höchste Erfüllung ist es, die volle Ausdehnung des reinen Geistes zu erleben, was durch den Vollmond (*pūrnacandra*) symbolisiert wird. Der Geist (*mind*) ist der Mond, die Intelligenz (*buddhi*) ist die Sonne, und beide interagieren, rotieren im Herzen, dem Himmel! Am Himmel mögen Wolken des Vergnügens und der Sorgen, der Enttäuschung und des Erfolgs, der Freuden und Leiden vorüberziehen. Dennoch führen Sonne und Mond ihre vorgeschriebenen Aufgaben durch. So muß auch der Mensch beharrlich und voller Hingabe bei der Sache bleiben, wie P. R. Kamani. Denn es steht fest, daß es keine größere Erfüllung und kein größeres Verdienst für den Menschen gibt als dies.

Weil dieser große *Devotee Swami* immer in seinem Herzen verehrt hat und ohne Unterlaß in seinen Gedanken bei ihm war, ist er sogar bei *Swami* und in *Swami*. Dieses Auditorium soll den Namen Poornachandra tragen -, die Erinnerung an ihn, mit diesem Namen verbunden, wird ewig leben.

Prashānti Nilayam, 17.10.1972

Warum *Shiva*?

Die Errichtung dieses Tempels (*mandira*) mit dem Namen *Shiva* ist eine besondere spirituelle Aufgabe (*sādhana*) für die Einwohner von Bhagyanagara in Hyderabad. Es wird ein einzigartiges Bauwerk sein, denn es soll in der Form eines *Linga* gebaut werden, das der Vorstellung des formlosen, eigenschaftslosen Absoluten am nächsten kommt. Das *Linga* ist die Form Gottes, die aus dem Formlosen (*nirākāra*) in die Welt der Formen (sākāra) auftaucht. Andere Formen sind in der Form des *Linga* enthalten. Die gegenständliche Welt (prakriti) ist die Basis, d. h. der Herr befindet sich in seiner eigenen Manifestation, die die konkrete Darstellung seines Spiels, seiner Möglichkeiten und seiner Macht (shakti) ist. Deshalb wird der Herr als der Höchste beschrieben, der *Shiva* und Shakti wurde, der Unsichtbare und der Sichtbare. Ihr werdet feststellen, daß die Basis einen horizontalen Überbau hat, worauf das zylindrische *Linga* angeordnet ist. Die Basis ist Wahrheit (*satya*), der Überbau ist Güte (*shiva*) und das *Linga* ist Schönheit (*sundara*). Das eine ist die Blume, das zweite der Duft und das dritte der Wind, der Formlose, der den Duft fortträgt, der das Symbol für Glück (mangala) und damit für *Shiva* ist. Die Wahrheit (*satya*) ist die Basis, worauf das ganze Universum ruht.

Dieses Gebäude soll die Botschaft vermitteln, daß der Mensch die Verkörperung von Wahrheit (*satya*), Güte (*shiva*) und Schönheit (*sundara*) ist, und es ruft alle auf, sich dies zum Vorbild zu nehmen. Der Mensch muß die Wahrheit erkennen und durch Gedanken, Worte und Taten zeigen, daß sie die Basis seiner Existenz ist. Erkennt die Wahrheit, und die Wahrheit wird euch Stärke und Ausdauer und Bruderliebe schenken und euch von den Fesseln der Begierde und des Hasses befreien. Der Mensch muß die Lehre *Shivas*, die Lehre der

Güte, lernen: Schluckt das Gift des Zorns und der Begierde hinunter und macht es unwirksam, damit es der Welt nicht schadet. Verbreitet Trost und Zufriedenheit durch Worte und Taten.

Shiva trägt die Mondsichel auf seinem Kopf, damit das sanfte Mondlicht auf die Pilgerroute fällt und die Reise zu Gott weniger beschwerlich macht. Er strahlt Freude und Frieden aus. Aber das gefährliche Gift, das wie Feuer brennt, verbirgt *Shiva* hinter dem blauen Fleck an seiner Kehle. Dies ist eine Lehre für den Menschen: Haltet die unsozialen Eigenschaften und Neigungen wie Bosheit, Haß und Konkurrenzdenken im Zaum. *Shiva* bezeichnet nicht irgendeinen besonderen Gott oder einen Teil der Trinität. Er schließt die ganze Menschheit ein, denn der Mensch muß erkennen, daß er *Shiva*, Güte, ist. Auch die Schönheit (*sundara*) soll daran erinnern, daß Wahrheit Schönheit ist und Schönheit eine Eigenschaft Gottes, nicht nur körperliche, sondern sittliche und spirituelle Schönheit. Vermeidet häßliche Gedanken, unschöne Reden und abscheuliche Taten. Haltet am Ideal der Schönheit fest.

Avadhani sagte soeben, daß solche Gebäude Wahrzeichen der Sai-Ära seien und in ganz Indien gebaut werden sollten. Ich habe diesen Wunsch nicht. Ich schätze solche Anhäufungen von Stein und Zement, Ziegel und Mörtel nicht und möchte dies auch nicht unterstützen. Mein Wunsch ist vielmehr, in euren Herzen zu wohnen, die mit dem Duft des Weihrauchs edler Tugenden, der Barmherzigkeit und des Mitgefühls angefüllt sind. Diesen *Shiva*-Tempel wünsche ich mir, erbaut aus Wahrheit, Schönheit und Güte.

Die innere Schönheit ist die echte Schönheit. *Sītā*, die im Ashoka-Wald (ashokavana) von *Lanka* gefangen gehalten wurde, sah sich plötzlich einem Affen gegenüber. Aber dieses häßliche Geschöpf erschien ihr wunderschön, als es ihr die langersehnte Nachricht von *Rāma* brachte. Die Schönheit des Waldes, die ansprechende Landschaft, die strahlend-schönen Gegenstände, die *Rāvana* vor ihr ausbreitete, konnten ihr Herz nicht gewinnen. Aber das eine Wort *Rāma* brachte sie dazu, den fremden, hoch oben im Geäst kauernden Affen liebzugewinnen, während sie unten von Menschenfressern umlagert war.

Die Schönheit der Natur ist nur eine Widerspiegelung der Schönheit, die Gott ist. Aber wie alle Spiegelbilder ist sie nicht real. Blumen verwelken, Wolken bilden immer wieder neue Muster, körperliche Reize sind wie Blitze, die aufleuchten und in Sekundenschnelle verschwunden sind -aber göttliche Schönheit ist ewig, vollkommen, grenzenlos. Diese Schönheit (*sundara*) ist Wahrheit (*satya*), unberührt vom Wandel der Zeit, unabhängig vom Wechsel des Ortes. Diese Schönheit ist der wahre *Shiva*, das einzige Gute, das es gibt. Wer bloße körperliche Schönheit sucht, geht in die Irre. Das ist ebenso gefährlich wie die Jagd nach seichten Vergnügungen.

Shiva ist Güte (goodness), der Körper ist dazu da, den immanenten Gott (godness) zu manifestieren, der vollkommene Güte ist. Aber der Körper an sich ist weder Güte noch Gott, er ist ein Instrument, das jeden Augenblick zerfällt und wieder hergestellt wird und dabei immer schwächer wird. Der Vater sagt stolz, mein Sohn wächst schnell heran, aber in Wirklichkeit geht sein Leben schnell zu Ende. Der Körper ist nur deshalb von Wert, weil er sich dazu nutzen läßt, Gott zu erkennen. Ebenso hat ein Gotteshaus oder dieser *Shiva*-Tempel nur einen Wert, wenn ihr in der Lage seid, den darin wohnenden Gott zu erkennen. Der Turm eines Tempels (gopura) gleicht der erhobenen Hand Gottes, die dem müden Pilger zuruft, Halt zu machen, sich auszuruhen und dann um so schneller auf das Ziel zuzugehen. Meistens sind diese alten Türme in dem Wald von Schornsteinen versteckt, die in der jüngsten Vergangenheit um sie herum aufgerichtet worden sind. Der Rauch dieser Fabriken und der Rauch von Haß, der aus Streit und Gier entsteht, verunreinigen die Atmosphäre der Tempeltürme.

Sogar die Tempel sind verunreinigt worden durch das Feilschen um Gebühren und Kollekten für die religiösen Dienste. Der Strom der Glückseligkeit (ānanda), der aus der Verehrung entsteht, wird durch Forderungen nach finanzieller Unterstützung unterbrochen. Die Tempel dürfen also nicht mehr einen beständigen Strom des Friedens und der Freude in die Herzen der Menschen fließen lassen.

Vielleicht fragt ihr, warum dieser Tempel errichtet wird. Steht er mir zur Verfügung, wenn ich zufällig nach Hyderabad komme? Ich brauche kein riesiges Gebäude, auch keine Möbel und Gerätschaften, die ihr hier aufzustellen beabsichtigt. Es wird eher die Bedürfnisse jener erfüllen, die mir jetzt noch von Haus zu Haus folgen. Da ich keinen festen Wohnsitz habe, haben sie es schwer, die Frauen und Kinder, die Gesunden und Kranken, herauszufinden, wo ich anzutreffen bin. In diesem Gebäude können sie dann auf mich warten. Natürlich gibt es mir noch einen weiteren Vorwand, nach Hyderabad zu kommen, denn ich komme sicher nach der Fertigstellung, um diesen *Shiva*-Tempel zu eröffnen.

Hyderabad, 25.10.1972

Spielt das Spiel

Zu glauben, daß der Körper alles sei und keine Entität sich darin verkörpere - das ist Fehler Nummer 1. Zu ignorieren oder zu vergessen, daß es keine Welle ohne das Meer geben kann und niemanden ohne den *Atman*, ist Fehler Nummer 2. Das Selbst kennt keine Veränderung oder Stimmung. Es ist die individuelle Verkörperung, die Veränderungen unterliegt und Stimmungen verfällt. Erkennt ihr jedoch, daß euer Wesen der *Atman* ist, werdet ihr auch unberührt bleiben.

Eine andere Charakteristik des einzelnen ist, daß er nicht allein sein kann, getrennt von den übrigen. Wie ein Tropfen Öl auf dem Wasser breitet er sich aus, in alle Richtungen. Ein „Ich" sucht andere „Ichs", um „Wir" zu werden. Aber gewöhnlich verirrt man sich vom „Ich" zum „Sie" und erreicht Gott nicht, der „Wir" ist.

Der Verstand allein kann den Menschen leiten, zwischen dem wahren und falschen Weg, dem richtigen und falschen Schritt zu unterscheiden. Das ist der Grund, warum seit Urzeiten das *Gāyatrī* gebetet wird: „Erleuchte mich, schärfe meinen Verstand, damit ich den rechten Weg gehe".

Die Unterscheidungsfähigkeit des Menschen wird nicht nur durch die Ausbildung, die er heute erhält, geformt, sondern vielmehr durch den Einfluß früherer Leben und die Bedeutung zukünftiger Ereignisse. Wird diese Fähigkeit zur Selbsterhöhung benutzt, führt sie zu Täuschung, wird sie für den Dienst am Nächsten benutzt, wird sie zur Enthüllung der Wirklichkeit führen. Die Vernunft muß die Streifzüge des Geistes (*mind*) prüfen und auf die Göttlichkeit hinweisen, die in jedem wohnt und ihren Glanz entfaltet.

Schenkt allen Liebe, gebt das Ego auf, seid Helden im Dienen,

137

voller Mitgefühl für die Mitmenschen, fühlt eure innere Verwandt-schaft mit ihnen. Visualisiert den *Atman* als Licht in allen, und hört nicht auf, darüber glücklich zu sein.

Alle, die einen Körper annehmen, sind *Avatare, d. h.* Herolde des Göttlichen, Manifestationen Gottes. Was ist dann das Besondere an *Rāma, Krishna, Buddha,* Christus? Warum feiert ihr deren Geburtstage mit solch ehrfürchtiger Begeisterung? Das Besondere ist: Sie sind sich dieser Tatsache bewußt, ihr seid euch des *Atman,* der die Wahrheit ist, nicht bewußt. Bewußtheit bringt Gnade, Ruhm, Majestät, Macht und Glanz mit sich. Bewußtheit schenkt Befreiung von Fesseln, von Zeit, Raum und Kausalität, Schlafen, Träumen und Wachen. Für euch ist Schlaf eine Fiktion, Traum eine Täuschung und Wachsein ein Wirbel-sturm. *Avatare* sind immer wachsam, bewußt, erleuchtet.

Weise ist der, dessen Vernunft scharf und klar ist und der die Dinge sieht, wie sie wirklich sind. Er hört auf den Rat:

Das Leben ist eine Herausforderung, nehmt sie an.

Das Leben ist Liebe, teilt sie.

Das Leben ist ein Traum, realisiert ihn.

Das Leben ist ein Spiel, spielt es.

Dies ist die wahre Pilgerfahrt. So streift ein Löwe durch den Dschungel, ohne Angst, wie ein König, ein Sieger. Vor dem Brüllen des Löwen laufen alle in Panik davon. Genauso vertreibt das Licht der Weisheit die dunklen Wolken von Angst und Zweifel.

Das Leben braust vorüber wie ein wilder Taifun. Die zugeteilten Jahre schmelzen dahin wie Schnee in der Sonne, aber der Mensch vertut die kostbare Chance und stürzt sich in dumme und frivole Abenteuer. Die Sehnsucht der menschlichen Seele, die in den Worten „vom Unwirklichen führe mich zum Wirklichen, aus der Dunkelheit führe mich zum Licht, vom Tod führe mich zur Unsterblichkeit" zum Ausdruck kommt, wird nicht erfüllt. Welchen Nutzen hat es, den *Avatar* zu ehren und den Tag, an dem er menschliche Form annahm, für heilig zu halten?

Die Botschaft des *Avatars* muß geboren werden, muß lebendig werden, muß in euch wachsen, in eurem Herzen - diesen Geburtstag müßt ihr feiern. Feiert den Geburtstag in eurem Dorf. Ihr braucht keine weiten Reisen zu dem Ort zu machen, an dem ich mich in meinem Körper befinde. Legt die Samen der Liebe in euer Herz, laßt sie zu

Bäumen des Dienens wachsen, und die süßen Früchte der Glückseligkeit regnen. Teilt dieses Glück mit allen. Dann feiert ihr meinen Geburtstag auf rechte Weise.

Ich habe euch gesagt, daß „mein Leben meine Botschaft ist". Ich
ermahne euch mit den Worten der *Upanishaden* „verehrt die Mutter,
den Vater, den Lehrer, den Gast als göttliche Wesen". Jetzt gehe ich
zur Grabstätte der Eltern, wo ihre Gebeine ruhen, um ihnen, wie ich es
euch geraten habe, Dankbarkeit und Achtung entgegenzubringen.
Danach wird die Prashānti-Fahne auf dem Tempel gehißt. Hißt sie
ebenso im Schrein eures Herzens, wo Gott Wohnung genommen hat,
und seid euch seiner Gegenwart in jedem Augenblick eures Lebens
bewußt.

Prashānti Nilayam, 23.11.1972

Für mich, von mir

Die Mutter, die euch getragen, der Vater, der euch erzogen und der
Lehrer, der eure Augen für das Geheimnis der Natur in eurem Inneren
und in der Außenwelt geöffnet hat, sie alle müssen verehrt werden.
Wie hoch auch immer euer sozialer Status sein mag, wie riesig euer
Vermögen sein mag, wenn ihr eure Eltern in der Not im Stich laßt, habt
ihr euer Leben auf tragische Weise vergeudet. Eltern sind sehr glücklich, wenn ihre Kinder sich ein wenig um ihr Wohlergehen kümmern.
Jede kleine Geste der Dankbarkeit wird von ihnen freudig begrüßt.
Wenn ihr nicht den dringenden Wunsch habt, sie zufriedenzustellen
und glücklich zu machen, wie könnt ihr dann jemals die Hoffnung
haben, Gott zufriedenzustellen?

Der Briefumschlag mag kaum einen Pfennig kosten, das Papier
darin mag schäbig und schmutzig sein. Das Gekritzel darauf ist vielleicht voller Kleckse, die Buchstaben tanzen durcheinander, aber wenn
das Kind an die Mutter schreibt, liest sie die Briefe mit Freudentränen
in den Augen. Der Umschlag mag aus feinstem Papier sein und einige
Groschen kosten, die Buchstaben mögen in einer aristokratischen
Druckerei in exquisiter Schrift in goldener Farbe gedruckt sein, aber
sie wird nicht einmal einen Blick darauf werfen wollen.

Die Mutter sucht Liebe, sehnt sich nach Dankbarkeit, dürstet nach Zuneigung. Sie legt Wert auf Gefühle, nicht auf äußere Zurschaustellung. Die göttliche Mutter wird von demselben Gefühl bewegt. Sie legt gar keinen Wert auf äußeren Prunk wie gewelltes Haar, Rosenkränze, Stirnzeichen oder Priesterkleidung. Sie schätzt Aufrichtigkeit, Sehnsucht, Tugenden, Mitgefühl und Liebe.

Die *Veden* sagen, daß ihre Gnade, d. h. Unsterblichkeit, eher durch Entsagung (*tyāga*) erreicht werden kann als durch hektische Aktivität oder Wohlstand oder Nachkommen. Gebt auf, haltet nichts mit geballten Fäusten fest. Gebt frei, bindet nicht, und laßt euch nicht binden. Die Gruppen der Sathya Sai *Seva* Organisation müssen durch persönliches Beispiel und Handeln betonen, daß keine Freude an die Freude des Teilens, Gebens und Verzichtens herankommt.

Ihr könnt dies besser verstehen, wenn ihr eure Aufmerksamkeit auf das Verhalten von Kindern lenkt. Sie sind wie erleuchtete Seelen, ohne Bindung. Es gibt drei Motive, die den Menschen beherrschen: der Wunsch, mit der objektiven Welt Kontakt aufzunehmen (rati), dann die Begierde, das Objekt zu besitzen (prāpti), und schließlich die Glückseligkeit (ānanda), die erlangt wird, wenn das Geheimnis der Natur erkannt wird. Schaut einmal, was ein Kind alles in seiner Hosentasche hat. Ihr werdet ein paar Kieselsteine finden, ein Glasstückchen, einen Zweig oder eine Blume. Das Kind freut sich darüber mehr als ein Erwachsener über ein Bündel von Banknoten. Das Kind sehnt sich nicht danach, andere zu besitzen oder sie abzulehnen. Es sammelt nichts für kommende Zeiten oder zum bloßen Vergnügen, um eines Tages als Sammler berühmt zu werden. Das Kind mag einen schmutzigen Körper haben, aber seine Seele ist frei von Schmutz. Ältere Leute nehmen es mit der Körperhygiene sehr genau, aber ihr Geist ist ein Pfuhl von Begierde, Haß, Neid und schmutzigem Schlamm.

Der Grund liegt darin, daß das wahre Wesen Gottes, der Natur und des Menschen nicht verstanden wird. Der Mensch ist nur eine Welle des Meeres, das Gott ist. Die Natur ist auch nur eine Manifestation desselben Gottes. Sie erscheint mit einer Vielfalt dualistischer Eigenschaften: gut - schlecht, freundlich - grausam, nützlich - nutzlos usw. Der Wunsch, etwas haben zu wollen, oder das Streben, etwas zu meiden, entstehen, weil der Mensch in diesem Dualismus gefangen ist, der im Grunde eine Schöpfung seines eigenen Verstandes ist.

Der Mensch, der der Begierde verfallen ist, begehrt viele Früchte ohne allzu großen Einsatz. Der Mensch, der den Versuchungen der Welt der Objekte distanziert gegenübersteht, begehrt wenige Früchte, ist aber zu großem Einsatz bereit. Schon ein kleines Zeichen von Gnade versetzt ihn in einen Zustand höchsten Glücks (ānanda).

„Für mich", „zu mir" - das ist tierische Begierde. „Von mir", „durch mich" - dieses Angebot ist ein Zeichen der göttlichen Natur des Menschen. Teilt, dann wird der Sinn für Einheit geweckt, ihr verliert alle Angst und befreit euch von Neid, und die Liebe wächst immer weiter.

Prashānti Nilayam, 24.11.1972

An die Pandits

Weise sind diejenigen, die das Selbst, den *Atman* kennen. Sie unterscheiden zwischen „jenem" und „diesem", „das" und „du", tat und tvam, dem Absoluten und dem Relativen, dem Universalen und dem Besonderen, von dem fälschlicherweise angenommen wird, es sei vom Universalen getrennt. Wenn der Mensch die Wahrheit erfährt, daß er der *Atman* ist, ist er im Zustand der Glückseligkeit. Wenn einem diese Erfahrung fehlt und man nur über Bergen spiritueller Texte gesessen ist oder sich als großer Gelehrter einen Namen gemacht hat, ist alles umsonst gewesen.

Der Mensch allein hat die Fähigkeit, die Welt der Erscheinungen um sich herum zu verstehen. Er kann ihre Verhaltensweisen und ihre Launenhaftigkeit erfassen, er kann tief eintauchen in ihre Evolution und Involution, ihre Kontraktion und Expansion. Deshalb darf er ihr nur relativen Wert zuerkennen und muß die Suche nach dem *Atman* und das Erreichen dieses Zieles zu seinem einzigen Lebenszweck machen. Kontinuierliches, beständiges, spirituelles Bemühen (*sādhana*) ist die Voraussetzung dafür.

Jedem Wesen ist unbegrenztes spirituelles Potential eigen. Im Menschen drückt es sich als höchste Weisheit (*jnāna*) aus.

Der Mensch ist weder ein Lehm- noch ein Fleischklumpen. In seinem Inneren befindet sich die unerschöpfliche Quelle göttlicher Seligkeit (ānanda). Eine Person ist nicht nur der Körper mit seinen Gliedmaßen und anderen Mechanismen. Der *Atman* ist die Person. Die Seele ist die Persönlichkeit, und die Person erreicht den Zustand der Glückseligkeit nur dann, wenn der *Atman* erkannt wird. Dies kann weder durch Reichtümer noch eine einflußreiche Position, Bildung, Ruhm oder Kraft erreicht werden. Der Mensch wendet sich von dieser immerwährenden Glückseligkeit ab und meint, sie in sinnlichen Freuden zu finden, und vergeudet sein Leben mit nutzlosen Unternehmungen. Er sucht seinen Weg im dornigen Dschungel und im Sand der Wüste. Er erniedrigt sich und kriecht und bettelt um jedermanns Gunst. So blind hat ihn die Unwissenheit gemacht.

Der Mensch kommt mit einer Rückfahrkarte auf die Welt. Während er sie festhält, verdient er Geld und gibt es aus, steigt hinauf und fällt herunter, singt und tanzt, weint und klagt, und darüber vergißt er das Ziel der Reise. Aber obwohl er es vergißt, fährt sein Lebenswagen zur Endstation, dem Friedhof. Es ist unrühmlich, hilflos an das Rad von Geburt und Tod gebunden zu sein. Sich von dem Rad der Wiedergeburten zu befreien, ist dagegen eine echte Ruhmestat.

Bevor der Tod das Leben beendet und den Menschen zu einer weiteren Geburt zwingt, muß dieser mit Hilfe spiritueller Übungen (*sādhana*) das Geheimnis des *Atman* entdecken. Wenn der Tod kommt, muß der Mensch sich auf diese Erfahrung freuen, denn er kommt zum letzten Mal, und keine weitere Geburt wird folgen. Der Mensch weint bei seiner Geburt, er sollte dies beim Sterben nicht tun. Er muß im Sterben über den Tod triumphieren. Sonst lebt er nur, um Tonnen von Nahrungsmitteln zu verzehren, und ist eine Bürde für die Erde. Der Versuch, Leid und Kummer zu entgehen, ist vergeblich.

Das Leben ist wie ein Traum. Im Traum erlebt ihr Freude und Kummer, aber wenn ihr nach dem Erwachen im göttlichen Bewußtsein erkennt, daß sowohl Freude als auch Kummer unwirklich sind, werden überschwengliche Freude und tiefe Verzweiflung aus eurem Leben schwinden. Ihr werdet dann weder Angst noch Sorgen haben, weder Todesangst noch Zukunftssorgen.

Der Geist (*mind*) ist der Architekt eures Fortschritts oder Untergangs. Dem Toren erscheint der Geist als schrecklicher Dinosaurier, dem Klugen als Engel. Der Geist des Gelehrten wird von Angst gepeinigt, der Geist eines Menschen, der eine höhere Entwicklungsstufe erreicht hat, ist ruhig und ungetrübt wie der des heimatlosen Weisen. Die *Veden* lehren, wie man den Geist (*mind*) reinigen und ihn zu einem nützlichen Instrument machen kann.

Nichts ist ohne Ursache im Universum. Alle Wesen, Objekte und Ereignisse sind durch die erste Ursache in Erscheinung getreten und auf den Weg gebracht worden. Von der Sehnsucht nach der Entdeckung dieses verborgenen Prinzips berichten die vedischen Hymnen (shāstra). Man hat sie aber aus reiner Unwissenheit und Perversität ignoriert und beiseitegeschoben und macht sich selber weis, daß die eigenen Vorstellungen rein, gerecht und wohltätig seien. Dabei hat der Mensch seine „Menschlichkeit" in den Krater der Grausamkeit geworfen und unter dem Einfluß von Haß, Neid, Arroganz und Macht seine besten Absichten vergessen. Um die Verbreitung seiner Kultur hat er sich nicht bemüht. Eine Folge davon ist, daß der Friede aus den Herzen der Menschen, der Gesellschaft und über die nationalen Grenzen hinaus geflohen ist.

Die Pandits und Gelehrten, die sich heute unter der Schirmherrschaft der Gruppe der Weisen in Prashānti (Prashānti Wisdom Mahāsabhā) versammelt haben, müssen sich als Pioniere und leuchtende Vorbilder für die Aufgabe erweisen, zum einen die Menschen auf die Größe der ewigen Religion (*sanātana dharma*) aufmerksam zu machen und zum anderen auf die *Veden* und heiligen Schriften, in denen dieses Gesetz niedergelegt worden ist. Sie müssen die Menschen das Prinzip des *Atman* lehren und selber andere durch ihre Taten inspirieren. In Sein-Bewußtsein-Glückseligkeit (sat-cit-ānanda) eingetaucht, müssen sie diese Freude und Weisheit an andere weitergeben. Pflanzt in jedes Herz den Samen der Wahrheit. Ich segne euer Bemühen, Menschen zu dieser Seligkeit der Fülle und Erfüllung zu führen.

Prashānti, 03.12.1972

Der, den Christus ankündigte

Religionen entstehen aus dem Bewußtsein guter Menschen, die alle Menschen zu guten Menschen machen möchten. Sie streben danach, das Böse zu beseitigen und die Schlechten zu heilen. Es gibt viele Religionen, da sie auf die einzelnen Menschen, ihre Aktivitäten, ihre Berufe und Rollen, ihre Charaktere und Eigenschaften ausgerichtet sein müssen. Der einzelne muß anfangen, die festgelegten Grenzen und Gesetze zu achten und dadurch Freude und Kraft zu gewinnen. Und dann wird sein geläuterter Geist (*mind*) die Führung übernehmen und ihn zu immer höheren Stufen führen. Dies wird für ihn und die Gesellschaft, der er angehört, von großem Nutzen sein.

Daher ist es angebracht, den Geburtstag von Jesus zu feiern, der die Rettung der Menschheit für notwendig hielt und sich für dieses Ziel einsetzte. Aber die Feier sollte darin bestehen, daß man seine Lehren befolgt, den Prinzipien treu ist, die Disziplin einhält und sich der eigenen Göttlichkeit bewußt wird, die er erwecken wollte.

Gegenwärtig berauscht man sich an bloßen Worten und klugen Tricks, die die eigenen Schwächen verdecken sollen. Die Geburtstage großer Menschen werden mit so viel Heuchelei und äußerem Pomp gefeiert. Da gibt es weder eine Deutung ihrer Botschaft noch einen Versuch, sie in die Praxis umzusetzen und dabei das Glück, das darin liegt, zu erfahren.

Die großen Lehrer gehören der ganzen Menschheit. Es ist ein Fehler anzunehmen, Jesus gehöre nur den Christen und Weihnachten sei nur für den Westen ein Heiliges Fest. Es ist ein Zeichen von Engstirnigkeit, einen von ihnen als Lehrer zu akzeptieren und die übrigen abzulehnen, weil sie den anderen gehören. Christus, *Rāma, Krishna* - sie gehören allen Menschen auf der ganzen Welt.

Die verschiedenen Glieder und Organe bilden einen Körper, verschiedene Staaten und Gemeinschaften bilden zusammen die Welt. Die Energie der göttlichen Gnade fließt durch jeden Teil des Körpers und hilft ihm, als Einheit zu funktionieren. Die Energie der Liebe, das Geschenk der göttlichen Gnade, muß in jedem Staat, in jeder Gemeinschaft in Umlauf sein, damit die Welt in Frieden und Freude leben kann. Wenn diese Wahrheit einmal erkannt ist, wird es keine Vorstellung von trennenden Unterschieden mehr geben.

Wenn Familienmitglieder sich in den Haaren liegen, werden Ländereien und andere Besitztümer der Familie vernachlässigt und verpraßt oder verlorengehen. Die Trennung eines Mitglieds von der Familie ist auch ein großer Verlust, denn die Gnade, die die Familie trägt, wird abnehmen und verlorengehen. Wenn eine Hand amputiert wird, verliert das Glied seine Funktion, und während der Amputation kommt es auch zu einem großen Blutverlust. Dasselbe gilt, wenn ein Land eine Ausnahmeposition für sich beansprucht. Die Gnade der Liebe geht verloren, es wird ein schwaches Glied der Weltgemeinschaft, das keine Funktion hat.

Trennung, Unterschiede und Unterscheidung· schneiden einen von der lebenspendenden Gnade ab, die jede Zelle des Körpers und jeden einzelnen in der Welt ernährt. Auch die Welt wird von derselben Gnade getragen. Ein Baum braucht für sein Wachstum Boden, Sonnenlicht und Sauerstoff. Aber mehr als diese drei braucht er das Samenkorn. Das Leben des Menschen wird von Gefühlen und Handlungen bestimmt und deren Folgen. Aber seine Existenz, sein Sein, hängt vom Willen Gottes ab. Heranwachsende Bäume mögen sich aufgrund der Natur des Bodens, der Menge des Sonnenlichts und der Bodenqualität unterscheiden. So mögen sich auch Menschen in ihrer Ausstrahlung, die das Ergebnis ihrer Gefühle und Taten ist, unterscheiden. Aber ebenso wahr wie der Satz, daß die Samen alle gleich sind, ist die Feststellung, daß der Wille Gottes, der den Menschen schuf, derselbe ist, Einer ist, ohne irgendeinen Unterschied. Die Verschiedenheit der Formen, Gefühle, Einstellungen, Gemeinschaften und Loyalitäten resultiert aus der Haltung des Menschen, der die fundamentale Einheit im göttlichen Willen leugnet und ihr entgegenwirkt.

Die Strömung eines Flusses spiegelt den Mond in der Tiefe, desgleichen das stille Wasser eines Sees, aber der Mond steht hoch am Himmel. Der Mond auf der Wasseroberfläche des Flusses scheint in Fragmente zerbrochen, er scheint mit der Strömung schnell dahinzufließen. Der Mond im See ist ruhig, unbeweglich. Dies sind nur zwei Spiegelbilder des wirklichen Mondes am Himmel. Der Mond, der sich im Fluß spiegelt, ist die individuelle Seele, ständig in Aktivitäten verstrickt, von *Maya* und dem Gesetz der Kausalität verwirrt. Der Mond, der sich im stillen Wasser des Sees spiegelt, ist der Yogi, der Heilige, der Ausgeglichenheit, Gleichgewicht und inneren Frieden erreicht hat und im Einen aufgeht. Der wirkliche Mond am Himmel ist der ewige Zeuge, das Absolute, das erste Prinzip. Christus bezog sich auf diese drei, als er einmal drei Feststellungen hintereinander machte. Im Hinblick auf die aktive, individuelle Seele, den flackernden Mond, sagte er: „Ich bin ein Bote Gottes." Im Hinblick auf sich als den Heiligen, der den Dualismus überwunden und Ausgeglichenheit erreicht hat, sagte er: „Ich bin der Sohn Gottes." Aus der Erkenntnis heraus, daß diese beiden nur Spiegelbilder sind und der wirkliche Mond der Zeuge am Himmel ist und er selber auch das form- und namenlose Absolute, sagte er gegen Ende seines Lebens: „Ich und mein Vater sind EINS."

Alle Wesen mit den Namen und Formen, die sie scheinbar angenommen haben, sind Abbilder des universalen *Atman*. Das ist die Wahrheit, die in den spirituellen Texten Indiens, der Grundlage der Bhāratīya-Kultur, bewahrt, ausgearbeitet und erklärt wird. Der Kern aller Religionen und Glaubenssysteme ist also dies: das Aufgehen in dieser Einheit. Das Ziel allen spirituellen Strebens ist: das Aufgehen in dieser Einheit. Der Gegenstand aller Forschungen ist: diese Einheit zu erkennen. Aber diese offensichtliche Tatsache wird ignoriert, und man zettelt Streit an, erzeugt Angst und Unruhe für sich selbst und verübt Verbrechen, um so öffentlich die Nicht-Einheit begründen zu können, die einem so an das zersplitterte Herz gewachsen ist.

Im Laufe der Zeit hat sich der Glanz der Botschaft abgeschwächt, die von materiellen und weltlichen Dingen ausgehende Faszination hat die Menschen vom Pfad abgebracht, und die Expansion von Wissenschaft und Technologie hat sie arrogant und verbohrt gemacht. So finden die Leute gerade an den von der Religion verbotenen Dingen Gefallen und fördern das, was sie verurteilt. Alle Religionen lehren, daß man den Eltern Verehrung und Dankbarkeit entgegenbringen sollte, aber es ist jetzt Mode geworden, sie lächerlich zu machen und zu vernachlässigen. Alle Religionen legen fest, daß die alten Leute geachtet werden sollen, weil sie über ein hohes Maß an Erfahrung verfügen und ihr Rat unentbehrlich ist, aber heutzutage werden ältere und betagte Menschen wie Störenfriede und Behinderte behandelt. Alle Religionen legen größten Wert auf Wahrheit, aber jetzt wird der, der an der Wahrheit festhält, als Narr verspottet. Grausamkeit und Gewalt, die von allen Religionen verurteilt werden, sind zu Instrumenten des Fortschritts und zu Mitteln zum Erreichen erstrebenswerter Ziele aufgestiegen. Dennoch sind die grundlegenden Wahrheiten der Religion durch das böse Verhalten der Menschen und ihre eifernde Propaganda weder berührt noch beschmutzt worden.

Nur jene, die nicht bereit sind, die Botschaft in die Praxis umzusetzen, werden ihre Energien darauf verschwenden, andere Religionen zu verdammen und ihre eigene zu rühmen. Es ist tatsächlich so, daß der Drang, bei anderen den Fehler zu suchen und seine eigenen Vorzüge herauszustreichen, schwindet, wenn man aufrichtig anfängt, nach den Worten der Religion zu leben. Solche Menschen werden den Geburtstag von Religionsgründern im Geiste der Hingabe feiern, indem sie den Glauben in ihren Herzen vertiefen und die Lehren noch intensiver in die Praxis umsetzen anstatt sich leidenschaftlichen Diskussionen hinzugeben.

Wenn man den Wunsch hat, das Ziel zu erreichen, muß man dem Weg folgen, der dahin führt. Wenn ihr erfahrt, wie man Gott erreichen kann, müßt ihr seine Richtlinien beachten. Ihr braucht euch nicht die ganze Zeit mit seinem Namen und seinen Eigenschaften zu beschäftigen! Das würde euch nicht weit bringen. Aber bleibt auf dem Weg, jeder Schritt wird euch ihm näherbringen. Wenn ihr ein Dorf erreichen müßt, müßt ihr aufstehen und euch dorthin begeben, es wird nicht aufstehen und sich zu euch begeben. Wenn ihr Gott erreichen wollt, steht auf und macht euch auf den Weg, wie er es euch angewiesen hat. Nur so wird euer Leben lebenswert.

Jesus lehrte, wie man seine spirituelle Entwicklung mit ganz einfachen, praktischen Übungen voranbringen kann, zum Wohle der Menschheit. Er demonstrierte göttliche Macht, um den Glauben an die Gültigkeit seiner Lehre zu erwecken. Er zeigte den Weg, der den Menschen den süßen Nektar der Glückseligkeit (ānanda) schenken kann. Er ermahnte die Menschen durch Lehre und Beispiel, die Tugenden der Barmherzigkeit, des Mitgefühls, der Geduld, der Liebe und des Glaubens zu pflegen. Diese sind keine abgetrennten und besonderen Eigenschaften, es sind nur die vielen Facetten des Göttlichen im Menschen, die er zu erkennen und zu entwickeln hat.

Die Menschen reden vom Opfer Christi und weisen auf die Kreuzigung hin. Aber er wurde umzingelt und gefesselt und von der Menge, die ihn gefangennahm, mit einer Dornenkrone gekrönt und später von seinen Häschern ans Kreuz genagelt. Wer von der Polizei gebunden und geschlagen wird, kann nicht sagen, er habe irgendetwas geopfert, denn er ist kein freier Mann. Laßt uns unsere Aufmerksamkeit auf das Opfer lenken, das Jesus als freier Mensch aus freien Stücken brachte.

Er opferte sein Glück, Wohlergehen, seine Bequemlichkeit, Sicherheit und Stellung. Er forderte die Feindschaft der Mächtigen heraus. Er weigerte sich, nachzugeben oder Kompromisse zu schließen. Er befreite sich von seinem Ego, was eine der schwierigsten Aufgaben überhaupt ist. Ehrt ihn dafür. Er opferte bereitwillig die Wünsche, mit denen der Körper den Menschen bedrängt. Dieses Opfer ist größer als das Opfer des Körpers unter Zwang. Zur Feier seines Geburtstages solltet ihr mindestens ein oder zwei Wünsche opfern und wenigstens die gefährlichsten Neigungen des Ego besiegen.

Unter den Anhängern Jesu kam es aufgrund verschiedener Punkte zu Spaltungen, aber das Leben Christi stellt die Einheit in den Mittelpunkt der Lehre. Als Jesus am Kreuz hing, überfielen ihn böse Gefühle gegenüber seinen Peinigern. Plötzlich hörte er eine Stimme, die ihn ermahnte: „Alles Leben ist Eins, mein lieber Sohn! Verhalte dich allen gegenüber gleich!" Dann folgte eine weitere Mahnung: „Der Tod ist das Kleid des Lebens." So wie man die abgetragenen Kleider abwirft und neue anzieht, so zieht die Seele Körper an und aus. Daher wurde Jesus vor Haß und bösen Gefühlen gewarnt und auch vor Klagen, die ein Erbteil der Menschen sind.

Das Leben solcher Persönlichkeiten dient dem Zweck, das Wohl der Menschheit, Wohlstand und Frieden auf der Welt wiederherzustellen und die Befreiung des einzelnen von Bindung an sinnliche Begierden und Leidenschaften. Dies wird durch das Auftauchen seltsamer Phänomene bei deren Erscheinen auf der Erde illustriert. Man glaubt, daß solche Zeichen bei der Geburt Christi aufgetreten sind. Der Statthalter der Provinz hatte eine Volkszählung angeordnet, und jeder mußte in seinem eigenen Dorf gezählt werden. So waren Maria und ihr Ehemann auf dem Weg zu dessen Geburtsort. Maria war schwanger, die Wehen setzten ein, nachdem sie die halbe Strecke zurückgelegt hatten. Sie kannten niemanden in dem Dorf, durch das sie gerade gingen, also suchten sie in einem Kuhstall Unterschlupf. Josef sorgte für einen Platz zwischen den Kühen und ging um Mitternacht hinaus, um eine Frau als Helferin zu finden. Aber bald hörte er das Schreien des Kindes.

Und die Legende berichtet, ein Stern sei am Himmel gestanden und hell aufleuchtend heruntergefallen und dies habe ein paar Tibeter und andere zu dem Ort geführt, wo der Heiland geboren war. Viele glauben

148

diese Legende, obwohl Sterne nicht so plötzlich herunterfallen oder - gleiten. Eigentlich sagt der Bericht, daß es einen riesigen Lichtschein am Himmel gab über dem Ort, wo Christus geboren war. Das bedeutete, daß Er, der das Dunkel von Bosheit und Unwissenheit überwinden sollte, geboren war, daß Er das Licht der Liebe in die Herzen der Menschen und der Ratgeber der Menschheit senken würde.

Solche Lichtererscheinungen und andere Phänomene zur Ankündigung der anbrechenden Ära sind natürlich, wenn diese Inkarnationen auf der Erde stattfinden. Jesu Aufgabe war es, die Dunkelheit, die die Erde einhüllte, zu zerreißen, und die Lichtaura war ein Zeichen, das dieses Ereignis ankündigte. Die Meister erscheinen als Antwort auf das Gebet der Menschen: „Tamaso mā jyotir gamaya - führe uns aus der Dunkelheit ins Licht"!

Wenn jeder seine Pflicht im Geiste der Hingabe erfüllt, kann das Licht alle erleuchten, aber wie kann die Dunkelheit verschwinden, wenn die Türen des Herzens vor dem Licht verschlossen sind? Ihr könnt euch nicht zurücklehnen und erwarten, die göttliche Inkarnation werde euch schon Frieden und Freude bringen. Die Inkarnation kommt, um zu warnen, zu führen, zu wecken, den Weg aufzuzeigen und das Licht der Liebe darauf zu lenken. Aber der Mensch muß zuhören, lernen und mit Hoffnung und Vertrauen gehorchen. In einem alten Märchen streiten sich Weisheit und Reichtum laut und lange über ihre relative Wichtigkeit. Reichtum behauptete, ohne ihn würde der Körper schwach, das Denken verschwommen und Weisheit ein Irrlicht sein. Weisheit erwiderte, ohne sie sei der Mensch unfähig, Reichtum von Armut zu unterscheiden, und wisse nicht, wie man ihn erwerben und gebrauchen solle. Die Seele versuchte, den Streit zu schlichten, indem sie sagte, daß sie beide gleich wichtig seien, aber nur bei richtigem Gebrauch. Reichtum ohne Weisheit wird ein Instrument der Ausbeutung und Tyrannei, Weisheit ohne Reichtum ist nichts als Phantasie und ein Bündel von Entwürfen. Richtiger Gebrauch macht sie wertvoll, Mißbrauch macht sie gefährlich. Es ist wie beim Messer, das in den Händen eines Verrückten zum Mordinstrument wird und in den Händen eines Chirurgen einem Menschen das Leben rettet! Gebraucht ihr den Reichtum, um Gutes zu tun? Ist eure Weisheit anderen von Nutzen? Das ist die Frage. Faßt den Entschluß heute am Weihnachtstag, da wir die Geburt Christi feiern, ein Leben der Liebe zu führen und den Schwachen, Hilflosen, Verzweifelten und Mutlosen zu dienen. Kultiviert Toleranz und Geduld, Barmherzigkeit und Großmut. Haltet die Ideale hoch, die er verkündete, und praktiziert sie im Alltag.

Die Art und Weise, wie Weihnachten gegenwärtig gefeiert wird, zeigt, wie weit sich die Menschen von diesen Idealen entfernt haben und wie sehr sie seinen Namen schmähen! Die Stunde um Mitternacht gilt als heilig, man sorgt für Lichterschmuck, der Weihnachtsbaum wird aufgestellt, und dann verbringt man die Nacht mit Trinken und Tanzen. Es ist ein Tag heiliger Glückseligkeit (ānanda), aber das Glück wird auf die giftige Erregung eines Rausches reduziert! Trinken ist eine so schädliche Angewohnheit, daß der Mensch, wenn er zur Flasche greift, selber in die Flasche gerät und nicht fliehen kann! Zuerst trinkt der Mensch Wein, dann trinkt der Wein mehr Wein, und schließlich trinkt der Wein den Menschen! Er sinkt und ertrinkt im Trinken. Alkohol zerstört das Menschliche im Menschen! Wie kann er dann das Göttliche in sich entwickeln? Man sollte aus göttlicher Glückseligkeit tanzen, stattdessen gibt man sich dem Tanz als sinnlichem Vergnügen hin, wahrlich ein unheilvoller Ersatz! Macht eure Herzen rein, euer Tun heilig, und bringt allen liebevolle Gefühle entgegen. So könnt ihr den Geburtstag Christi am besten feiern.

Es gibt einen Punkt, auf den ich heute eure besondere Aufmerksamkeit lenken muß. In dem Augenblick, als Jesus in der Fülle seiner Göttlichkeit in Erscheinung trat, gab er seinen Anhängern ein paar Hinweise, die von Kommentatoren und von jenen, die eifrig einen Bericht auf den anderen und eine Meinung auf die andere häufen, bis am Ende ein Riesendurcheinander entstanden ist, auf verschiedene Weise interpretiert worden sind.

Die Aussage selbst ist manipuliert und verfälscht worden. Was Christus gesagt hat, ist einfach: „Der, der mich zu euch gesandt hat, wird wiederkommen!" Dabei zeigte er auf ein Lamm. Das Lamm ist nur ein Symbol, ein Zeichen. Es steht für die Laute - ba - ba. Das war die Ankündigung von Babas Erscheinen. „Sein Name wird Wahrheit sein", sagte Christus. Sathya heißt Wahrheit. „Er wird ein rotes Gewand tragen, ein blutrotes Gewand." (Hier zeigte Baba auf das Kleid, das er trug). „Er wird klein sein und eine Krone - aus Haaren - tragen." Das Lamm ist das Zeichen und Symbol der Liebe. Christus hat nicht gesagt, er werde wiederkommen, er sagte vielmehr: „Der, der mich erschaffen hat, wird wiederkommen." Jener Ba-Ba ist dieser Baba, und Sai, der kleine, kraushaargekrönte, rotgewandete Baba ist gekommen. Er lebt nicht nur in dieser Form, sondern in jedem von euch, als Bewohner eures Herzens. Er ist da, klein, in einem Gewand, das die Farbe des Herzbluts hat.

Die großen Axiome der indischen Kultur, die in den *Veden* niedergelegt sind „Īshvara sarvabhūtānām, īshāvāsyam idam sarvam, vāsudevah sarvam iti - Gott lebt im Herzen aller Wesen, dies alles ist umhüllt von Gott, dies alles ist Gott", müssen in jedem lebendig sein. Dies ist das tiefe Geheimnis der Inkarnation. Gott inkarniert sich in allen! Alle sind eins, der Eine ist alle.

Es gibt nur einen Gott, er ist allgegenwärtig. Es gibt nur eine Religion, die Religion der Liebe. Es gibt nur eine Kaste, die Kaste der Menschheit. Es gibt nur eine Sprache, die Sprache des Herzens.

Prashānti Nilayam, 24.12.1972

Bereit zur Verteidigung

Indien ist ein Land, das sich der Wahrheit, der Rechtschaffenheit, dem Frieden und der Liebe verpflichtet fühlt; ihr habt euch zum Dienst für euer Mutterland verpflichtet, zur Verteidigung und Bewahrung seiner Unabhängigkeit. Dies stimmt mit dem alten Gebot überein: „Mātridevo bhava - Verehrt die Mutter als Gott". Ihr seid sogar bereit, euer Leben für sie hinzugeben, unabhängig von dem, was andere tun oder nicht tun. Ich freue mich, daß eure Hingabe so stark und aufrichtig ist. Wahrheit, Rechtschaffenheit, Friede und Liebe - dies sind die vier Pfeiler, auf denen das Haus des Glücks jetzt und später gebaut wird. Auch Indien muß sein Glück auf diesen Pfeilern bauen. Sie sind die wirklichen Stützen Indiens, seiner Sicherheit, seines Wohlstands und Ruhms. Wir haben diese Wahrheit vergessen, wir haben das Fundament vernachlässigt, deshalb gibt es heute soviel Leid in diesem Land.

Gott wird immer bei euch sein, wenn ihr euch für die Verteidigung dieses Landes einsetzt. Er wird euch von innen führen und inspirieren, eure Pflicht zu tun. Wahrheit ist Gott, und Arbeit ist Gottesdienst. Durch selbstlosen Dienst, gewissenhafte Pflichterfüllung und Einsatz für die Sache des Friedens wird das Wohlergehen Indiens und der ganzen Menschheit gefördert. Der *Mahabharata*-Krieg ist ein gutes Beispiel für die Führung, die Gott gewährt, wenn Rechtschaffenheit sich gegen die Mächte des Bösen verteidigt. *Krishna* war das Herz des *Pāndava*-Körpers, *Dharmarāja*, der älteste der fünf Brüder, war der Kopf, *Bhīma*, der zweite Bruder, war der Magen, *Arjuna*, der dritte, übernahm die Funktion der Arme, *Nakula* und *Sahadeva*, die Zwillinge, die der Beine - und *Krishna* war das Herz. Gott wird nicht nur aus der Tiefe des Herzens sprechen und führen, er wird selbst das Herz sein, falls ihr ihn um diesen Segen bittet.

Wir erreichen Frieden und Freude nur durch das Opfer. Geben macht mehr Freude als Nehmen. Da ihr alle zum höchsten Opfer bereit seid, seid ihr echte Söhne Indiens. Viele erkennen einfach nicht, welch große Freude aus Selbstlosigkeit erwachsen kann, sie vergeuden ihre Jahre und ihr Leben mit der Verfolgung selbstsüchtiger Ziele. Sie sind so eingebildet, daß sie weder ihre Eltern, noch Ältere, Heilige und Seher verehren. Sie erflehen Gottes Gnade nicht durch Gebete. Als Folge davon gibt Indien seine jahrhundertealten Traditionen auf, nimmt neue Moderichtungen und Verhaltensmuster an und führt so das Volk ins Elend.

In der *Gita* heißt es, der Körper sei kshetra, ein heiliger Ort, die Wohnstatt Gottes. *Kāshī* ist ein kshetra, Bhadrācala ist ein kshetra. Der Körper ist die Wohnstatt von Rechtschaffenheit (dharmakshetra) und Aktivität (*kurukshetra*). Gott im Körper ist *kshetrajna*, *Shiva*, ohne den der Körper nur ein Leichnam (shava) ist. Daher seid euch immer des Gottes bewußt, der euer wirkliches Selbst ist, und sucht im Gebet Trost, Stärkung und Führung bei ihm.

Bangalore, 05.01.1973

Heuchler

Als *Buddha* unter dem Bodhi-Baum (Baum der Erleuchtung, Anm. d. Ü.) in Bodhgaya saß, nachdem ihm im Zustand der Erleuchtung die Vier Edlen Wahrheiten offenbart worden waren, sammelte sich eine Menge Ungläubiger um ihn herum und überschüttete ihn mit Spott und

Schmähungen. Seine Anhänger waren entrüstet; sie baten *Buddha*: „Herr, gestatte uns, die Unverschämtheit und Unwissenheit aus diesen Verrätern herauszuprügeln." Aber *Buddha* lächelte nur über ihren Zorn. Er sagte: „Ihr Lieben, wißt ihr denn nicht, wieviel Spaß es ihnen macht? Ihr freut euch, wenn ihr mich verehrt. Sie freuen sich, wenn sie mich mit Schmutz bewerfen. Ihr überschüttet mich mit Verehrung, sie mit Spott, und beide seid ihr zufrieden. Beherrscht euch, haßt niemanden, das ist das Gebot. Das ist die alte Ordnung."

Einige Menschen können den Ruhm anderer nicht tolerieren, einige sind mit dem Gift des Neids angefüllt, einige sind von dämonischer Natur und können Heiligkeit und Göttlichkeit nicht tolerieren, einige sind durch Enttäuschungen verblendet und suchen die Schuld bei Gott. Solche Menschen geben sich dem Schimpfen und Lästern hin. Wenn ihr mit solchen Leuten und ihren Anhängern zusammen seid, verunreinigt ihr nur euren Geist. Selbst gewöhnliche Menschen schämen sich, große Persönlichkeiten zu verleumden, aber diese sind aufgrund ihres Verhaltens niedriger als die Niedrigsten.

Vielleicht sagt ihr: „Wir sind diese gewöhnlichen Menschen. Wie können wir ruhig zusehen, wenn die Form, die wir verehren, geschmäht wird?" Stellt euch vor, jemand schickte euch einen Einschreibebrief. Wenn ihr unterschreibt und ihn annehmt, könnt ihr euch mit dem Inhalt vertraut machen, auch wenn ihr ihn vielleicht gar nicht akzeptiert. Wenn ihr nicht unterschreibt, geht der Brief an den Absender zurück und dessen Absicht, euch mit dem Inhalt vertraut zu machen, wird durchkreuzt. Also schenkt auch keinen Lästerungen Gehör. Bleibt ruhig und desinteressiert. Dann gehen die bösen Gedanken zum Absender zurück und können euch nichts anhaben. Es wird ihn wie ein Echo, eine Reaktion und Reflexion treffen. Statt euch zu schaden, wird es auf ihn zurückfallen.

Werft einen Blick in das *Bhāgavatam*. Was war das Schicksal von Jarasandha, *Kamsa*, *Shishupāla*? *Shishupāla* verspottete *Krishna*, und dieser Haß fiel auf ihn zurück. Der Herr wird weder durch Lob noch Tadel berührt. Er steht über dem Dualismus, der dem Menschen so zu schaffen macht. Er hat weder Lieblinge noch Feinde. Eure Güte bringt euch Gutes, eure Bosheit zieht Böses an. Eure Tugend ist euer Schild, euer Laster ist die Waffe, die euch Wunden zufügt. Glück und Elend sind nur der Widerschein des Guten und Bösen, das euer Herz erfüllt und eure Handlungen prägt.

Im *Bhāgavatam* wird ein gewisser Poundraka erwähnt, der sich bemühte, eine passable „Imitation" von *Krishna* zu werden. Er fügte seinem Namen den Namen *Krishnas* hinzu, nämlich *Vāsudeva*. Er kündigte sich selbst als Poundraka *Vāsudeva* an. Er ließ Imitationen des Muschelhorns und des Rades (aus Holz) anfertigen und führte sie in seinen zwei künstlichen Extra-Händen mit sich. Er entdeckte, daß *Krishna* ein gelbseidenes Gewand trug und ahmte seinen Stil exakt nach. Geschickt verstand er es, *Krishnas* Gang und seine Gesten zu imitieren. Ein paar Toren scharten sich um ihn und hielten ihn für den Herrn, den sie suchten. Seine geistige Verwirrung führte schließlich zu seinem Sturz und seiner Demütigung.

In diesem Eisernen Zeitalter tauchen auch solche Heuchler vom Typ des Poundraka auf, der sich zu einem *Vāsudeva* machte. Wir haben heute sogar Sathya Sai Babas: sie lassen sich die gleiche Robe nähen, sie mühen sich ab, das Haar wie eine Krone zu tragen, sie studieren Fotos und machen ganz ähnliche Handbewegungen wie ich, und mit all diesen krampfhaften Versuchen, mich zu imitieren, machen sie sich lächerlich. Sie vergessen, daß Imitation menschlich, Kreation göttlich ist. Jene, die versuchen, Sathya Sai Baba zu werden, zerstören durch diesen lächerlichen Akt der Imitation nur den Glauben der Menschen an das Göttliche. Sie sind Störenfriede, die den Frieden und die Harmonie in der Gesellschaft vergiften. Sie sammeln Gesellen gleicher Art um sich herum, denn „gleich und gleich gesellt sich gern". Diese Heuchler schaden sich selber und der Gesellschaft, in der sie auftreten, wie die Horde Affen im Sprichwort, die sich selber und den Wald, den sie bewohnt, zerstört.

Dies ist mein Rat: Ihr braucht auf der Suche nach einem *Guru* weder dieser noch jener Person zu folgen. Ein Herz voller Mitgefühl ist der Altar Gottes.

Die Natur ist der beste Prediger. Das Leben ist der beste Lehrer. Seid voller Ehrfurcht und Verehrung angesichts der Schöpfung Gottes, der Manifestation seiner Macht und Herrlichkeit, die als Welt bezeichnet wird. Dann wird euch genügend Lehre und Inspiration zuteil.

Brindāvan, 14.01.1973

Die Frucht und der Baum

Bhārata ist das älteste aller Kulturzentren, dessen Erbe bis heute unversehrt geblieben ist. Aber aus einer falschen Einschätzung von Werten ignorieren die politischen Führer und die Jugend des Landes die Traditionen dieser kostbaren Kultur und übernehmen Ideen und Ideale vom Westen. Deshalb identifizieren sie sich mit dem Körper, verbrauchen ihre Energien und Fähigkeiten durch das Eingehen auf dessen Bedürfnisse und Launen, und sie glauben, daß die materielle Welt der einzige Raum sei, den es zu erkunden und zu erobern gilt. Die Folge einer solchen Einstellung ist hier wie überall und sogar in den fortschrittlichsten westlichen Ländern das Auftreten von Angst, Furcht, Gewalt, Korruption und Verschmutzung. Körperliche Bequemlichkeit, individuelle Entwicklung und persönlicher Fortschritt gelten als erstrebenswerte Güter.

Obwohl jeder einzelne behaupten könnte, er trage nur für sich selber Sorge, kann doch niemand isoliert leben. Personen, die im selben Bett liegen, haben bei einem Test verschiedene Träume, jeder hat ein eigenes inneres Leben, seinen eigenen Pfad und sein Entwicklungstempo. Aber auf die Frage, warum er arbeite, was er vom Laden heimbringe, warum er so bedrückt aussehe, wird er antworten, er baue ein Haus für seine Familie, habe Kleidung für seine Kinder gekauft und mache sich Sorgen um seine Frau. Also lebt er nicht für sich selber, sondern für andere, denen er sich verbunden fühlt, die ihm nahestehen und die er liebt. Der Mensch kann der Pflicht nicht entfliehen, seine Handlungen und Haltungen mit anderen, in deren Mitte er lebt, abzustimmen. Er hat Eltern, die er verehren und denen er gehorchen muß, Brüder und Schwestern, die er liebt und mit denen er lernt, Spielgefährten, mit denen er zusammenkommt und etwas unternimmt, eine Gesellschaft, die ihn ändert und die er ändert. Seine Zuneigung und Anhänglichkeit werden von anderen hervorgerufen, und seine Reaktionen werden von anderen bestimmt.

Er mag sich gerade zum Mittagessen an den Tisch gesetzt haben. Wenn jemand in diesem Moment hereinstürzt, um ihm mitzuteilen, daß sein Kind durch einen Unfall auf der Straße verletzt worden ist, läuft er aus dem Zimmer auf die Straße, ohne sich weiter um den Hunger und das Essen zu kümmern. Der Ruf dessen, den er liebt, ist lauter und stärker als alle Rufe von innen. Trotz solcher Erfahrungen glaubt der Mensch immer noch an sein Ego, an eine exklusive Form von Individualität. Die Familie ist für die Entfaltung der menschlichen Persönlichkeit ganz wesentlich. Wie kann das hilflose Baby wachsen und lernen, sprechen und laufen, wenn es kein Heim hat? Das Heim braucht die Gemeinschaft, damit Sicherheit und Glück gewährleistet sind. Selbst ein Vogel im Dschungel kann die Trennung von seiner Gattung nicht überleben. Der Mensch muß sein Wissen, seine Gefühle, seine Sympathien, seine Liebe erweitern. Expansion ist Leben, Expansion ist Liebe. Wenn die Gemeinschaft oder die schützende, unterstützende Gesellschaft schwach wird, kommt es auch zum Verfall der Familie, und damit beginnt das Leiden des einzelnen.

Die Erfüllung des Menschen in der Freude der Befreiung ist zweifellos die Frucht am Baume der Menschheit. Aber wenn ihr euch nach der Frucht sehnt, dürft ihr nicht die Wurzeln, den Stamm, die Äste, die Blätter, die Knospen und die Blüten vergessen, sie tragen alle dazu bei, daß die Früchte erscheinen und voller Süße sind. Als Pakistan letztes Jahr seine Truppen in Indien einmarschieren ließ, griffen sie Madras nicht an. Aber habt ihr nicht eilends versucht, ihnen eine Lektion zu erteilen? Treue zur Nation, Liebe zur Sprache, Achtung der Religion und Loyalität gegenüber der Gesellschaft sind wesentlich. Es sind alles Facetten einer überwältigenden Dankbarkeit für alles, was einen geformt hat. Statt daß diese Gefühle sich untereinander bekämpfen, sollten sie sich unterstützen, dann sind sie sehr wünschenswert.

Der Patriotismus hilft dem Menschen, die Ideale der Vergangenheit und die Lehren der Vorfahren, die auf ihrer tiefen Erfahrung beruhen, zu verstehen. Er bringt ihn dazu, für jene Ideale zu leben und auf den Pfaden, die von den Weisen des eigenen Landes festgelegt worden sind, selber Erfahrungen zu machen. Aber es gibt Menschen in Indien, die sich als Patrioten bezeichnen, obwohl sie jene Ideale vernachlässigen und sogar schädigen und jene Pfade und Erfahrungen lächerlich machen. Wenn man nur an seinen eigenen Vorlieben und Abneigungen festhält, obwohl dies nicht im Interesse der Kultur des Landes ist, ist dies für beide Teile von Nachteil. Wenn die Hand amputiert wird, leidet nicht nur dieser Körperteil, sondern der große Blutverlust schwächt den ganzen Organismus und lähmt die Lebenskräfte. Genauso verhält es sich, wenn sich jemand von der Gesellschaft oder Nation trennt und auf einem Weg besteht, der mit deren Kultur und Traditionen bricht. Nicht nur er verliert alle Unterstützung, auch die Nation erleidet Schaden.

Die Welt ist eine einzige große Gesellschaft. Jeder einzelne ist Teil dieser Gesellschaft aufgrund der Liebe, die die Menschen füreinander empfinden und die sie zu einer Familie macht. Tief im Herzen des Menschen existiert diese Liebe, unerkannt, ignoriert, angezweifelt, abgeleugnet, wegdiskutiert. Sie ist die verborgene Quelle jeglichen Mitgefühls und allen Dienens, sie erzeugt den Wunsch, in der Gesellschaft und für sie zu leben. Es ist die universale Liebe (*vishvaprema*), die von einem Funken des Göttlichen zu allen anderen fließt. Wenn die Augen, durch die höchste Weisheit (*jnāna*) erleuchtet, strahlen, sehen sie alles als das Eine. Der Mensch erkennt, daß alles, was sich offenbar verändert und transformiert und bewegt, *Brahman* ist (sarvam brahmamayam jagat). Damit sich dieses Eine in allem offenbart, muß man Vertrauen entwickeln und den Geist (*mind*) disziplinieren. Der Geist muß seine Launen und Schwächen ablegen; die Wahrheit muß erkannt und erfahren werden. Das Auswendiglernen (im Engl. learning by heart, Anm. d. Ü.) wird euch nur Herzschmerzen einbringen. Das Lernen von Versen (*shloka*) dient nur dazu, diese Zeit nicht mit noch unnützeren Dingen zu verbringen. Es wird euch dem Ziel keinen Zentimeter näherbringen. Kann denn der, der mit dem Finger auf der Landkarte unterwegs ist, jemals die Freude des Reisens erleben?

Vertrauen ist ein individueller Charakterzug, es kann nur durch eigene Anstrengungen erworben und erhalten werden. Manikkavasagar, der tamilische Weise, pflegte zu sagen: „Du hast die Freiheit, ,Nein' zu sagen; ich habe das Recht, ,Ja' zu sagen." Was er damit sagen wollte, war, daß die Erfahrung die Grundlage für alles ist, was man bestreitet oder behauptet. Wie kann irgend jemand die Erfahrung eines anderen in Frage stellen? Gott mag in deinem Erfahrungshorizont noch nicht existieren, aber bei mir ist das der Fall, erklärt der Theist dem Atheisten. Die Zeit, die seine Armbanduhr angibt, ist für ihn die richtige, und er besteht darauf, obwohl andere ihm vielleicht nicht zustimmen. Und er hat die Freiheit dazu. Habt Vertrauen und laßt euch nicht darin beirren, wenn andere keines haben.

Bis ihr erkannt habt, daß ihr göttliche Wesen seid, daß Gott euer

Kern und eure Wirklichkeit ist, müßt ihr den Eintritt ins irdische Leben und den Abgang immer wiederholen. Man sollte jedoch nicht Tag für Tag über derselben Zeitung brüten. Ein Leben muß genügen, um das Geheimnis zu erkennen. Also erkennt wenigstens, daß da ein Geheimnis ist, sucht danach, und versucht, es für euch zu entschlüsseln.

Rāmakrishna war untröstlich, wenn wieder ein Tag vorübergegangen war, ohne daß er eine Vision der Göttlichen Mutter gehabt hatte. Fühlt diese Sehnsucht, fühlt diesen inneren Drang: jetzt wollt ihr es wissen, in diesem Augenblick wollt ihr die Ekstase erleben. Verschiebt es nicht und vergeudet eure Zeit nicht mit losem Geschwätz über andere. Der Versuch, die Sinne zu befriedigen, ist so trostlos wie eine Reise durch die Wüste. Ahmt fremde Nationen nicht nach, und wetteifert nicht mit anderen Kulturen um äußeren Pomp. Euer Geist (*mind*), eure Intelligenz, eure Ohren und Augen sind von indischer Tradition und Kultur, Geschichte und Spiritualität geprägt. Bewegt euch auf diesen Bahnen, und der Erfolg wird nicht ausbleiben.

Vielleicht habt ihr nur ein Foto von Sai Baba vor euch oder eine Figur aus Metall oder Stein. Aber wenn ihr das Vertrauen habt, daß er darin lebendig und gegenwärtig ist und in eurem Herzen und dem aller Wesen lebt, dann könnt ihr die Ekstase der Erkenntnis erleben, daß er allgegenwärtig, allwissend und allmächtig ist. Wenn ihr meditiert, stellt euch zunächst vor, daß ihr im Licht seid, dann könnt ihr allmählich fühlen, daß das Licht in euch, nicht außerhalb ist. und schließlich werdet ihr die Wahrheit erkennen, daß ihr und das Licht Eins seid und immer Eins sein werdet.

Das Göttliche (di-vine) ist ein Wein (a wine), der euch in einen Rauschzustand versetzt. Er entsteht aus dem Nektar, mit dem der Name des Herrn getränkt ist. Kostet ihn, und ihr werdet alles andere vergessen, ihr seid verwandelt. Man sagt, der Mensch sei ein Affe, der seinen Schwanz verloren hat. Er muß aber noch viele andere Eigenschaften des Affen verlieren, bevor er berechtigt ist, sich Mensch zu nennen. Er muß seine Gedanken, Worte und Taten Gott widmen und sich seinem Willen unterwerfen. Nur dann hat dieses Tier das Recht erworben, ein Mensch zu werden, der Gott im Schrein seines Herzens trägt.

Madras, 04.02.1973

Lehrer der Lehrer

Shivarātri wird jeden Monat in der vierzehnten Nacht der dunklen Hälfte gefeiert; denn dem Mond, der als Gottheit über den menschlichen Geist herrscht, bleibt nur noch ein Tag als Nicht-Wesenheit und ohne Einfluß auf die Unternehmungen des Geistes. Im Monat Februar (magha) wird die vierzehnte Nacht *Mahāshivarātri* genannt, denn sie ist noch aus einem anderen Grunde heilig. An diesem Tag nimmt *Shiva* zum Wohle der spirituellen Sucher die Form des *Linga* an. *Shiva* ist die göttliche Gestalt, die man anbeten sollte, wenn man Weisheit (*jnāna*) erwerben möchte. Die *Veden* raten, man solle zu *Shiva* um Erleuchtung durch Weisheit beten. Deshalb geht nicht leichtfertig mit diesem Tag um, und reduziert die von den Weisen für die Feier dieses Tages vorgeschriebenen Übungen wie Fasten und Wachen und ununterbrochene Rezitation des Namens Gottes nicht auf ein Routineritual, und macht auch kein Picknick, Gelage, Wettbewerb oder eine Party daraus. Verbringt diesen Tag und diese Nacht in Kontemplation über das Symbol des formlosen Selbst (ātmalinga), das *Shiva* aus sich hervorbringt, über das Symbol des höchsten Lichtes der Weisheit (jyotilinga), und seid überzeugt, daß *Shiva* in jedem von euch präsent ist. Laßt diese Vorstellung euer Bewußtsein erleuchten.

Ein Zaun ist notwendig, um die heranwachsende Ernte zu schützen; aber sollte man, wenn nichts heranwächst, Zeit und Geld für einen Zaun verschwenden? Die Orange hat eine Schale, die nicht besonders gut schmeckt, damit sie nicht zu früh gegessen wird. Äußere Rituale werden vorgeschrieben, damit die innere Botschaft vor Fälschungen bewahrt bleibt. Auch zum *Shivarātri*-Fest wie zu allen anderen heiligen Tagen im Hindu- und anderen Religionskalendern gehören äußere Zeremonien und ein tiefer Kern innerer Bedeutung. Aber die menschliche Natur zieht den leichteren Weg äußerer Formalitäten dem Weg der inneren Disziplin und direkten Erfahrung vor.

So besucht man an diesem Tag heilige Stätten von *Shiva*, läßt Zeremonien des göttlichen Symbols (shivalinga) von Priestern durchführen, schüttet kannenweise geweihtes Wasser über geweihte Statuen, fastet und bleibt die ganze Nacht wach. Aber all dies hat mit dem wahren Zweck des Festes wenig zu tun. Um diese Rituale und Gelübde durchzuführen, braucht man nicht ein volles Jahr zu warten und den Astrologen und seinen Kalender heiliger Tage zu konsultieren. Wenn der Mensch viermal am Tag eine Mahlzeit zu sich nimmt, damit sein Körper seine Aufgaben erfüllen kann, ist es dann zuviel verlangt, wenn man ihn bittet, seinen Geist mindestens einmal am Tag mit guten Gedanken und reinen Taten zu füttern? Auch der Geist braucht reine Nahrung zur Stärkung.

Īshvara, ein Name *Shivas*, bedeutet, daß er alle Machtfülle besitzt, die Gott, dem Herrn, zugeschrieben wird. *Shankara*, ein anderer Name *Shivas*, heißt, daß er aus Gnade Heil (sham), d. h. Glückseligkeit (ānanda), auf der allerhöchsten Ebene hervorbringt. *Shiva* ist die Verkörperung der Glückseligkeit, das kommt in seinem Tanz (tāndava) auf der Bühne des Kosmos zum Ausdruck, an dem er so viel Gefallen hat. Nur einen unter 365 Tagen für die Verehrung dieser universalen Allgegenwart festzusetzen, ist geradezu eine Beleidigung seiner Majestät und seines Mysteriums.

Beachtet, wie bedeutungsvoll die Form ist, die *Shiva* zum Zwecke menschlicher Verehrung angenommen hat: In seinem Hals trägt er das Gift (hālāhala), das alles Leben im Handumdrehen auslöschen kann. Auf seinem Kopf hat er den Ganges, den heiligen Fluß, dessen Wasser alle Leiden jetzt und in Zukunft heilen kann. Auf seiner Stirn trägt er das Auge des Feuers. Auf seinem Kopf hat er den kühlen, sanften Mond. An den Hand- und Fußgelenken, der Schulter und dem Nacken trägt er todbringende Kobras, die im lebensspendenden Atem leben. *Shivas* Wohnstatt sind Friedhöfe und Krematorien (rudrabhūmi). Dies sind keine Stätten der Angst, sondern eher glückverheißende, denn alle müssen ihr Leben hier beenden, wenn dieses oder ein paar weitere zu Ende gehen. *Shiva* lehrt euch, daß man dem Tod nicht entgehen und ihn nicht verscheuchen kann. Man muß ihm froh und tapfer entgegengehen.

Man sagt auch, *Shiva* gehe mit einer Bettelschale umher. Er lehrt, daß Verzicht, Entsagung, Gelassenheit gegenüber Glück und Unglück die Wege sind, die zu ihm führen. *Shiva* ist als Sieger über den Tod (mrityumjaya) bekannt. Außerdem ist er der Zerstörer des Verlangens (kāmāri). Diese zwei Namen zeigen, daß der, der Herr über seine Wünsche ist, gleichzeitig Sieger über den Tod ist, denn Wünsche führen zu Taten, Taten zu Folgen, Folgen zu Bindungen, Bindungen aber haben eine Geburt zur Folge, und Geburt wiederum bedingt den Tod.

Īshvara wird auch im Symbol des *Linga* dargestellt. „*Linga*" ist von der Sanskritwurzel „li" abgeleitet, die „verschmelzen" (līyate) bedeutet, es ist die Form, mit der alle Formen verschmelzen. *Shiva* ist der Gott, der alle Wesen mit der großartigen Fähigkeit beschenkt, den Sinn im Universum zu erkennen. Das ist das Ziel, der Tod, nach dem man streben sollte, das Ziel, das *Shiva* zusichert. Erkennt zuerst Gott in euch selber; wenn ihr euch dann auf die materielle Welt einlaßt, kann sie euch nicht schaden, denn ihr werdet in ihr nichts anderes als den Körper Gottes erkennen. Aber wenn ihr euch zuerst mit der objektiven Welt befaßt, versucht, Gott in der Materie zu erkennen. So könnt ihr euer spirituelles Bemühen in die eine oder andere Richtung lenken. Bemüht euch, euer Selbst zu erreichen. Folgt den Geboten Gottes, und es wird ihm Freude bereiten, euch zu erheben. Geht den Weg des Forschens und entdeckt die Wohnstatt Gottes und erkennt ihn dort. Ihr könnt beide Wege wählen, aber eure unausweichliche Aufgabe ist, ihn zu erreichen.

Shiva bedeutet Güte, Erfolg, Glück (mangala). Er ist vollkommene Güte, immerwährender Erfolg und vollständiges Glück (*sarvamangala*). Das ist der Grund, warum das Beiwort „*shrī*", das diese Eigenschaften beinhaltet, den Namen *Shiva*, *Shankara* und *Īshvara* nicht vorangestellt wird. Es wird aber dem Namen der vielen *Avatare* beigefügt, die sich zu einem bestimmten Zweck in vergänglichen Körpern inkarniert haben. Sie müssen von anderen Menschen durch das Beiwort unterschieden werden. *Shiva* ist immerwährend gütig, erfolgbringend und glückverheißend (mangala), deshalb ist das Beiwort überflüssig. *Shiva* wird als Lehrer der Lehrer (*dakshināmūrti*) verehrt. Die Erscheinung *Shiva*s ist an sich schon eine große Lehre hinsichtlich Toleranz und Selbstbeherrschung.

Das Gift (hālāhala), das die Welt vernichtet hätte, hat er in seinem Hals versteckt. Den wohltätigen Mond, den alle willkommen heißen, trägt er auf dem Kopf. Damit soll ausgedrückt werden, daß der Mensch alle schädlichen Tendenzen von anderen fernhalten und alle nützlichen, soweit es in seiner Macht steht, zu deren Wohl einsetzen soll. Wenn man seine Fähigkeiten zu seinem eigenen Vorteil einsetzt und seine schlechten Neigungen zum Schaden anderer auslebt, kommt man mit

Sicherheit unter die Räder.

Der Mensch ist seinem Wesen nach göttlich, er sollte daher in Gedanken, Worten und Taten die göttlichen Eigenschaften Liebe, Toleranz, Mitgefühl und Menschlichkeit demonstrieren. Gott ist Wahrheit, auch der Mensch muß die Wahrheit in den Mittelpunkt seines Lebens stellen. Gott ist Liebe, auch der Mensch muß sein Leben in Liebe und ohne Ärger leben. Besiegt den Haß durch Liebe, besiegt den Zorn durch freundliche Toleranz. Es gibt viele, die mit Gott um seine Gnade feilschen und ihm Geld und andere Geschenke anbieten. Wenn jemand glaubt, daß Gott durch das Geschenk einer Kokosnuß oder eines Geldbeutels mit 116 *Rupien* (ca 30 Pfennig, Anm. d. Ü.) gnädig gestimmt werden kann, dann frage ich mich, welche Vorstellung dieser von Gott hat! Denkt er so gering, so verächtlich von Gott? Wer für die Erfüllung seiner Wünsche mit seinem Reichtum bezahlen möchte, verdient nicht den Namen *Devotee*. Wer andere ermutigt, für spirituellen Fortschritt oder die Erlangung göttlicher Gnade Geld zu bezahlen, muß auch verurteilt werden. Aus diesem Grunde lehrt die *Gita*, daß Gott durch die Gabe eines Blattes, einer Blume, einer Frucht oder gar eines Tropfens Wasser zu erfreuen ist. Aber selbst dies sind materielle Dinge.

Die *Gita* sagt nicht, daß ihr ein Blatt oder eine Blume oder eine Frucht von einer Pflanze oder einem Baum pflücken und sie Gott darbringen sollt. Sie sagt auch nicht, daß ihr Wasser von einer Quelle oder einem Fluß oder einem Wasserhahn an der Straße bringen sollt. Das Blatt ist euer eigener Körper, der wie das Blatt hervorsprießt, grün wird und verwelkt und schließlich vom Zweig abfällt. Die Blume ist das Herz, das von den Insektenplagen Verlangen, Zorn, Gier, Bindung, Stolz und Haß frei ist. Die Frucht ist der Geist (*mind*), entstanden aus den Wünschen, die alle Gott übergeben werden müssen. Das Wasser ist der Strom der Tränen, der aus den Augen quillt, wenn man durch die Betrachtung von Gottes Größe in seliger Ekstase versinkt. Wenn man Gott diese vier darbringt, ist das der wahre Akt der Hingabe (*sharanāgati*). Bietet man Blätter oder Blumen oder Früchte oder Wasser vom Fluß dar, so hilft man im besten Falle diesen, sich eine kleine Auszeichnung zu sichern.

Es gibt einige, die leichtfertig behaupten: „Oh, ich habe meinen Körper, Geist, Intellekt und alles andere Gott übergeben." Diese Menschen besitzen keine Kontrolle über ihren Geist (*mind*), ihre Gefühle und Leidenschaften. Sie beherrschen auch nicht ihren Verstand. Sie sind noch nicht einmal imstande, ihren Körper zu kontrollieren. Deshalb machen sie sich mit dem Anspruch, sie hätten alles Gott übergeben, geradezu lächerlich. Wie können sie etwas Gott geben, was sie nicht einmal selbst besitzen? Welches Recht haben sie dazu? Wie kann jemand ein Geschenk von jemand annehmen, was diesem gar nicht gehört?

Tatsächlich braucht ihr gar keine Opfer zu bringen. Liebt alle Wesen, das ist genug. Liebt, ohne zu erwarten, daß die Liebe erwidert wird. Liebt um der Liebe willen. Liebt, weil der Kern eures Wesens Liebe ist. Liebt, weil das die Form der Verehrung ist, die ihr kennt und die euch zusagt. Wenn andere glücklich sind, seid es auch. Wenn es anderen schlecht geht, versucht, so gut ihr könnt, ihr Schicksal zu erleichtern. Praktiziert Liebe, indem ihr dient (*sevā*). Dadurch werdet ihr die Einheit erkennen und von dem Ego, das Schaden anrichtet, freiwerden.

Brindāvan, 05.03.1973

Spirituelle Tapferkeit

Ich bin sehr glücklich, im Pandschab zu sein, der die Achtung und Dankbarkeit der ganzen Nation erworben hat, weil er mit soviel Helden- und Opfermut das Land verteidigt hat. Es ist ein heiliges Land, und obwohl mein Besuch seit langem geplant war, hat es lange gebraucht, bis die Zeit dafür reif war. Und nun bin ich hier. Eine Frucht braucht lange Zeit, um reif zu werden und den süßen Saft in sich zu sammeln.

Diese Nation hat die Samen der Toleranz und Freundschaft seit Jahrhunderten unter alle Völker der Welt ausgestreut. Sie hat sowohl in bezug auf materiellen als auch spirituellen Fortschritt in der Welt eine Führerrolle angenommen. Sie hat das fundamentale Bedürfnis des Menschen betont, sich selbst zu verstehen, bevor er versucht, andere zu verstehen. Macht es einen Sinn, im Weltraum herumzuspazieren, wenn man nicht einmal seine Stellung im Universum, sein Schicksal und seine Zukunft kennt? Laßt mich euch sagen, was die wahre Natur des Menschen ist, so daß ihr eine Extra-Anstrengung unternehmen könnt, sie zu schützen und zu entwickeln. Wahrheit ist die Natur des Menschen, von der Wahrheit abzuweichen, heißt, seine eigene Natur zu verleugnen. Die Umsetzung des Ideals der Wahrheit im täglichen Leben ist Rechtschaffenheit (*dharma*). Innerer Friede (*shānti*) ist das Ergebnis der Rechtschaffenheit (*dharma*), und aus dem Frieden erblüht allumfassende Liebe (*prema*).

Gottesverehrung sollte sich nicht auf die vier Wände des Andachtsraumes beschränken oder die paar Minuten der Meditation (*dhyāna*). Spirituelle Übungen (*sādhana*) sind eine Vollzeitbeschäftigung. Eure Verehrung Gottes muß sich darin ausdrücken, daß ihr in jedem einzelnen eine lebende Verkörperung des Göttlichen seht. Seht Gott in jedermann, selbst in Personen, die ihr als eure Feinde betrachtet. Praktiziert diese weite, umfassende Art von Liebe. Wie könnt ihr glücklich sein, wenn ihr einem steinernen Gottesbild Liebe und Verehrung entgegenbringt, die nicht erwidert oder reflektiert werden? Lebewesen werden Anerkennung und Dankbarkeit erwidern und euch alles Gute wünschen. Ihr werdet sehen, wie sich Freude auf ihrem Gesicht ausbreitet. Das wird euch große innere Befriedigung schenken. Wenn ihr euch nicht dazu erziehen könnt, euren Mitmenschen zu lieben, wie wollt ihr dann den Weg der Hingabe zu Gott gehen?

Findet die Schwierigkeiten und Sorgen heraus, die andere belasten, und helft ihnen nach besten Kräften, sie zu überwinden und ihr Leben so zu führen, daß diese nicht wiederkehren. Lernt, mit anderen Menschen zu leben, teilt Freude und Leid mit anderen, seid geduldig, nicht anmaßend. Wenn ihr in Eintracht zusammenlebt, wird das Dorf glücklich und sicher sein, und wenn die Dörfer zusammenhalten und stark sind, wird auch der Staat stark und unerschütterlich sein. Eifersucht, Ärger, Haß und Gier werden zu seiner Zersetzung führen und seinen Verfall und Ruin bedingen.

Vertreibt die separatistischen Kräfte, die die Menschen voneinander trennen wollen und gesunde Kooperation und gegenseitige Hilfe verhindern. Pandschab hat wegen der Tapferkeit seiner Leute besonderen Ruhm in unserem Land erlangt. Ich wünsche, daß es wegen seines spirituellen (*adhyātma*) Mutes ebenso berühmt wird, und gebe dazu meinen Segen. Laßt Disziplin auch bei euren spirituellen Übungen (*sādhana*) eine gewichtige Rolle spielen, und besteht darauf, daß die Leute ihre Pflichten sich selbst und dem Schicksal gegenüber erfüllen. Verehrung ist der Kopf, Pflicht der Rumpf, Disziplin die Füße. Verknüpft Verehrung mit Pflicht, und laßt Disziplin den Ton angeben. Dann ist euch der Erfolg sicher.

Das Leben des Menschen sollte sich nicht in Essen, Trinken und Schlafen erschöpfen. Der Mensch ist in Wirklichkeit *Atman*, und deshalb sollte er lernen, sich dieser sicheren Quelle der Glückseligkeit bewußt zu werden. Der Mensch kann, indem er seine Intelligenz richtig einsetzt, an diese Quelle gelangen und ein Höchstmaß an Glück erleben. Glück kann nur durch die Hinwendung zu Gott erreicht werden, niemals durch sinnliche Genüsse.

Heute ging mit der Sonne auch das Glück in dieser Stadt auf. Die Tiefe eurer Verehrung läßt sich deutlich von euren Gesichtern ablesen. Stundenlang habt ihr auf die Freude dieses Augenblicks gewartet; dies allein ist schon ein Beweis dafür, daß ihr spirituelle Dinge höher einschätzt als materielle Dinge und Bequemlichkeit.

Ich gebe euch den Rat, von den 24 Stunden des Tages, die euch zur Verfügung stehen, eine kurze Spanne der Meditation oder Gebeten oder der Lektüre der heiligen Schriften oder dem Anhören eines Vortrags über das Wirken (*līlā*) Gottes zu widmen. Denkt an Gott und die Dankbarkeit, die ihr ihm für das Geschenk des menschlichen Lebens und die verschiedenen materiellen, moralischen und intellektuellen Gaben, die eure Ausstattung sind, schuldet. Tut dies, bevor ihr irgendeine Aufgabe oder Arbeit in Angriff nehmt. Dann werdet ihr mit Sicherheit großen Nutzen daraus ziehen, und Frieden, Freude und Erfolg bei euren Bemühungen werden euch durch göttliche Gnade zuteil werden.

Verliert nicht den Mut, wenn ihr keinen Fortschritt in der Meditation macht. Sprecht den Namen Gottes aus und verweilt bei seiner Herrlichkeit und seiner Gnade, das ist ebenso wirkungsvoll. Kein bestimmter Name ist notwendig, denn alle Namen bezeichnen den Einen. Die Beständigkeit, das Vertrauen, die Liebe, die ihr im Herzen hegt und in Worten, Taten und Gedanken ausdrückt, sind die notwendigen Voraussetzungen, um der Gnade Gottes teilhaftig zu werden.

Mogha (Pandschab), 16.03.1973

Die Vorschrift

Es gibt nur einen Weg zu Gott, der dem Streben der individuellen Seele (jīvatattva) genügt. Das ist der Weg der Hingabe (bhakti), der Übergabe aller Handlungen an Gott und der Unterwerfung unter seinen Willen. Dies wird als der Weg der Hingabe (*bhaktimārga*) bezeichnet. Aber Hingabe muß auf dem Fundament der Überzeugung errichtet werden, nicht auf blindem, unvernünftigem Glauben. Das ist auch der Grund, warum ich immer die Rolle der Intelligenz betone. Die Intelligenz ist ein besonderes Geschenk Gottes an den Menschen, es verleiht die Fähigkeit, zwischen richtig und falsch zu unterscheiden. Frieden oder Glück hängen von der Wahl der richtigen Mittel ab, und dies muß von der Intelligenz entschieden werden. Wohlstand hängt ebenfalls von der intelligenten Ausnutzung der verfügbaren menschlichen und natürlichen Ressourcen ab. Die hin und her schwankende Intelligenz des Menschen, die ihre Zielgerichtetheit und Reinheit verloren hat, ist für alle Konflikte verantwortlich, die heute an der Tagesordnung sind.

Deshalb möchte ich euch bitten, zu Gott um die Fähigkeit des geradlinigen und rechten Denkens zu beten, um die Beharrlichkeit, an einer einmal getroffenen Entscheidung festzuhalten, und um das Freisein von Egoismus, Gier oder Haß. Betet um einen ausgeglichenen Geist (*mind*), der weder durch Vorurteile noch durch Leidenschaften berührt wird.

Der Mensch muß bei seiner Suche nach Glück drei grundlegende Pflichten beachten: 1. Er sollte vergessen, was er vergessen muß, nämlich die Welt um sich herum mit ihren aufreizenden Vergnügungen. 2. Er sollte erreichen, was er erreichen muß, nämlich die Gegenwart des Allmächtigen, und 3. er muß aufgeben, was er aufgeben muß, nämlich das Streben und die Jagd nach materiellen Gütern. Das vedische Gebet: „Asato mā sad gamaya, tamaso mā jyotir gamaya, mrityor mā amritam gamaya - führe mich aus der Unwirklichkeit in die Wirklichkeit, aus der Dunkelheit ins Licht, vom Tod zur Unsterblichkeit" faßt diese Bestrebungen sehr gut zusammen.

Bemüht euch, von der Unwahrheit zur Wahrheit zu gelangen, versucht, Kenntnis über euer eigenes Selbst und den Ursprung aller

Selbste zu erlangen und dadurch eure fundamentale Unwissenheit abzustreifen. Hört auf, euch über euren Körper Gedanken und Sorgen zu machen, der doch dem Verfall und Tod unterworfen ist, und werdet euch der unsterblichen Seele bewußt, die ihr in Wirklichkeit seid.

Diese Girlande kann euch eine großartige spirituelle Lehre sein. Dieser eine Faden hat all die verschiedenen Blumen in schöner Harmonie miteinander verbunden. Im Sanskrit wird dies als „sūtra" bezeichnet. So gibt es auch das „brahmasūtra", das universale göttliche Prinzip, das in jedem und durch jeden einzelnen (jīvin) wirkt und sie alle in einem göttlichen Bund vereinigt. Alle Kinder dieses Landes, alle Söhne und Töchter, werden durch das Band der Göttlichkeit, das durch sie hindurchgeht, zu einer Gruppe verbunden, in der jeder vom anderen abhängig ist.

Verkörperungen des Göttlichen (ātman), die ihr in Wahrheit seid, fürchtet euch nicht vor Sorgen oder Verlusten, die euch treffen könnten. Eine Orange ist von einer bitteren Schale umgeben. Ihr müßt die Schale entfernen und die süße Frucht essen, die sie so lange geschützt hat. Die süße Frucht, d. h. euer Leben, wird von der bitteren Schale aus Verlangen, Ärger, Gier, Arroganz, Bindung und Eifersucht umgeben. Entfernt die Schale und werft sie weg, damit ihr die Süße kosten könnt.

Widmet euch immer guten und selbstlosen Tätigkeiten. Achtet darauf, daß eure Worte, Taten oder Gedanken andere weder körperlich noch geistig verletzen. Wenn ihr Ungerechtigkeit und Bosheit bei anderen entdeckt, prüft euer Verhalten und euren Charakter zuerst, denn was ihr bei anderen seht, ist vielleicht nur das Ergebnis dessen, was in eurem eigenen Selbst ist. Setzt die Brille der Liebe (prema) auf, und die ganze Welt wird voll Liebe sein. Gott ist da, wo das Gute vorherrscht und sich ausbreitet. Wenn ihr das Verhalten der Menschen in der Gegenwart prüft, werdet ihr finden, daß das Sehen und Hören schlecht und das Denken unsauber sind, und so wird auch die menschliche Natur in euch beschmutzt und auf die Ebene der Tiere, oder noch tiefer, herabgezogen. Wenn aber Gott in das Sehen, Hören und Denken eintritt, wird euer Leben voller Glück und Nutzen sein.

Kontrolliert den Geist (mind) und dessen Impulse durch eine gereinigte Intelligenz. Dies sind grundlegende Voraussetzungen für ein glückliches Leben. Tragt den Namen Gottes immer auf der Zunge und seine Herrlichkeit in eurem Gedächtnis, sucht die Gesellschaft guter und frommer Menschen. Wenn ihr diesen Vorschriften folgt, könnt ihr von Sorge, Angst und Lüge frei sein.

Mogha, 17.03.1973

Stellt das Gleichgewicht wieder her

Der Mensch ist wie ein Pilger, der sich auf eine weite Reise gemacht hat. Er hat auf der Ebene der Steine begonnen, hat sich zu der der Pflanzen und Tiere fortentwickelt und hat nun die Stufe des Menschen erreicht. Er muß noch weit gehen, um die Ebene des Göttlichen zu erreichen, deshalb sollte er keine Zeit vertrödeln. Jeder Augenblick ist kostbar, jeder Schritt muß ihn seinem Ziel näherbringen. Die, die in Indien, in Bhārata geboren sind, können sich glücklich schätzen, denn hier sind schon Millionen diesen Weg gegangen, und es stehen viele gütige Führer zur Verfügung, die einem den einfachsten und kürzesten Weg zeigen können. Sie nennen euch die Adresse, von wo ihr gekommen seid, denn ihr habt es vergessen und seid hilflos, wenn man euch danach fragt. Sie nennen euch auch das Ziel, das ihr erreichen solltet, wenn die Mühen der Reise hinter euch liegen, und warnen euch vor den verlockenden Reizen unterwegs.

Der Mensch ist die Synthese aller Gefühle, Emotionen und Reaktionen, die in seinem Geist (*mind*) aufsteigen. Der Geist ist der Sitz aller Impulse, Wünsche und Gedanken. Wenn der Geist rein ist, wird die von ihm erkannte Welt auch rein sein. Wenn der Geist wirr und von Ängsten gepeinigt ist, wird die Welt als elender und düsterer Ort erscheinen. Viele Leute tadeln die Welt, ohne zu wissen, daß die Schuld bei ihnen liegt. Ihr Denken ist verbogen, ihre Gedanken sind ungesund, ihr Geist ist ruhelos, weil er zu angefüllt ist mit unerfüllten Wünschen. Reiche oder Arme, Gebildete oder Ungebildete, Hoch- oder Niedrigstehende, alle sehen sie die Welt durch die Brille ihrer eigenen Vorurteile und Vorlieben, und sie verachten oder preisen sie aus Selbstgefälligkeit!

Das eigentliche Studienobjekt der Menschheit ist der Mensch. Denn der Mensch ist das Zentrum aller Dinge. Und im Menschen muß der Geist (*mind*) studiert, kontrolliert und reguliert werden. Seine Gedanken haben ihren Ursprung im Geist, sie drücken sich in Worten aus und nehmen in Taten konkrete Form an. Diese drei müssen vom Intellekt richtig koordiniert werden, andernfalls wird das Leben zu einer Tragödie. Der Geist muß geschult werden, eine Vorliebe für das Gute und Göttliche zu entwickeln, nicht für Geld und materiellen Gewinn. Geld kommt und geht, aber Moral kommt - und wächst.

Der Mensch behauptet aus Unkenntnis, daß er nur für sich selber lebe, esse und trinke, um Hunger und Durst zu stillen, sich nur um seine Gesundheit und seinen Komfort sorge. Zwei Personen mögen im selben Bett liegen, aber jeder hat Träume, die sich unabhängig voneinander in seltsamen Bereichen abspielen. Aber die Wahrheit ist weit entfernt von dieser Behauptung! Diese selbstsüchtige Haltung, die alles auf die eigenen Belange und die Aufblähung des eigenen Egos zuschneidet, ist eigentlich der Tod. Kontraktion ist Auslöschen. Expansion ist Leben. Der Mensch muß sich als Glied der Gesellschaft fühlen, in die er hineingeboren worden ist und die ihn gefördert und mit Idealen und Ideen versehen hat. Spirituelles Leben heißt nicht Leben in Isolierung. Der Mensch muß die Samen der Liebe in seinem Herzen säen und Frieden ernten. Diesen Frieden sollte er mit allen teilen. Die *Veden* sagen, „Bhūma eva sukham", Glück sei nur in der Weite, dem Grenzenlosen, dem Riesigen zu finden, nicht im Kleinen und Begrenzten. Liebe führt zu Expansion, Haß zu Kontraktion und Tod. Dies ist die grundlegende Lehre der heiligen Schriften der ewigen Religion (*sanātana dharma*).

Aber in Anbetracht der in Wissenschaft und Technologie erreichten Fortschritte habt ihr das Gleichgewicht verloren. Der Mensch hat gelernt, auf dem Mond spazieren zu gehen, in den Tiefen des Ozeans zu leben, in die tiefste Kruste der Erde einzudringen, aber wie schade, daß er nicht gelernt hat, auf der Erde zu leben und anderen Menschen dies auch zu ermöglichen. Wie kann der Mensch Glück und Seelenfrieden finden, indem er hoch hinauf in den Weltraum fliegt oder in die tiefen Gewässer des Meeres taucht? Er nimmt seine Probleme und Sorgen, Ängste und Mißerfolge selbst zu jenen Orten mit. Bevor er sich nicht von diesen Bürden befreit hat, kann er sich nicht leicht und liebenswert fühlen. Friede muß im Inneren entstehen, er kann nicht von außen zugeführt werden.

Die Wissenschaft wendet ihren Blick nach außen auf Vorrichtungen und Maschinen, die äußeren Komfort und Annehmlichkeiten bieten. Der Naturwissenschaftler untersucht die objektive Welt der Materie; er versucht, die Schau in die Außenwelt zu perfektionieren. Der, der die Seele untersucht und die innere Schau entwickelt, ist der Heilige. Der Wissenschaftler entwickelt Maschinen, der Heilige verläßt sich auf ein *Mantra*. Das Gleichgewicht kann nur dann wiederhergestellt werden, wenn die innere Schau kultiviert wird. Dies muß auf den Schulen und in den Colleges geschehen. Sie haben diesen Aspekt bei weitem zu lange vernachlässigt.

Wenn ihr die Natur des Geistes (*mind*) untersucht, werdet ihr herausfinden, daß eine große Ähnlichkeit zwischen ihm und der Linse einer Kamera besteht. Der Körper ist die Kamera, der Geist die Linse, das Herz die photographische Platte, der Gedanke der Blitz und die Intelligenz der Auslöser. Stellt die Linse auf die Quelle des Glücks ein, nicht auf den Sitz von Angst und Furcht, dann werdet ihr mit einem schönen Bild belohnt werden, das sich eurem Herzen einprägt. Es ist schwierig, nein, beinahe unmöglich, die Linse in die Richtung zu halten, die Heilige und Seher uns angeben, denn der Geist wird sehr passend als Affe charakterisiert! Nun, in Wirklichkeit ist er noch launischer als ein Affe, denn im Bruchteil einer Sekunde springt er von einem Ort zu einem anderen, der meilenweit im Raum und Jahrhunderte in der Zeit davon entfernt ist. Der Geist springt von einem Wunsch zum anderen, und wir verfangen uns in seinen Netzen. Reduziert die Wünsche, trennt euch von eurem Ego, vertreibt den Zorn, und der Geist wird euer Sklave statt euer Herr sein.

Liebe (*prema*) ist der Hauptschlüssel, der all dies erreichen kann. Deshalb sage ich immer: „Beginnt den Tag mit Liebe, verbringt den Tag mit Liebe, füllt den Tag mit Liebe, beendet den Tag mit Liebe, das ist der Weg zu Gott". Auf diesem Weg werdet ihr nicht von Ärger, Verlangen oder Gier überfallen. Ihr werdet nur gute und richtige Hilfsmittel für euren schnellen Fortschritt vorfinden. Tut eure Pflicht mit Liebe, als sei es Gottesverehrung. Viele Führer fordern gegenwärtig lauthals Freiheit, um den Willen des Selbstes, *svecchā* auszuführen, d. h. ihren eigenen Neigungen, *sva-icchā*, nachgehen zu können. Aber wirkliche Freiheit wird nur erreicht, wenn ihr von dem schädlichen Einfluß von Leidenschaften wie Verlangen, Neid, Stolz, Gier und Haß frei seid. „Sva-icchā" bezieht sich nicht auf jeden Wunsch, der in eurem Geist aufsteigt. Es bedeutet die Hinneigung eures wahren Selbstes zu Gott. Wenn ihr euch Gott zuneigt, verlieren die Leidenschaften, die euch versklaven, die Macht über euch. Dann werdet ihr eure Pflicht tun in völliger Übereinstimmung mit dem Willen des Herrn (svecchā), denn ihr werdet sie von ganzem Herzen lieben. Pflicht ohne Liebe ist bedauernswert, Pflicht mit Liebe ist wünschenswert, Liebe ohne ein Gefühl der Pflicht ist göttlich.

„Svecchā" bedeutet „die besten Absichten des einzelnen", der reinste Gedanke, der in seinem Inneren zu seinem eigenen Besten auftaucht. Damit wird alle Nachahmung unmöglich. Folgt den Anweisungen eures eigenen klaren Gewissens. Kopiert nicht Wünsche und Entscheidungen von jemand anderem, das tut ein Blinder, aber oft folgt er nur einem anderen Blinden. Gott ist im Schrein eures Herzens gegenwärtig. Er ist immer bereit, euch zu führen. Er schätzt keinen äußeren Pomp und Exhibitionismus. Er zählt nicht die Anzahl der Stunden, die ihr mit Bhajan-Singen oder mit der Wiederholung seines heiligen Namens (japa) verbracht habt, oder die Anzahl der Kilometer, die ihr beim morgendlichen Singen (nagarasamkīrtana) zurückgelegt habt. Er prüft die Reinheit eures Herzens, wie sie sich in euren Worten und Taten zeigt.

Predigt nicht, praktiziert. In der Politik, im Bereich der Verwaltung, in Schulen und Colleges, in spirituellen Institutionen, überall haben wir einen Überfluß an Predigern, aber einen akuten Mangel an Praktikern. Helden (hero) auf der Bühne werden zu Nullen (zero), wenn sie herabsteigen. Deshalb demonstriert in eurem eigenen Leben, wie Liebe zu Frieden und Freude führen kann, daß alle Glaubensrichtungen zum selben Ziel führen, daß alle Menschen Brüder sind. Die einzige Botschaft, die einzige Lektion, die ich euch heute geben kann, ist die, in euch die Erinnerungen an die großen Traditionen Indiens wachzurufen und euch zu bitten, in diesem großen Land Liebe zu verbreiten. Dann kann Indien wieder der spirituelle Führer der Menschheit sein und die ganze Welt mit göttlicher Liebe erfüllen.

Simla, 17.03.1973

Umgeht den Umweg

Oft sage ich den jungen College-Studenten, daß sie durchaus ein Bild als Gott verehren können, aber sie sollten nie Gott als Bild verehren. Sie können sich vorstellen, daß ein behauener Stein Gott ist oder ein Stück Holz Gott ist, denn indem sie das tun, heben sie jene Materialien auf eine ganz hohe Ebene. Aber ich warne sie auch davor, Gott zu degradieren, indem sie ihn auf die Stufe von Papier, Holz oder Stein stellen. Natürlich ist Gott in jedem Atom und jeder Zelle des Universums gegenwärtig, und wenn es euch gelingt, ihn da zu erkennen und anzubeten, seid ihr wahrlich gesegnet.

Versucht nicht, Gott über die Welt um euch herum zu erreichen. Stärkt euren Glauben, daß ihr das Selbst, der *Atman* seid, und geht dann in die Welt hinaus wie Helden, denen weder Erfolge noch Niederlagen etwas anhaben können. Es ist nicht meine Absicht, die Menschen dazu zu bringen, daß sie sich Gott zuwenden, denn Gott wohnt doch schon in ihnen. Es besteht keine Notwendigkeit, auf ihn zuzugehen oder ihn anzurufen, damit er von irgendwo außerhalb eures Selbst zu euch komme. Werdet euch seiner Gegenwart als innerer Lenker (*antaryāmin*) bewußt, das genügt. Geht mit der Überzeugung nach außen, daß ihr der *Atman* seid. Dann werdet ihr die Welt verehren und nicht ausbeuten.

Ihr müßt durch ständige Kontemplation erkennen, daß die Welt der Körper Gottes ist. Und ihr seid Zellen in diesem Körper. Das Wohlergehen der Welt ist euer Wohl, fühlt, handelt in diesem Geiste, denkt in diesen Kategorien. Das ist wahre Spiritualität. Der Gottsucher (*sādhaka*) kann sich nicht von der Welt losreißen und in die Einsamkeit flüchten, denn die Welt wird ihm in die tiefste Höhle oder den finstersten Wald folgen. Wer auf dem spirituellen Weg ist (*sādhaka*), kann nur dann einen Erfolg für sich verbuchen, wenn er den Glauben an die Einheit alles Lebendigen in sich gefestigt hat. In der *Gita* heißt es, „*Īshvarah* sarvabhūtānām hriddeshe 'rjuna tishthati. - Oh *Arjuna*, der Herr wohnt im Herzen aller Lebewesen".

„Īshavasyam idam sarvam - alles ist von Gott umgeben" (Anfangsworte der Īsha-Upanishad, Anm. d. Ü.). Alle Dinge und alle Wesen sind nur Wellen auf der Oberfläche des weiten, grenzen- und zeitlosen

Meeres, das Gott ist. Wellen gehören zum Meer, und ihre individuelle Existenz hängt von ihm ab, aber das Meer braucht die Wellen nicht. Daher seid ihr unlöslich mit allem und allen verbunden. Die Welt wird unweigerlich auf euch reagieren, sie wird eure Gedanken und Pläne reflektieren, sie wird eure Forderungen und Überzeugungen als Echo zurückwerfen. Eure Gedanken, Worte und Taten werden andere formen und ihre werden euch formen. Es ist eure Pflicht, gut zu sein, Gutes zu tun und Gutes zu sehen. So könnt ihr die Welt gut machen und selber gut sein.

Diese Ideen und Richtlinien sind die Hauptsäulen indischer Kultur, aber man schenkt ihnen heute nur oberflächliche Beachtung. Unwürdige Taten, die dem guten Namen der indischen Kultur schaden, werden mit Stolz von den Söhnen und Töchtern Indiens begangen. Tempel werden vernachlässigt, Pilgerstätten sind verwaist, der Begriff „Heiligkeit" wird lächerlich gemacht. Elementare Regeln gesellschaftlichen Verhaltens und individuellen geistigen Wachstums wie die Verehrung von Eltern, älteren Menschen, Lehrern und Gästen, Wahrheitsliebe und Rechtschaffenheit werden als unnötige Beschränkungen individueller Freiheit mißachtet.

Unkontrollierte Lebensgewohnheiten und zügelloses soziales Verhalten werden als Zeichen von Freiheit gepriesen. Diese Freiheit besteht aber nur darin, daß der Mensch wieder auf die Stufe des Tieres herabsinkt, von der er sich gerade erhoben hat. Das Erziehungssystem legt keinen Wert darauf, den Schülern jene aufbauenden Ideen und Ideale zu vermitteln, die jahrhundertelang den Nährboden der indischen Kultur bildeten, und so kam es, daß die Jugend auf die Umwege sinnlicher Ausschweifung geraten ist. Die Menschen unterwerfen sich den Launen und Kapriolen des Augenblicks; sie halten nicht inne, um zu unterscheiden. Als die Ideale des Gleichmuts und der Einfachheit Gültigkeit und Wert hatten, war Indien wirklich stark und glücklich; aber jetzt hat die Ausbildung des Charakters keinen Stellenwert mehr im Erziehungssystem. Tiere zeigen ein Verhalten, das von der Jahreszeit und spezifischen Gründen bestimmt wird, aber die Menschen beachten dies nicht mehr. Was ist mit dem Wissen geschehen, das unsere Weisen und Heiligen angesammelt haben? Was ist mit der Weisheit geschehen, die in unseren Schriften enthalten ist? Haben die edlen Beispiele großer Männer und Frauen in den Epen und *Purānas* noch eine Vorbildfunktion? Seit sie ignoriert werden, ist das Leben spröde, unfruchtbar und armselig geworden. Stellt ihr Ansehen bei dem Volk wieder her und befolgt ihre Lehren. Dann wird das Leben wieder nutzbringend und sinnvoll sein.

Gegenwärtig haben wir überall Streit - zu Hause, zwischen Mann und Frau in der Ehe, in der Schule zwischen Lehrer und Schüler, in den verschiedenen Gruppen der Gesellschaft. Das ist wirklich eine schlimme Situation! Frieden und Harmonie unter den Mitgliedern einer Familie sind die Grundlage für Frieden im Lande. Der einzelne muß mit sich selbst im Einklang sein. So wie die koordinierte Anstrengung aller Organe des Körpers für ein gesundes Leben wesentlich ist, so führt der Mangel an Koordination zwischen Dorf und Dorf, Staat und Staat, Nation und Nation zu einer ungesunden Situation. Dabei ist die Wahrheit doch, wenn ihr nach innen schaut: Es gibt nur eine Nation, die Nation der Menschheit, und nur eine Religion, die Religion der Liebe.

Seid glücklich, daß dies euer Vaterland ist. Die Liebe zum eigenen Land ist die Basis, worauf ihr die Liebe zur Weltgemeinschaft bauen könnt. Liebe expandiert, sie läßt sich nicht durch Grenzen aufhalten. Liebt eure Muttersprache, dann werdet ihr entdecken, daß alle Sprachen so lieblich sind wie eure eigene, denn eine Sprache ist immer so wohlklingend wie die Worte derer, die sie sprechen.

Ich möchte, daß ihr erkennt, daß euch der menschliche Körper gegeben wurde, damit ihr ihn zum Wohle jenes Landes nutzt, indem ihr zuerst das Licht der Welt erblickt und die Liebe gekostet habt, und zum Wohle der Kultur, deren Schätze euer Land über Jahrhunderte hinweg bewahrt hat, damit ihr in ihrem Schatten heranwachsen könnt. Wie könnt ihr, wenn ihr die Pflege der Wurzeln vernachlässigt, die Früchte ernten? Denkt darüber nach, was uns denn eigentlich in diesem riesigen Gebäude (vigyana bhavana) Sicherheit und Schutz gewährt. Jetzt schenken wir nur oberflächlichen Dingen wie den Sitzen, den Kissen, dem Balkon, der Akustik Beachtung. Aber das Fundament, das im Boden verborgen ist, entgeht unserer Aufmerksamkeit, weil man es nicht sieht. So ist auch die Kultur Indiens (bhārat) die Basis unseres Wohlstandes, Friedens und Fortschritts.

Die ganze Welt ist ein einziger Baum, die verschiedenen Länder sind seine Äste, seine Wurzel ist Gott, menschliche Wesen sind die

Blüten. Glück ist die Frucht und die Glückseligkeit der Selbstverwirklichung ist der süße Saft darin.

Wie läßt sich dann noch der Ärger oder die Eifersucht, die man gegenüber einem anderen empfindet, rechtfertigen? Alle werden vom selben Saft genährt; alle werden von derselben Sonne beschienen, alle sind göttlich. Göttlichkeit ist nicht irgendetwas Isoliertes und Abgetrenntes, was man durch Anstrengung verdienen muß. Es ist in jedem Mann, jeder Frau und jedem Kind vorhanden. Mit Hilfe einfacher Übungen und ein wenig Mühe könnt ihr Zugang zur Quelle eurer eigenen Göttlichkeit in eurem Herzen bekommen.

Einige haben mich gefragt, ob spirituelle Übungen (*sādhana*) Studium und Forschung ergänzen müssen. Sie fragen, ob es nicht ausreiche, die notwendigen Texte zu lesen, die vorgeschriebenen Übungen in der Logik durchzuführen! Es ist, als ob sie fragten, ob es nicht ausreiche, wenn sie Kabel verlegten, damit alle Bereiche des riesigen Gebäudes mit elektrischem Strom versorgt würden! Wozu Glühbirnen, Leitungen und Ventilatoren? Spirituelle Übungen (*sādhana*) sind die Glühbirnen, der Schalter und der Ventilator! Insulin-Spritzen für den Diabetes-Patienten sind die „Forschung", Zurückhaltung bei der Ernährung ist „spirituelle Disziplin" (*sādhana*). Sowohl Forschung als auch spirituelle Praxis sind erforderlich, damit ihr die Göttlichkeit in euch entdecken und sie offenbaren könnt.

Das heißt, daß ihr täglich regelmäßig etwas Zeit auf Studium und spirituelle Praxis (*sādhana*) verwenden solltet. Jetzt vergeudet ihr bis spät in die Nacht hinein eure Zeit in Clubs und frivoler Gesellschaft. Ein Teil dieser Zeit kann, wenn ihr sie mit Gott verbringt, zu wertvollen Resultaten führen. Dieses Vaterland hat euch eine Kultur hinterlassen, die viele verzweifelte Menschen aus allen Teilen der Welt anzieht. Seid dankbar dafür, studiert die Kultur, unterwerft euch der spirituellen Disziplin, die dort festgelegt wird. Dient den Armen und Hilflosen und jenen, die ihren Lebensunterhalt durch harte Arbeit verdienen.

Neu Delhi, 22.03.1973

Das Jahr „*ānanda*"

In jedem Lande sind die Menschen heutzutage machtbesessen, und ohne Gewissensbisse schwingen sie Reden voller Eigenlob. Sie entwickeln Haß aufeinander, nähren Gefühle des Neids und päppeln ihr Ego auf. Sie stürzen die Gesellschaft, der sie angehören, in Angst, Sorge und Unordnung. Sie wissen nicht, daß sie ewigen Ruhm gewinnen könnten, wenn sie konstruktiven Idealen folgten und sie in die Tat umsetzten; sie geben sich mit billigem Applaus und kurzlebigem Ruhm zufrieden.

Ihr habt euch heute hier versammelt, weil *Yugādi* gefeiert wird, ein Tag, der nach eurer Auffassung ein neues Jahr mit einem neuen Namen einleitet. Dieser Tag ist nur deswegen der Neujahrstag, weil ihr es so beschlossen habt. Er unterscheidet sich weder astronomisch noch klimatisch noch meteorologisch von gestern oder morgen. Solche Neujahrstage hat es schon hunderttausendmal auf diesem Planeten gegeben und viele tausend sind auch als Festtage gefeiert worden. So ist auch dieser Tag gekommen und wird wieder vergehen. Wenn aber der Neujahrstag dazu benutzt wird, ein neues Leben zu beginnen, durch Dienen eine neue Stufe zur Selbstverwirklichung oder des spirituellen Wachstums zu erklimmen, dann hat das Feiern einen Grund und eine tiefe Bedeutung. Ansonsten hat es keinen Wert. Der rote Buchstabe im Kalender, der diesen Tag von den anderen abhebt, warnt und erinnert euch an diese Pflicht, die ihr euch selber schuldet.

Der Name des neuen Jahres, das heute beginnt, ist eine Inspiration und verheißt Glück. Er lautet „ānanda", Glückseligkeit, innere Freude und unerschütterliche Ruhe. Dieser Name ist ein Trompetenstoß, der an allen 365 Tagen des neuen Jahres in euren Ohren klingen muß - strebt nach Glückseligkeit, seid Glückseligkeit, werdet Glückseligkeit! Reinigt die Instrumente eures Bewußtseins, seid bereit zu dienen, damit die Kräfte des Egos abnehmen und die Kräfte der Einheit der Gesellschaft erstarken, wiederholt den Namen Gottes (*japa*) und meditiert (*dhyāna*), damit ihr euch zur Göttlichkeit erhebt - dies sind die Stufen auf eurem Weg zu Glückseligkeit (ānanda).

Erfüllt eure Pflichten mit größtmöglicher Intelligenz und Hingabe, aber so, als wären sie ein Dienst, den ihr Gott erweisen wolltet, und überlaßt die Früchte eures Tuns seinem Willen, seiner Gnade, seinem Mitgefühl. Bleibt unberührt davon, daß die Ergebnisse, die ihr erwartet, nicht eintreten; erwartet gar nichts, überlaßt es ihm. Er schenkt euch die Zeit, den Raum, die Ursache, das Material, die Idee, die Fähigkeit, die Gelegenheit, das Glück, und ihr habt ganz wenig von euch dazu beigetragen. Warum solltet ihr also glauben, ihr wärt die Handelnden? Tut eure Pflicht als spirituelle Übung (*sādhana*). Glückseligkeit ist der Name des Jahres, und ihr seid glücklich deswegen. Aber was ist in einem Namen, außer dem, was ihr selbst hineinlegt oder herauslest? Ein Mensch mit dem Namen *Rāma* muß von diesem Namen dazu inspiriert werden, die Eigenschaften in sich zu entwikkeln, die *Rāma* unsterblich machten. Wenn jemand den Namen *Dharmaputra* trägt ist dies nur eine Bürde, es sei denn er rechtfertigt den Namen dadurch, daß er so rechtschaffen wie *Dharmaputra* lebt oder wenigstens sein Möglichstes versucht, Rechtschaffenheit in seinem Leben Raum zu geben.

Der Mensch kann nicht die wahren Früchte seines Lebens hier unten ernten, wenn er nur Reichtümer sammelt oder auf Stimmenfang geht oder seinen Kopf mit dicken Wälzern vollstopft. Er muß auch gute Charaktereigenschaften entwickeln und manifestieren. Er muß ein rechtschaffenes Leben führen. In den heiligen Schriften (*shruti*) heißt es, daß der Mensch nur so viel auf ehrliche Weise verdienen solle, wie er zum Leben brauche, und in der übrigen Zeit seine Fähigkeiten zum Wohle der Allgemeinheit einsetzen solle. Erreicht Wohlstand (*artha*) durch rechtschaffenes Handeln (*dharma*). Dann wird euch mit Sicherheit göttliche Gnade zuteil. *Dhritarāshtra*, der Vater der hundert *Kaurava*-Brüder, die gegen die fünf *Pāndava*-Vettern kämpften, die einen legitimen Anspruch auf einen Teil des Vermögens ihrer Vorväter hatten, besaß weder das eine noch das andere, obwohl er über unermeßliche Reichtümer, überlegene Armeen und größere militärische Kompetenz und Strategien verfügte. So mußte *Dhritarāshtra* erleben, daß seine Dynastie und sein Königreich völlig ausgelöscht wurden. Die meisten Menschen sind *Dhritarāshtras*, sie verfolgen falsche Ziele und lassen die Wahrheit links liegen, sie sammeln triviale Dinge und übersehen das Entscheidende.

Sie erkennen nicht, daß der Tod schweigend hinter ihnen herschreitet, sie bemerken nicht die schnellen Schritte der Zeit, sie wissen nicht, wie kostbar die Gelegenheit ist, die der menschliche Körper, der menschliche Intellekt, die menschliche Gesellschaft und das Erbe, das sie für ihn angehäuft hat, ihm hier und jetzt geschenkt haben. Sie nehmen nicht wahr, daß der gleiche göttliche Funke, der jeden Gedanken, jedes Wort und jede Tat in ihnen erleuchtet, auch jedes andere Wesen im Universum aktiviert. Sie spüren nicht, daß sie Brüder sind, das Gefühl universaler Verwandtschaft beflügelt sie nicht.

Sie räkeln sich im Schlamm des Eigenlobs! Sie sind Sklaven ihres Egos und deshalb sind sie auch niemals frei von Angst oder Sorge. Sie verbreiten auch Verleumdungen über andere und versinken so im Morast der Sünde. Obwohl sie von anderen Respekt fordern, sind sie Zielscheiben von Spott und Haß. Sie suchen Fehler bei anderen, und so schwelgen ihre Augen nur in Fehlern. Sie können bei niemandem Gutes entdecken. So werden sie von Neid und Gier verzehrt. Versucht nicht, andere zu beherrschen, seid Herrscher über euch selber, eure eigenen Sinne, euren eigenen Geist (*mind*). Das ist der wahre Sieg, dies sind die wahren Feinde.

Vergeudet keine Zeit mit unnützem Gerede. Wechselt nicht eure Überzeugungen, wenn sich eine Änderung eurer Position und der Umgebung ergibt. Wenn ihr andere des Opportunismus bezichtigt, paßt auf, daß ihr nicht dem gleichen Übel verfallt. Gott wohnt in allem, in jedem Wesen. Ihr könnt ihn in allem, was ihr seht oder tut, finden. In dem goldenen Kelch eures Herzens ist er die alles erfüllende Weisheit. Ihr verschließt vor dieser Tatsache die Augen und versucht, sie draußen mit den Händen einzufangen. Vielleicht seid ihr voller Mitgefühl, aber dieses Gefühl muß kontrolliert werden und rein sein. Ein mitleidiger Mann brachte einmal einen Fisch nach Hause, den er an einem Fluß, der über die Ufer getreten war, gefunden hatte. Er hüllte ihn in eine warme Decke ein und flößte ihm heißen Kaffee ein. Er dachte, er leide an einer Erkältung. Der heiße Kaffee tötete das arme Tier. Er hätte es retten können, wenn er es in die Fluten zurückgeworfen hätte. Aber ihm fehlte die Intelligenz, um den richtigen Schritt zu tun.

Viele politische Führer unserer Zeit haben zwar Mitgefühl, aber keine Intelligenz. Sie wissen nicht, wie sie die Not, die sie sehen, beseitigen können. Sie reden von der Notwendigkeit, Frieden im eigenen Land und Wohlstand im Ausland herbeizuführen, aber ihre Erfolglosigkeit zeigt nur den Unverstand ihrer Maßnahmen auf. Wie könnten sie auch Erfolg haben, wenn sie Haß und Unehrlichkeit unterstützen? Jeder Erfolg, der durch die Wahl falscher Mittel zustandegekommen ist, wird nur unbedeutend und kurzlebig sein. Nur friedliche Mittel, Mittel, die aus dem Geist der Liebe entstanden sind, können dauerhaften Nutzen und wahren Frieden sichern. Habt keine Angst, verbreitet keine Angst. Das ist die Botschaft Gottes an die Menschen. Wilde Tiere haben Angst und verbreiten Schrecken. Der Mensch muß über diesen Schwächen stehen. Vertraut auf die Wahrheit, und haltet an moralischen Grundsätzen fest. Dann braucht ihr niemanden zu fürchten, denn Gott wird auf eurer Seite sein. Ihr werdet auch niemandem Angst machen, da ihr alle als göttlich anseht.

Da wir gerade von Namen sprechen, laßt mich auch dieses sagen: Einige, denen Wahrheit und Rechtschaffenheit gleichgültig sind, nehmen vielleicht den Namen Sathya Sai an und errichten unter diesem Namen Institutionen. Es geht ihnen nur um die äußere Schale von Ruhm und Geld. Aber ihr müßt wissen, daß sie keine Verbindung zu mir haben und Dinge tun, die ich nicht autorisiert habe. In der Tat bin ich der Zeuge des Tuns, nicht der Teilnehmer. Ich bin wie der elektrische Ventilator; schaltet ihn ein, und er wird euch Kühlung zufächeln. Schaltet ihn aus, dann dürft ihr in der Hitze schwitzen. Ich bin weder für noch gegen irgend etwas oder irgend jemanden. Jene, die mich verleumden, erinnern sich auch meines Namens, freuen sich darüber und verdienen dadurch vielleicht sogar ein paar Pfennige. Sie sind glücklich, wenn sie Unwahrheiten verbreiten; ihr seid glücklich, wenn ihr die Wahrheit verkündet. Beides macht mir nichts aus. Ich bin gekommen, weil ich mir selber eine Aufgabe gestellt habe. Diese Aufgabe wird Schritt für Schritt erfolgreich ausgeführt werden, unabhängig von Lob oder Tadel. Nichts kann dem ein Ende setzen oder es verhindern.

Keine Spur von Furcht kann die Reinheit eines Herzens, das im Glanze der Wahrheit erstrahlt, beflecken. Ich bin Sathya Sai. Sathya Sai heißt (vergleichbar mit der Bedeutung des Namens *Shesha* Sai - der, der auf den riesengroßen Windungen der giftigen Schlange *Shesha* ruht oder den massiven Lockungen realer Begierden), der in der Wahrheit begründet ist, der auf der Wahrheit ruht, die von den massiven Lockungen realer Begierden nicht eingefangen werden kann. Wahrheit kennt keine Niederlage, Wahrheit kennt keine Furcht. Sie schreitet voran, unabhängig von Beifall und schwungvollen Reden.

Bindet euch nicht zu sehr an die Welt, denn sie ändert sich schnell und ungestüm. Seid stets bereit, dem Tod in die Hände zu fallen, heiter, würdevoll und dankbar für die Gelegenheiten, die ihr während eures Lebens hattet. Jammert nicht, denn Gott wohnt als Wahrheit in euch. Später, in den letzten Abschnitten eures Lebens, wenn ihr auf eure Niederlagen und Erfolge zurückschaut, werdet ihr wie Purandaradasa sagen: „Ach, im Leben des Menschen gibt es keine Freude." Verbringt eure Tage nicht in dieser Weise. Seid nun gewarnt. Nutzt die Tage, die euch zugeteilt worden sind, um Liebe, Freude und Frieden zu entwickeln.

Der Neujahrstag wird in diesem Teil des Landes *Yugādi*, Eröffnungstag eines neuen Zeitalters, genannt, als finge heute eine neue, große Epoche an. Dies ist eine Gelegenheit, über die Unermeßlichkeit der Zeit nachzudenken, über ihre Geschwindigkeit, über die kurze Zeitspanne, die ich mit euch in eurem Leben teile und die optimal genutzt werden sollte. Denkt über den Anfang der Dinge nach, der Natur, des Lebens, des Menschen, des Herzens - sie alle kommen von Gott und strömen wieder zu ihm zurück. Denkt nach über die Großartigkeit dieser Prozession von Geburt zur Befreiung in Leben auf Leben. Werdet euch bewußt, daß ihr, die Natur und alles, was ist, war und sein wird, Gott seid.

Um diese Bewußtheit zu erreichen, ist Liebe das sicherste Mittel. Fügt niemandem durch Wort oder Tat Schmerz zu. Beherrscht eure Leidenschaften, Gefühle und Impulse, besonders Ärger, Neid und Gier. Sie blähen das Ego auf und machen es zu einer gefährlichen Waffe. Könnt ihr als Sklaven eurer Leidenschaften hervortreten und Respekt erwarten? Nur Feiglinge geben sich sinnlichen Vergnügungen oder Leidenschaften hin. Mutige bieten ihnen die Stirn und bleiben Sieger. Ein Held (hero) ist, wer seinen Geist (*mind*) beherrscht und dessen Impulse zügelt. Eine Null (zero) ist, wer von ihnen beherrscht wird. Steht fest, wie ein Fels, im tosenden Meer. Setzt euer Vertrauen auf eure Ideale, auf Gott. Laßt nicht zu, daß euer Vertrauen ins Wanken gerät, wenn ein Mißerfolg euch heimsucht. Seht darin eine neue Herausforderung und triumphiert darüber. Euer Vertrauen (*vishvāsa*) sollte nicht wie euer Atem (*shvāsa*) sein, denn der Atem kommt und geht, bald ist er drinnen und bald draußen. Laßt euer Vertrauen unerschütterlich und ohne Unterbrechung sein. Wenn das Vertrauen ein starker Strom ist, der nie versiegt, wird auch die Gnade auf euch herabkommen und nie versiegen.

Brindāvan, 24.03.1973

Schenke allen wahre Erkenntnis

Ihr seid Bürger keines geringen Landes. Indien (bhārat) ist tatsächlich ein heiliges Land (divya bhūmi), das sich seit Jahrhunderten der Verehrung Gottes hingibt. Selbst das einfache Volk suchte den Weg zu Gott. Spirituelle Disziplin durchdrang jede Handlung des Lebens und jedes Detail des täglichen Lebens. Ihr seid die Erben einer großen Kultur, die die Angriffe von Fremdherrschaft und politischer Unterdrückung überlebt hat.

Diese Kultur betont Geistesstärke und Reinheit des Denkens, die in nützliche Entscheidungen und Wünsche umgesetzt werden, als wesentliche Voraussetzungen für den Fortschritt des Menschen. Das Geheimnis und die Herrlichkeit Gottes können nur von einem reinen Geist (*mind*) und einer klaren Schau erfaßt werden. Deshalb schenkte der Herr *Arjuna* ein neues Augenlicht, damit die Herrlichkeit Gottes ihn nicht blende. Ein vom Geist getroffener Entschluß ist wie ein Stein, der in einen See geworfen wird. Er erzeugt Wellen, die die ganze Oberfläche beeinflussen und die Ruhe stören. Ein guter Entschluß (*samkalpa*) erzeugt eine Reihe guter Gedanken, wobei jeder einzelne seinen Teil zum Prozeß der Reinigung und Stärkung beiträgt. Die Kultur Indiens legt großen Wert auf die Reinheit des Entschlusses (*samkalpa*), weil er wie eine duftende Blume in der Hand seinen wohltuenden Einfluß auf andere ausüben wird und durch andere auch auf die Gesellschaft und Gemeinschaft, in der der einzelne wirkt. Ein schlechter Gedanke entweiht den einzelnen wie die Gemeinschaft. Leid ist auch ansteckend, eure Unreinheit kann auch verunreinigen. Wenn der Geist sich dem Intellekt oder der Unterscheidungskraft unterwirft und dann aktiv wird, kann er zum Erkennen der inneren Wahrheit beitragen. Wenn er den Lockungen der Sinne nachgibt, wird er die Fesseln noch stärken.

Gute Gedanken müssen akzeptiert und schlechte verworfen werden. Jeder Gedanke muß vor dem Hohen Gerichtshof des Intellekts (*viveka*) geprüft werden. Und das Urteil muß als unantastbar gelten. In diesem Zusammenhang müssen wir uns das Gebet des ehrwürdigen Ghandi in Erinnerung rufen: „Sabko sanmati de bhagavān - Oh Gott, schenke allen wahre Erkenntnis".

Der einzelne, der im See der Gesellschaft geboren wird, muß in dem ruhigen Gewässer schwimmen und dahintreiben und sich dann dem Flusse des Fortschritts anschließen, um schließlich im Meer der Gnade aufzugehen. Der Mensch muß sich von der Position ICH zu der des WIR bewegen; aber wir sehen dieser Tage nur den wilden Tanz egozentrischer Individuen, die die Gesellschaft hassen und sich höchst unsozial verhalten.

Wasser fließt von einer höheren Ebene zu niedrigeren Ebenen. Das gleiche trifft für Gottes Gnade zu. Sie fließt zu jenen herab, die demütig die Knie beugen. Also gebt euer Ego auf, überwindet die Eifersucht und lebt die Liebe. Wie kann ein Mensch denn mit sich und anderen in Frieden leben, wenn er sich nicht bemüht, Gottes Gnade zu gewinnen? Bevor ihr versucht, eure natürlichen Anlagen so gut wie möglich zu entwickeln, müßt ihr zuerst Demut und Einfachheit zeigen. Andernfalls werden euch eure vielen unerfüllten Wünsche ruinieren. Rāvana begehrte *Janakī*, die Natur, die als Kind in der Furche eines umgepflügten Feldes gefunden worden war. Aber er wurde durch den Versuch, Gottes Gnade zu erlangen, nicht geläutert und stürzte so in sein Verderben. Wünsche, die durchkreuzt werden, führen zu Ärger, und Ärger schwächt den Körper. Er beeinträchtigt das Verdauungssystem und beschleunigt das Altern.

Denkt daran, daß Eifersucht, Haß und Unwahrheit keinen Platz im Herzen finden, wenn die Liebe (*prema*) dort Wohnung genommen hat. Lebt in Liebe, lebt mit Liebe, bewegt euch mit Liebe, sprecht mit Liebe, denkt mit Liebe und handelt mit Liebe. Dies ist die beste und fruchtbarste spirituelle Praxis (*sādhana*). Erwartet keine Liebe von anderen, wenn ihr sie anderen vorenthaltet. Dies ist keine Einbahnstraße.

Liebe für alle sollte spontan aus eurem Herzen fließen und alle eure Worte versüßen.

Chembur, 30.03.1973

Generalüberholung

Erbauer des zukünftigen Indiens, Mäzene und Freunde von Bildungs-institutionen! In diesem unserem heiligen Land geht die Erziehung heute in die falsche Richtung und ermutigt zu falschen Vorstellungen und Verhaltensmustern. Ihr alle seid euch dieses Trends und seiner Folgen bewußt. Je eher wir die Dinge in Ordnung bringen, um so besser für alle Beteiligten. Denn ob die Studenten die Studieninhalte begreifen oder nicht, ob sie die Kultur Indiens verstehen, verehren und assimilieren oder nicht, die Jahre gehen unwiderruflich vorüber, die Zeit fliegt vorbei, und es gibt keine Möglichkeit, sie zurückzuholen; die jedem einzelnen zugeteilte Zeitspanne verringert sich mit jeder Minute. Von daher ist eine Verzögerung der Reform unverzeihlich.

Die Jahre, die diese jungen Leute auf der Schule und am College verbringen, sind die entscheidendsten Jahre ihres Lebens. Das Herz der Jugend ist rein, sauber, voller Begeisterung und Optimismus. Sie streben danach, Glück zu erreichen, etwas Großes zu wagen und anderen ernsthaft zu dienen. Es ist nicht schwierig, sie auf einen guten Weg zu führen, aber es ist ebenso leicht, sie auf Abwege zu bringen.

Das Erziehungssystem sollte die Realisierung der in jedem Menschen verborgenen Göttlichkeit zum Ziel haben. Ein solches Ziel ist ein wesentlicher Schritt zur Sicherung sozialen, nationalen und weltweiten Friedens und Wohlstandes.

Die Menschheit ist wie ein Zug voller Reisender, die alle in eine Richtung fahren. Einige steigen beim nächsten Halt aus, andere bei der Station danach. Ein paar reisen ein bißchen weiter. Aber junge Leute sind am längsten unterwegs. Also sollte dem Problem ihrer Ausbildung allergrößte Aufmerksamkeit geschenkt werden. Ihr Leben muß glücklicher werden, sich durch mehr Aktivität und Zufriedenheit auszeichnen, von größerem Nutzen für die menschliche Gemeinschaft sein, und das kann nur eintreten, wenn das Göttliche in ihnen zur Entfaltung kommt. Die Nation erwartet, daß diese jungen Männer und Frauen ihre Träume von Einheit, Integrität und Wohlstand verwirklichen, diese intelligenten jungen Leute müssen Vertrauen und Mut, Freude und Enthusiasmus weitergeben. Aber wenn man den Charakter der Studenten heute beurteilt und die Muster, die ihnen aufgeprägt werden, hat man Anlaß zu befürchten, daß die Hoffnungen der Nation sich nicht erfüllen könnten. Die kommenden Jahre könnten den Niedergang der hohen Ideale indischer Kultur bringen, die jahrtausendelang hochgehalten worden sind.

Schöne, fruchtbare Ideale müssen in die zarten Seelen der jungen Menschen eingepflanzt werden. Sie sind wunderschöne Kletterpflanzen, die Büschel von nach Wahrheit und Tugend duftenden Blüten hervorbringen. Sie müssen von den Eltern, den Lehrern und allen, die am Fortschritt der Nation Interesse haben, mit Liebe und Sorgfalt gepflegt werden. Es ist eine heilige Verantwortung, die man nicht übergehen darf.

Studienjahre sollten angefüllt sein mit gemeinschaftlicher Arbeit, sozialem Dienst, intensiver Suche nach Wahrheit und der Bereitschaft, seine eigenen Interessen zum Wohle der weniger Begünstigten zu opfern. Moralische und spirituelle Werte müssen ebenso sehr geschätzt werden wie ökonomische und materielle Werte - wenn nicht sogar mehr. Das Leben muß eine harmonische Mischung dieser Werte sein, wobei ein besonderer Akzent auf moralischer Stärke liegen sollte.

Studenten, Verkörperungen des Göttlichen! Es besteht eine große und zwingende Notwendigkeit, daß ihr euch mit dem Problem befaßt, wer ihr eigentlich seid, und eure Göttlichkeit erkennt, so daß ihr euch zu dieser Ebene erheben könnt, statt auf der nur menschlichen zu verharren oder gar auf die niedrigere Ebene des Tierischen hinabzusinken. Was bedeuten die akademischen Grade tatsächlich, die ihr nun nach so ausgedehnten und anstrengenden Studien erwerbt? Die Grade sind nur Bettelnäpfe, die ihr hinhaltet, wenn ihr euch auf der Suche nach einer Arbeit von einer Stelle zur anderen begebt. Eure Ausbildung verschafft euch weder Selbstbewußtsein noch Selbstvertrauen noch Selbsterkenntnis. Und wie sollten Eltern, Lehrer und ältere Leute sie euch vermitteln können, wenn sie sie auch nicht besitzen? Da sie diese Eigenschaften nicht haben, liegt das Land in den Ketten der Armut, Zwietracht und Trägheit gefangen.

Nehmt das Wissen auf der Schule und am College voller Begeisterung in euren Geist (*mind*) auf und heißt die Gelegenheit zu lernen von Herzen willkommen, konzentriert euch mit Leib und Seele darauf. Versucht nicht, durch den Einsatz finanzieller Mittel zu Ruhm und Würden zu kommen. Wie kann Geld euch Wissen bringen? Doch die

Tempel der Göttin der Gelehrsamkeit - nämlich die Schulen und Colleges - sind heutzutage zu Tempeln geworden, in denen die Göttin des Reichtums verehrt wird. *Sarasvatī*, die Göttin der Gelehrsamkeit, wird in den *Purānas* als die Rivalin von *Lakshmī*, der Göttin des Reichtums, beschrieben. Ihr Verhältnis zueinander ist ebenso unfreundlich wie die berühmt-berüchtigte Beziehung von Schwiegermutter zu Schwiegertochter. Wie können sie im selben Hause zusammenleben? So ist *Sarasvatī* praktisch aus ihrem Tempel vertrieben worden, und *Lakshmī* hat ihn in Besitz genommen. Geld wird verlangt und bezahlt für die Einschulung des Kindes, für das Zertifikat, daß es die erforderliche Anzahl von Klassen besucht hat, für die Zulassung zur Prüfung, für das Examenszeugnis, für die Bescheinigung, daß es die gewünschten Noten erreicht hat. Der ganze Bereich der Erziehung ist auf diese Weise degradiert und desorganisiert und dies beeinträchtigt die Zukunftsaussichten des Landes erheblich.

Die Gefühle, die im Geist (*mind*) der jungen Leute aufkommen, müssen gelenkt und sublimiert werden, solange sie sich im Anfangsstadium und in der Phase des Wachstums befinden. Das ist die erste Aufgabe. Wenn man dies vernachlässigt, werden die jungen Leute wie blind umherlaufen und ihr eigenes Schicksal ruinieren. Gegenwärtig „explodiert" die Jugend und tobt sich bei extremen Handlungen wie Brandstiftungen usw. aus. Zu tadeln sind die, die sie zu solcher Zügellosigkeit anstacheln und sie auf die Gesellschaft loslassen. Viele beklagen den Schaden an Leben und Eigentum, den diese Taten zur Folge haben. Aber die viel gefährlicheren Folgen werden nicht so deutlich erkannt. Die Studenten zum Beispiel ruinieren sich selbst, ihre Karriere und den Wert, den sie für die Gemeinschaft haben. Sie vergeuden eine Menge schwerverdientes Geld, sie vergeuden etwas, was später niemals zu ersetzen ist, nämlich Zeit, und ihr Geist (*mind*) wird vom Haß besudelt.

Die Politiker sollten getadelt und gemieden werden, denn sie säen Haß und Vorurteile in die jungen Leute, damit sie sie als Instrumente für den eigenen Größenwahn gebrauchen können. Studenten sollten sich von ihnen fernhalten. Ihre erste Pflicht besteht darin, ihre Zeit für das Studium zu verwenden. Wenn sie die erste Aufgabe, Wissen zu erwerben, erfüllt haben, können sie an politischen Auseinandersetzungen teilnehmen und sich als Führer und Fürsprecher auszeichnen. Jetzt müssen sie Fähigkeiten erwerben, Einsicht, Gleichgewicht und Bereitschaft zum Dienen. Sie müssen ihre Eltern, Lehrer und die alten Leute verehren. Sie müssen die Ideale der Kultur ihres Landes verstehen und lernen, ihr eigenes Alltagsleben damit in Übereinstimmung zu bringen. Natürlich braucht das System eine Generalüberholung. Denn die Söhne und Töchter dieses Landes müssen die Normen kennen, die von unseren heiligen Schriften und Texten vorgegeben sind, die Geschichte der Entstehung und Entwicklung unserer alten Kultur und die fruchtbaren Prinzipien von Gesetz und Gerechtigkeit, die ihre Wurzeln in diesem Boden haben.

Ein weiterer Punkt: Junge Menschen müssen die Schule oder das College nicht nur besuchen, um in der Klasse unterrichtet zu werden oder einige Bücher mit der Unterstützung der Lehrer zu studieren, denn falls dies so wäre, könnten sie ebenso gut zu Hause bleiben und dort unterrichtet werden. Sie müssen aber die Institutionen besuchen, damit sie es lernen, mit Menschen ihres Alters, aber verschiedener sozialer Herkunft, wirtschaftlicher Situation, intellektueller Ausstattung und emotionaler Besonderheiten zu leben und Umgang zu pflegen und auf diese Weise auch Disziplin und Respekt, Toleranz und Kooperation zu lernen. Einige Jahre auf der Schule und am College sind eine gute Vorbereitung auf das Leben in der Gesellschaft und der Welt.

Die Tatsache, daß Eltern und Gesellschaft dem Bestehen eines Examens einen so überaus hohen Wert beimessen, hat zu der gegenwärtigen Situation geführt. Die Studenten stopfen sich einige Tage vor dem Examen den Kopf mit Wissen voll, dann spucken sie das Ganze wieder auf die Examenspapiere aus und gehen mit leerem Kopf nach Hause, denn die Dinge, die sie gelernt haben, haben nicht im mindesten ihr Verhalten, ihre Anschauungen oder ihre Einstellung beeinflußt. Erziehung sollte nicht als ein Prozeß betrachtet werden, bei dem zunächst ein leerer Sack gefüllt und dann geleert wird, so daß der Sack am Ende wieder leer ist. Es ist ja gar nicht der Kopf, der durch die Ausbildung gefüllt werden muß. Es ist das Herz, das gereinigt, erweitert und erleuchtet werden muß. Man lernt für das Leben und nicht für den Lebensunterhalt.

Man erkennt einen gebildeten Menschen an seiner Demut, die aus der Erfahrung erwachsen ist, daß er nicht imstande ist, die unbekannten Weiten zu entdecken, die noch erforscht werden müssen. Der gebildete

Mensch muß erkennen, daß er mehr Verpflichtungen als Privilegien, mehr Pflichten als Rechte hat. Er muß der Gesellschaft, in der er sich befindet, dienen und dem kulturellen Erbe, das seine Vorfahren ihm hinterlassen haben. Er sollte gern dienen und nicht herrschen wollen. Denn Dienen ist göttlich. Dienen macht das Leben wertvoll, Dienen ist die beste Art und Weise, seine Fähigkeiten, Intelligenz, Kraft und materiellen Mittel einzusetzen.

Ich muß euch sagen, daß die Liebe die allergrößte Bedeutung hat. Liebe ist Gott, lebt in Liebe. Gott ist die Verkörperung vollkommener Liebe. Also kann er nur durch Liebe erkannt und realisiert, erreicht und gewonnen werden. Ihr könnt den Mond nur mit Hilfe des Mondlichtes sehen. Ihr könnt Gott nur durch die Strahlen der Liebe erkennen. Liebe, diese eine Eigenschaft Liebe, drückt sich auf verschiedene Weise aus und zwar als Bindung an Dinge, Zuneigung zu Kindern und Verwandten, Verlangen nach konkreten Dingen, Liebe in menschlichen Beziehungen, Verehrung großer Persönlichkeiten und Anbetung Gottes. Pflegt die Liebe und alle ihre Aspekte werden wachsen und gedeihen.

Die Ausbildung sollte dazu führen, im Lichte der Prinzipien der indischen Kultur das Wissen von der Natur und ihrer Komponenten und das Wissen vom Menschen und seiner verschiedenen Siege und Niederlagen zu interpretieren. Natürlich ist die Natur der beste Lehrer, deshalb achtet darauf, Nützliches und Wissen von bleibendem Wert von ihr zu lernen.

Dieses College ist durch die Großzügigkeit vieler Spender entstanden, vor allem der Königsmutter (rājāmata) von Nawanagar. Ihr müßt euch glücklich schätzen, daß eine Dame von solch edler Gesinnung mit eurem College verbunden ist. Seid ihr dankbar, zeigt eure Dankbarkeit, indem ihr die Ideale spirituellen Fortschritts, moralischer Ertüchtigung und intellektueller Leistung, die sie euch vorlebt, in euren Alltag integriert. Entwickelt Vertrauen und unerschütterliche Beharrlichkeit, die erforderlich sind, um ihren Erwartungen zu entsprechen.

Ich erteile dieser Institution meinen Segen, so daß brillante junge Menschen aus ihren Mauern entlassen werden und bereit sind, dem Vaterland zu dienen und seinem Ruhm neuen Glanz zu geben. Ich liebe Studenten und Bildungseinrichtungen sehr. Ich segne euch, so daß jeder von euch einen hohen Leistungsstandard erreicht und gute

Noten (marks) bekommt - keine schlechten Bemerkungen (remarks), daß ihr euren Eltern, die für euren Unterhalt lange schwer gearbeitet haben, das erhoffte Glück schenkt und die Königsmutter und andere ältere Menschen belohnt, die eure Studien und eure Erziehung mit soviel Zuneigung überwachen, indem ihr sie an der Anerkennung teilhaben laßt, die ihr durch gutes Verhalten und ausgezeichnete Leistungen erreicht.

Rajkot (Gujarat), 01.04.1973

Bhāratī - Bhāratam

Karma oder Handlung ist primär Bewegung. Bewegung erzeugt Energie, und Materie ist nichts als verdichtete Energie. Äther, Luft, Feuer, Erde, Wasser - sie alle sind sowohl Ursache als auch Folge dieser unaufhörlichen Bewegung. Alle Dinge, die sich bewegen, sind aktiv und tätig. Leben heißt Veränderung, Bewegung; selbst wenn ihr nicht den ganzen Körper oder einen Teil davon bewegt, findet Bewegung in eurem Inneren statt. Die Nahrung wird verdaut, das Blut kreist, Luft wird eingeatmet, gefiltert, absorbiert und ausgeatmet, Eindrücke werden willkommen geheißen oder abgewehrt, weitergeleitet oder zurückgewiesen. Leben ist Tätigkeit, *Karma*; der Körper ist der Ort der Tätigkeit (*karmakshetra*). Alle Lebewesen sind aktiv und opfern sich selbst in dieser unaufhörlichen Tätigkeit. Die Frucht dieses Opfers ist Selbstverwirklichung.

Wenn ihr die Augen offen habt, seht ihr Tausende hier, wenn ihr sie schließt, sind sie für euch nicht da. Ihr seht sie auch nicht, wenn ihr eine Sehschwäche habt. Doch ihr könnt deshalb nicht behaupten, sie seien nicht da. Da eure Sicht durch Zweifel, Stolz oder Vorurteile eingeschränkt ist, seht ihr Gott nicht, der sowohl in euch ist als auch außerhalb. Ihr sehnt euch nach etwas, das nicht existiert und übersehet den Schatz in eurer Reichweite. Ihr schwört, es gäbe keinen Vogel in eurer Hand, und ihr kämpft um die Vögel, die eurer Meinung nach im Wald auf euch warten. Der Vogel im Wald ist nur das Abbild des Vogels in eurer Hand, aber ihr seid euch dieser Wahrheit nicht bewußt.

Ihr setzt euer Vertrauen auf die Sinne und das Wissen, das sie sammeln, ihr vertraut den Vorstellungen und Phantasiegebilden eures Geistes (*mind*), ihr vertraut den Schlußfolgerungen eurer Vernunft, aber ihr habt kein Vertrauen zu Gott, der durch diese weder gebunden noch gefunden werden kann. Also seid ihr voller Angst, Kummer und Zweifel.

Hüllt euch in den Vorhang „Gedanke Gottes", dann können die gefährlichen Moskitos der Begierde und des Mißtrauens euch nichts anhaben. Dieser Vorhang wird euch Gesundheit schenken als Folge eines intakten Immunsystems. Eure Gelassenheit (im Engl. Wortspiel „disease/ease", Anm. d. Ü.) wird ungetrübt sein, es wird nichts geben, wonach ihr euch sehnt, wovor ihr euch fürchtet. Ihr werdet Gottes gesamte Schöpfung lieben, ihr werdet alle Gelegenheiten, anderen zu dienen und deren Leid zu lindern, willkommen heißen.

Heute morgen wurde in einem Gespräch mit einigen Menschen das Problem des Leids analysiert, es wurde auf die eigenen Taten in der Vergangenheit und die eigene geistige Einstellung zurückgeführt. Es sei falsch, anderen die Schuld zuzuweisen. Aber jemand in der Gruppe wies darauf hin, daß Gott der Ursprung von Freude und Leid sei, daß kein Grashalm sich im Wind bewegen könne, wenn er es nicht wolle. Ja! Wenn diese Wahrheit fest im Herzen verankert ist, werdet ihr die einzigartige Seligkeit der Befreiung erfahren. Gott gibt alles, was auch immer wir bekommen, es ist seine Gnade. Ihr habt kein Recht zu urteilen, ob das, was ihr bekommt, gut oder schlecht ist.

Damit Gott seinen festen Platz im Herzen der Menschen einnehmen kann, sind Anbetung von Statuen oder Bildern, Meditation über seine Herrlichkeit, Rezitation seines Namens sehr nützlich als Anfangsstufe spiritueller Praxis (*sādhana*). Ich will nicht sagen, daß Tempel oder Stätten der Verehrung, Altäre und Schreine, in denen Gott angerufen und verehrt wird, falsch oder nutzlos wären. Bis die Buchstaben gelernt sind, sind Illustrationen in den Fibeln nötig. Der Buchstabe A wird in Verbindung mit dem Apfel, unter dessen Bild er steht, gelernt. Deshalb könnt ihr nicht davon abgehalten werden, euch jedesmal an den Apfel zu erinnern, wenn ihr an A denkt.

Ich betone immer den Wert des Dienens als spirituelle Praxis (*sādhana*), um die Einheit von allen in Gott zu erkennen und die Einheit des eigenen Selbstes mit Gott. Ich empfehle nicht, das Handeln aufzugeben, denn das ist nicht möglich. Was gemeinhin mit der Aufgabe der Bindung an die Früchte des Handelns (*karmasamnyāsa*) gemeint ist, ist der Verzicht auf Riten und Rituale, die von den heiligen Schriften vorgeschrieben werden. Ich fordere euch auf, ein neues Ritual durchzuführen, das Ritual des Dienens (*sevā*), ein neues Opfer (*yajna*) darzubringen, das Opfer des Ego, ein neues Ritual der Hingabe (*sharanāgati*) einzuführen, nämlich alle Gedanken, Worte und Taten zu den Lotosfüßen des Herrn niederzulegen und alle Geschehnisse als Gnadengeschenke aus seiner Hand anzunehmen.

Bleibt in ständigem Kontakt mit Gott, laßt das Leitungsrohr, das zum Wasserhahn - der ihr seid - führt, mit dem Reservoir seiner Gnade verbunden sein. Dann wird euer Leben voll ungetrübter Zufriedenheit sein. Ohne dieses Bewußtsein ständiger göttlicher Gegenwart, wird jeder Dienst, den ihr anderen erweist, trocken und unfruchtbar sein. Seid euch dessen bewußt, und jeder kleine Dienst wird Früchte bringen, denn „Gottes Hände und Füße sind überall", „Gottes Augen, Kopf und Gesicht sind überall", „Gottes Ohren sind im ganzen Universum", „er ist da und hüllt alles ein".

Wenn ihr um den Anblick seiner Füße betet, werdet ihr damit belohnt werden. Wenn ihr in tiefer Verzweiflung zu ihm schreit und ihn bittet, euer Leid anzuhören, wird er es hören. Wenn ihr ihn inständig und aufrichtig bittet zu kommen, dann kommt er, um euch etwas zu geben. Er gibt. Aber die beste spirituelle Praxis (*sādhana*) ist es, sich so zu verhalten, wie wenn ihr ein Paket mit Büchern von der Post erhaltet. Um an die Bücher heranzukommen, müßt ihr das Paket aufschnüren und dann das Material, worin die Bücher eingepackt waren, wegwerfen. Also nehmt das tiefste und bedeutungsvollste Gebet: „Nāku shānti kāvāli - ich brauche Frieden". Entfernt das „Ich" (das Ego) und das „brauche" (das Verlangen), und ihr habt „Frieden" (*shānti*), den Inhalt des Pakets. Wie könnt ihr Frieden erlangen, wenn Egoismus und Verlangen euch bedrücken? Also werft das Packpapier weg und nehmt den sicher eingepackten Gegenstand an euch.

Der Mensch ist Mensch gewordene Göttlichkeit, in seinem Inneren wartet eine große konzentrierte Kraft auf ihre Manifestation. Aber der Mensch verdammt sich selbst zu Armut, Krankheit und Verzweiflung. Er bettelt überall um Almosen und erniedrigt den Herrn in seinem Inneren. Er sagt sich, Gott sei weit weg in einem unerreichbaren Himmel. Er verbannt sich selber aus dem Königreich, das sein legitimes Erbe ist. Er verrennt sich in dem Glauben, daß er es sei, der fühlt, denkt, spricht und handelt. Er verflucht sich selber als Narr oder Opfer des Schicksals und begeht damit einen Fehler nach dem anderen. Prüft euren Geist, jeder einzelne von euch, und seid nicht so feige, euch selbst eures Geburtsrechts zu berauben.

Einige Jahre verbringt man mit Studium und Lehre, dann kommen die Jahre beruflicher Tätigkeit, in denen man seine gesellschaftliche Stellung aufbaut und konsolidiert, dann kommt der Lebensabend, da man von seinem selbst verdienten Einkommen, von Pension, Rente oder Zinsen lebt. Entsprechend gibt es im spirituellen Leben drei Stufen: die erste ist die Stufe des neugierigen, wißbegierigen, ernsthaften, sehnsüchtigen, enthusiastischen Suchers (*jijnāsu*). Dann kommt die Stufe des unerschütterlichen, geradlinigen, mutigen und kühnen Jüngers (*mumukshu, sādhaka*). Schließlich die Stufe des Eingeweihten (abhimuku), der Selbstverwirklichung erreicht hat und der Wirklichkeit stark, intelligent, gut und alle mit seiner Liebe reich beschenkend gegenübersteht. Das träge, untätige Temperament führt den Menschen zu Faulheit und Sklaverei, das leidenschaftliche verführt ihn zu Streit, Wettbewerb und Konflikt, das ausgeglichene, ungetrübte, ruhige Temperament führt den Menschen zu Frieden, Gerechtigkeit, Liebe und Wahrheit. Indem man durch die Entwicklung einer spirituellen Praxis (*sādhana*) die Temperamente überwindet, kommt man notwendigerweise zur Entdeckung der eigenen und aller Wahrheit, nämlich Gott.

„Yan na bhāratī, than na bhārat - alles Wissen ist die Domäne des indischen Intellekts". Und alles Wissen wird hier in einer harmonischen Synthese zusammengefaßt, der höchsten Weisheit, so daß seine Alchemie erfahren werden kann. Und was ist diese Weisheit? Jeder einzelne ist ein Funke göttlichen Glanzes, Gott tanzt in jeder Zelle jedes Wesens. Zweifelt nicht daran, ignoriert dies nicht und stellt dies nicht in Frage. Das ist die Wahrheit, das ist die ganze Wahrheit, das ist die einzige Wahrheit. Das Universum (*loka*) ist Gott (*lokesha*). Dies alles ist Er, ist Sein Körper.

Von dem Platz, der euch zugewiesen worden ist, wegzulaufen, ist feige, töricht und nutzlos. Seht in solchen Menschen keine Helden. Es ist gleichgültig, welchen Beruf ihr habt, welchem Job ihr nachgeht, denn alle Berufe gehören Ihm, alle Jobs gehören Ihm. Er ist der universale Meister, der universale Versorger. Und wenn sich Probleme vor euch auftürmen und ihr mit Enttäuschungen konfrontiert seid, seid dankbar dafür, daß ihr so eure Charakterstärke entwickeln könnt, daß ihr privilegiert seid, euch einer Herausforderung zu stellen. Ihr könnt Herzschmerzen überwinden, wenn ihr ein Beruhigungsmittel nehmt. Ihr könnt der Gefahr zu erfrieren entgehen, indem ihr bei einem warmen Feuer Zuflucht sucht, also überwindet Not und Leid, indem ihr bei der Freude Zuflucht sucht. Seid glücklich, wenn Leid euch überfällt. Seid ruhig, wenn die Flammen des Ärgers auflodern. Wie könnt ihr Feuer mit Feuer löschen? Erkennt und überzeugt euch selber, daß Toleranz, Vergebung, Liebe und Güte allein den Frieden für euch und die Gesellschaft sichern können.

Hyderabad, 04.04.1973

Erkennt den, der erkennt

Überall vertrödeln die Menschen die kostbaren Jahre, die ihnen auf der Erde zugeteilt worden sind, indem sie drei unnütze Dinge tun: Sie loben sich selber, verfolgen ihre eigenen Interessen und stellen sich selber stets in den Vordergrund; sie verleumden andere, schwärzen sie an, schockieren die Guten und schmeicheln den Schlechten; mit frivolen oder frevelhaften Worten schüren sie das Feuer des Hasses oder bewerfen andere mit Schmutz, wie es ihnen gerade in den Sinn kommt und ohne das Unheil zu bedenken, das sie anrichten.

Die Menschen versuchen, alles über alle anderen zu erfahren, aber sie versuchen nicht, sich selbst zu erkennen! Der Versuch, den, der erkennt, zu erkennen, ist *sādhana*, spirituelle Praxis. Die Kenntnis dessen, der erkennt, ist ātmavidyā, die Erkenntnis des Selbst. Diese Erkenntnis allein führt dazu, daß der Mensch überall in Frieden leben kann. Denn wenn ihr wißt, daß ihr ein Funke des Göttlichen seid und alle anderen ebenfalls, dann bringt ihr allen Achtung und wahre Liebe entgegen, dann ist euer Herz mit höchster Freude erfüllt, und die Ansprüche des Ego haben keine Bedeutung mehr. Der Mensch sucht Freude in der Ferne und Frieden an ruhigen Orten, aber die Quelle der Freude ist in seinem Herzen, der Hafen des Friedens ist in seinem

Innersten. Selbst wenn er auf dem Mond spazierengeht, nimmt er seine Ängste, Sorgen, Vorurteile und seine Abneigungen mit. Setzt euer Vertrauen auf Gott, und glaubt, daß es richtig ist, ein moralisches Leben zu führen. Dann könnt ihr in Frieden und Freude leben, wohin auch immer das Schicksal euch führen mag.

Güte, Mitgefühl und Toleranz - auf diesen drei Wegen könnt ihr die Göttlichkeit in euch und anderen erkennen. Ein weiches Herz wird heute oft als Schwäche, Feigheit und Mangel an Intelligenz verurteilt. Es heißt, man dürfe weder Mitgefühl noch Barmherzigkeit zeigen. Aber dieser Weg führt zu Krieg, Zerstörung und Untergang. Nur Liebe bringt dauerhaftes Glück, und wenn man mit anderen teilt, verringert sich das Leid und vergrößert sich die Freude. Der Mensch ist dazu geboren, zu teilen, zu dienen, zu geben und nicht wegzunehmen. Wenn Gottvertrauen als kostbare Wahrheit im Schrein eures Herzens veran- kert ist, werdet ihr mit derselben Gelassenheit Schicksalsschläge und Glücksfälle willkommen heißen.

Der Mensch kann die höchste Freude erfahren und sie mit anderen teilen, aber gegenwärtig hat er nur Sorgen und teilt diese mit anderen. Ein König schenkte einem Holzfäller im Wald eine große Sandelholz- plantage als Gegenleistung für die Gastfreundschaft, die dieser ihm einmal gewährt hatte. Der Bursche erkannte weder den Wert des Holzes noch untersuchte er Bedeutung und Art des Duftes, der dem Holz entströmte. Er fällte alle Bäume in kurzer Zeit und verbrannte sie, um sie als Holzkohle zu verkaufen. Die meisten Menschen verschwen- den ihr Leben, sie machen aus Sandelholz Holzkohle und freuen sich über die paar Groschen, die sie dafür erhalten!

Durch Gebete könnt ihr die Gnade Gottes erlangen. Gebete befreien euch von der Sklaverei der Sinne. Wenn ihr Gott preist und erkennt, daß sein Wille euer Handeln bestimmt, werdet ihr von Ärger, Angst, Vorurteil und Neid frei werden, diese Leidenschaften ruinieren eure physische und geistige Gesundheit. Wann immer ihr Verlangen oder Ärger spürt, versucht, diese Gefühle zu beherrschen, Behandelt sie, wie ihr eine Krankheit behandeln würdet, sucht das Heilmittel und be- kommt sie in den Griff. Ein Mönch ging einmal durch die Wildnis, während eine Horde von Eingeborenen ihn verfolgte und mit Spott überhäufte. Er setzte sich auf einen Felsen, bevor der Waldrand er- reicht war, und forderte sie auf, ihre Wut nun wirklich herauszulassen, denn - so sagte er - eine Gruppe von *Devotees* warte am Waldrand auf ihn und würde sie angesichts ihres Verhaltens wütend in die Flucht schlagen.

Der Mensch ist im Grunde Liebe, Friede, Freude und Wahrheit. Er ist die Verkörperung all dieser Eigenschaften, das heißt, der Göttlichkeit. Sein Verhalten sollte mit seinen grundlegenden Charaktereigenschaften übereinstimmen. Aber er überlagert sie mit den falschen Einstellungen von „Ich" und „Mein" und verunreinigt so seine Persönlichkeit. Die Lösung dieses Problems ist überall Anliegen der Religionen. *Bhajan*-Singen und die Wiederholung des Namens Gottes (*nāmasmarana*) sind gute Reinigungsprozesse. Der Geist (*mind*) muß sich auf die Reinheit jedes Namens einstimmen und als Folge davon selber rein werden. Dies muß als regelmäßige Disziplin durchgeführt werden im Vertrauen darauf, daß gute Ergebnisse sich einstellen werden. Auf gar keinen Fall sollten daraus mechanische Routineübungen in einem ohnehin überfüllten Terminkalender werden.

Disziplin ist das Zeichen intelligenter Lebensführung. Eltern sollten nicht zulassen, daß Kinder sich ihrer Kontrolle entziehen und ohne Kompaß oder Anker umherwandern. Viele Eltern ernähren und verwöhnen ihre Kinder und lassen sie dann - im Namen der Freiheit - ihre eigenen Freunde und Vergnügungen finden. Sie gehen mit ihnen ins Kino und achten nicht darauf, welchen Eindruck der Film auf das zarte Gemüt (*mind*) der Kinder machen wird. Sie nehmen die Freunde ihrer Kinder als Gäste in ihrem Haus auf, aber sie fragen nicht nach deren Herkunft oder Gewohnheiten. Sie ermutigen sogar ihre Kinder dazu, zu trinken und zu rauchen, und wissen nicht, daß sie eines Tages ihr Verhalten bereuen werden. Aus ihrem Tun geht klar hervor, daß sie die Feinde ihrer eigenen Nachkommenschaft sind!

Ich mag Kinder sehr, ich kümmere mich um sie und schenke ihnen meine ganze Aufmerksamkeit. Ich gebe ihnen gute Ratschläge zur rechten Zeit und ermahne die Eltern, dies auch zu tun. Ich bestehe auf Disziplin, auf ehrerbietigem Gehorsam gegenüber den Eltern, auf regelmäßigem Essen und Spielen, auf rigoroser Zeiteinteilung für Lernen, *Bhajan*-Singen, Meditation usw. Ich empfehle auch ein paar Dienstleistungen wie z. B. Krankenpflege. Ich lehne leichtfertige Reden ab, einen luxuriösen Lebensstil, schädliche Gewohnheiten, Vorliebe für Filme, Horrorcomics, Brieffreundschaften, exotische

Kleidung, ausländische Frisuren, die nur die Blicke anderer auf sich ziehen sollen usw. Dadurch geraten Jungen und Mädchen auf die abschüssige Bahn.

Disziplin ist eine gute Schulung für den Umgang mit Enttäuschungen. Ihr werdet erkennen, daß das Leben sowohl Höhen als auch Tiefen hat, daß jede Rose ihre Dornen hat. Heutzutage möchten die Leute Rosen ohne Dornen, das Leben sollte nur noch aus sinnlichen Genüssen bestehen, ein Picknick ohne Ende sein. Ist dies nicht der Fall, bekommt man Wutanfälle und sucht die Schuld bei anderen. Wie soll es Fortschritte in der Gesellschaft geben, wenn jeder nur seine eigenen Vergnügungen im Auge hat? Wie können die Schwachen dann überleben? Meins, nicht deins - dieses Haben-Wollen ist die Wurzel allen Übels. Selbst bei Gott macht man diese Unterscheidung! Mein Gott, nicht deiner! Dein Gott, nicht meiner!

Ich bin wirklich sehr glücklich heute, daß ich einige Zeit bei euch hier in der Jugendhaftanstalt verbringen konnte. Einige Zeit in der Gegenwart Gottes zu verbringen, ist ein großes Glück, das als Belohnung für vergangene Verdienste anzusehen ist. Ihr verbüßt hier die Strafe für euer Vergehen. Ihr müßt wissen, daß alle Menschen zu langen oder kurzen Strafen mit einfacher oder schwerer Arbeit verurteilt sind, um ihr Fehlverhalten und ihre Verbrechen in früheren Leben zu büßen. Jeder Sturz bringt eine Beule, jeder Fehler muß korrigiert werden, jede Sünde abgewaschen werden. Jedermann ist ein Gefangener.

Denn, wo immer er auch hingeht, er wird von zwei Beamten begleitet, die jede Handlung beobachten. Frei ist man nur dann, wenn man allein gehen kann. Aber gegenwärtig lassen „Ich" und „Mein" die Menschen nicht allein, sie nehmen sie in ihre Mitte und üben bei jedem Schritt einen subtilen Einfluß auf sie aus. „Ich" betont, daß ihr Körper, Geist, Sinne und Intelligenz seid. Es ermutigt euch, für die Stärke und Pflege des Körpers zu sorgen, den Launen nachzukommen, die in eurem Geist auftauchen, euch den flüchtigen Genüssen von Zunge und Auge hinzugeben. Es sagt euch, daß der Verstand das einzige Instrument zum Messen der Wahrheit sei, und setzt Intuition und Erfahrung herab. „Mein" lehrt euch, euch etwas anzueignen, zu erwerben und zu besitzen, einfach weil es Spaß macht, etwas zu besitzen und anderen Wertgegenstände wegzunehmen. Aber der Geist läßt sich auch für die

Befreiung von diesen beiden Fesseln „Ich" und „Mein" gebrauchen. Richtet ihn auf Gott aus, und beide werden verschwinden.

Ihr müßt euch bei jeder Handlung fragen, ob sie anderen Schaden zufügt, wenn ja, verzichtet darauf. „Was du nicht willst, das man dir tu, das füg auch keinem anderen zu." Dies wird die „Goldene Regel" genannt. Ja, es ist der beste Test, Richtiges von Falschem zu unterscheiden. Wenn ein anderer etwas bei sich hat, was ihr gerne hättet, nehmt es ihm nicht weg und macht ihn dadurch unglücklich. Wärt ihr damit einverstanden, daß jemand euch etwas wegnimmt, was euch gefällt?

Lernt, anderen zu dienen, soweit es in euren Kräften steht. Lernt, eure Eltern, Lehrer und Ältere zu verehren, sie haben stets euer Wohl im Auge. Wenn ihr in eure Dörfer zurückkehrt, schließt euch den *Seva*-Gruppen dort an, und nehmt am *Bhajan*-Singen, an Hilfsprogrammen und Studiengruppen teil.

Hyderabad, April 1973

Dein Bild in Seinem Auge

Der Mensch brüstet sich damit, daß er alles weiß, aber wenn man ihn nach seiner Identität fragt, läßt er verschämt den Kopf hängen. Der Mensch kennt die Nachrichten von jedem Land, aber er ahnt nicht, wie lästig er sich selber und anderen sein kann (im Engl. Wortspiel „news/nuisance", Anm. d. Ü.) Dunkelheit hüllt ihn ein, aber er sehnt sich nach Glückseligkeit (ānanda). Er weiß nicht, durch welche Methode man Glückseligkeit erreichen kann: durch Gebete, *Seva*, Studium spiritueller Texte, Meditation und Schweigen. Er vertraut nicht darauf, daß er selbst Glückseligkeit (ānanda) ist und dies seine wahre Natur ist. Jeder Schicksalsschlag fegt ihn hinweg, denn er hat keine Kraft, dem Schlag standzuhalten. Vertrauen auf den Gott im Inneren ist der stärkste Schutzschild gegenüber Schicksalsschlägen. Die von den Vögeln sorgfältig gebauten Nester werden durch Stürme hinweggefegt; wenn es regnet, fallen die duftenden Blütenblätter ab. Niederlage und Sieg sind die Vorder- und Rückseite einer Münze; wenn ihr das eine begrüßt, müßt ihr es - wohl oder übel - auch beim anderen tun. Geduld,

196

Mitgefühl und unbestechliche Tugend sind die drei Pfeiler eines glücklichen Lebens. Nur ein solches Leben kann als zivilisiert bezeichnet werden, alles andere ist barbarisch.

Dieses Treffen hat mit einem Gebet begonnen. Gut. Aber man sollte keine Bitten und Wünsche an Gott richten. Denn das hieße doch, daß Gott wartet, bis er gefragt wird! Unterwerft euch ihm stattdessen, er wird dann so eingreifen, wie es ihm am besten erscheint, und es ist in der Tat das beste für euch. Gott teilt seine Gnade nicht proportional zum Lobpreis aus, den er erhält. Wenn ihr Gott um etwas bittet, besteht die Gefahr, daß ihr ihn verurteilt, wenn das Gebet aus irgendeinem Grunde nicht so erhört wird, wie ihr es gewollt habt, oder nicht schnell genug. Diese Situation entsteht, weil ihr glaubt, daß Gott ein Außenseiter ist, der sich in irgendeinem Himmel oder an einem heiligen Ort aufhält, weit entfernt von euch. Gott ist aber in euch, Gott ist in jedem eurer Worte, Taten und Gedanken. Sprecht, handelt und denkt so, wie es ihm entspricht. Tut die Pflicht, die er euch zugewiesen hat, so gut ihr könnt und zur Zufriedenheit eures eigenen Gewissens. Das ist der lohnendste Gottesdienst (*pūjā*).

Wenn ihr vor jemandem steht, ist sein Bild in eurem Auge und euer Bild in seinem, habt ihr das noch nicht bemerkt? Ihr seid in mir und ich in euch, das ist die Wirklichkeit, die dieses Phänomen verkündet. Wenn ihr darauf vertraut und Liebe, Demut, Ehrfurcht vor dem Leben und Toleranz entwickelt, seid ihr auf dem rechten Weg. Wenn ihr nicht auf diesem Weg seid, d. h. wenn ihr auf dem linken Weg geht, dann werdet ihr auch links liegen gelassen, wenn es um das Austeilen göttlicher Gnade geht.

Der Körper ist der Tempel Gottes, nicht wahr? Nun, was macht der Priester jeden Tag im Tempel? Zunächst reinigt er die Utensilien und heiligen Gefäße im Schrein. Er fegt den Raum aus und wäscht den Altar. Die Sinne sind die Utensilien für die Verehrung (*pūjā*), die dem Gott im Innern dargebracht wird, sie müssen gereinigt und peinlich sauber gehalten werden. Innere Reinheit ist Göttlichkeit. Dies ist nur durch Kontrolle der Sinne und des Geistes (*mind*) möglich oder durch Übergabe aller Wünsche und Handlungen an Gott, was die gleiche spirituelle Praxis (*sādhana*) ist. Es gibt verschiedene Gewohnheiten, die man lernen kann, damit man gelassen bleibt. Wenn jemand euch beleidigt oder verleumdet oder ignoriert, nehmt es mit einem Lächeln an, sagt euch - um euch selber Mut zu machen -: „Dies ist der Lauf der Welt, überall begegnet man Undankbarkeit und schlechtem Verhalten; man tut mir etwas Gutes, wenn meine Stärke auf die Probe gestellt wird; ich sollte mich also weder ärgern noch aufregen." Seid ruhig und lächelt triumphierend. Es gab einmal einen Mönch (samnyāsin), der von einer Horde boshafter junger Leute furchtbar beschimpft wurde. Er sagte: „Nur weiter so! Habt euren Spaß daran! Ich sehe, ihr freut euch über die Gelegenheit. Genau das wünsche ich euch." Wenn ihr die Beleidigung, deren Opfer ihr seid, nicht akzeptiert, geht sie zu der Person, von der sie ausging, zurück. Ein Einschreibebrief, der nicht angenommen wird, geht zum Absender zurück. Zerstört nicht euren geistigen Frieden, indem ihr den Brief annehmt und dessen Inhalt lest. Verweigert die Annahme. So habt ihr auch die Chance, die Übeltäter zu korrigieren. Wenn ihr jedoch den Brief annehmt, schließt ihr euch der Clique von Bösewichten an. Seid also wachsam!

Wenn Gott als der Bewohner im Innern erkannt wird, wird jeder seine Pflicht als einen ′Akt der Verehrung tun. Kinder müssen ihre Eltern verehren, das ist ihre Pflicht. Eltern müssen ihre Kinder zu klugen und kooperativen Bürgern erziehen, die in der Lage sind, ihren Lebensunterhalt zu verdienen und anderen in der Not zu helfen. Wenn sie sich vor dieser Aufgabe drücken, haben sie ihren Akt der Verehrung, ihren Gottesdienst unterlassen. Sie sollten ihre Kinder auch nicht verwöhnen, indem sie ihnen zu viel Freiheit gewähren und auf ihre Launen eingehen. Ich kenne viele Eltern, die ihre Kinder abgöttisch lieben und sie bewundern, wenn sie sich schlechte Gewohnheiten wie Spielen oder Trinken aneignen. Sie nehmen sie nicht an die Kandare, wenn sie in den Bazaren herumtorkeln und Passanten hänseln und anpöbeln. Sie versäumen es, das Pflänzchen Achtung vor fremdem Eigentum in die jungen Seelen (*mind*) zu senken. Das führt dazu, daß die Kinder in Schwierigkeiten geraten, und dann bereuen die Eltern ihr Verhalten und verurteilen sich selber wegen ihrer unverzeihlichen Dummheit.

Es gibt noch eine andere Verantwortung, die dem Vater zufällt. Er muß das Leben eines Haushaltsvorstandes führen, wie es im *Dharmashāstra* niedergelegt ist, damit das Bild eines reinen, glücklichen Lebens dem Geist (*mind*) des jungen Menschen aufgeprägt wird. Wenn der Vater ein Trinker, Spieler und Betrüger ist, können Berge von

Büchern mit ethischen Grundsätzen den Sohn nicht heilen. Ich mag Kinder und die jungen, unschuldigen Seelen. Ich lasse keinen Tadel an ihnen zu. Die Schuld liegt einzig und allein bei den Älteren, den Eltern, den Führern, die ihnen die Normen vorleben, die sie übernehmen. *Dhritarāshtra,* der blinde Vater, unterstützte seine hundert Söhne bei ihren unheilvollen Plänen, den Untergang der fünf *Pāndava*-Vettern herbeizuführen, und ebnete so den Weg für ihre eigene totale Zerstörung. Er war ihnen kein Vorbild und Beispiel, von dem sie Liebe, Opferbereitschaft und Zufriedenheit hätten lernen können.

Verlaßt euch nicht auf andere, verlaßt euch auf eure eigene Stärke und Fähigkeit. Verdient euch euren Lebensunterhalt selbst, durch eure eigenen Talente. Selbstvertrauen ist die beste Nahrung für heranwachsende junge Menschen. Es ist besser, einen einzigen Tag ehrenvoll zu verbringen als viele Jahrzehnte in Unehre. Es ist besser, als Schwan (*hamsa*) früh zu sterben, als ein Jahrhundert lang als Krähe zu leben. Der Schwan wird von allen bewundert, die Krähe wird verachtet und durch Steinwürfe vertrieben. Begehrt nicht den Besitz anderer oder Dinge, die nur durch Betrug oder unehrenhafte Mittel erreichbar sind. Verdient euer Geld im Schweiße eures Angesichtes, dann könnt ihr stolz und glücklich sein, wenn ihr es ausgebt.

Dann möchte ich noch einmal die Kinder anhalten, keine Horror-Comics über Verbrechen und Sex und keine Romane über Laster und Verdorbenheit zu lesen. Geht auch nicht in Filme, denn obwohl sie manchmal als vorbildlich und von erzieherischem Wert angekündigt werden, schmuggeln die Produzenten aus Profitgier niedrige, vulgäre, demoralisierende Szenen ein, die rohen, unerzogenen Menschen gefallen. Laßt es nicht zu, daß der Virus des Lasters euer Gehirn infiziert. Wenn das geschieht, sinkt ihr auf Ebenen unterhalb der tierischen hinab. Glaubt nicht, es sei möglich, glücklich und ohne Angst und Mühe zu leben. Baut keine Luftschlösser und hofft, darin zu leben. Das Leben ist ein Mosaik aus Vergnügen und Schmerz, Leid ist ein Intervall zwischen zwei Augenblicken der Freude, Frieden ist das Zwischenspiel zwischen zwei Kriegen. Es gibt keine Rosen ohne Dornen, wer vorsichtig ist, wird die Blume pflücken, ohne sich zu stechen. Es gibt keine Biene ohne Stachel, dennoch wird der Kluge den Honig einsammeln. Mühe und Arbeit werden euch verfolgen, aber ihr dürft nicht zulassen, daß sie euch vom Pfad der Pflicht und Hingabe abbringen. Wenn ihr nach den Jahren hier in eure Dörfer zurückkehrt, haltet Ausschau nach den Sathya Sai *Seva* Gruppen oder den *Bhajan*-Gruppen im Ort, schließt euch diesen Gruppen (*satsanga*) an. Teilt die Glückseligkeit (ānanda) des Dienstes (*sevā*) mit ihnen, besucht Patienten im Hospital, lest ihnen etwas Schönes vor, schreibt Briefe für sie und seid einfach nett und freundlich zu ihnen in ihrer Einsamkeit und ihrem Schmerz. Geht in die Slums, geht wie helle Lampen voll Liebe und Sympathie hindurch und helft den Leuten dort, ihre Lebensbedingungen so zu verändern, daß sich ihre Gesundheit verbessert, ihr Einkommen erhöht und ihre Ausbildung gefördert wird. Wenn der Zucker göttlicher Gedanken dem faden Wasser täglicher Routine hinzugefügt wird, wird es Limonade und schmeckt köstlich. Also tut das und helft anderen auch dabei.

Der Mensch ist das Ebenbild Gottes, wie kann Gott euch seine Gnade schenken, wenn ihr sein Bild verletzt, wenn ihr ihn beiseite schiebt, ihn schmäht oder ihn von euch fernhaltet? Wenn ihr erklärt, „meins ist meins, eures ist eures", wird euch auch Gott dahin stellen, wo seine Liebe euch nicht erreicht. Annie Besant sagte einmal, statt festzustellen, der Mensch suche Gott, sei es viel richtiger zu sagen, Gott suche immer den Menschen, einen Menschen, der seine Kinder liebe und ihnen diene und sie so liebevoll behandele, wie er es tue.

Viele sind niedergedrückt wegen ihrer Armut oder ihres Unglücks; sie lassen den Kopf hängen, verschränken die Arme und tadeln Gott wegen ihrer schwierigen Situation. Das ist wie bei dem Magneten und dem Eisenstück. Das Eisen jammert, daß der Magnet es nicht anzieht. „Ich habe weder Beine zum Gehen, Flügel zum Fliegen noch Muskeln zum Kriechen! Wie kann ich den Magneten erreichen?", klagt es. Der Magnet antwortet: „Du bist mit einer Schicht Rost, Staub und Schmutz überzogen, befreie dich davon, und schon hast du, ganz automatisch und ohne viel Aufhebens zu machen, Kontakt mit mir und kannst für immer bei mir sein." Von Rost und Staub überzogen, ist es tollkühn zu sagen, Gott habe nicht die Macht, Gnade zu gewähren. Es ist auch kein Zeichen von Intelligenz zu behaupten, Gott habe kein Mitgefühl. Prüft euch selber, reinigt das Herz, und füllt es mit Liebe zu allen Menschen, dann wird Gott bei euch sein.

Gott ist nicht irgendwo entfernt von euch, getrennt von euch, er ist in euch, vor euch, hinter euch, er winkt, führt, schützt, warnt, spornt an und spricht zu euch mit der inneren Stimme. Ihr braucht ihn nicht zu suchen, er ist da und bereit, auf den Ruf des Herzens zu antworten. Ruft mich, und ich bin immer an eurer Seite. Heute erhielten nur einige wenige Jungen Preise. Wenn ich nächstes Mal komme, möchte ich euch allen Preise geben. Also verhaltet euch so, daß ihr die Gnade verdient. Sucht Gelegenheiten, anderen zu dienen, sprecht sanft und liebevoll, verehrt eure Lehrer und alle älteren Leute, versucht, als Schüler euer Bestes zu geben, vergeudet keinen einzigen Augenblick mit unnützem Gerede oder Zeitvertreib. Dies ist heute meine Botschaft für euch.

Liebe Kinder, Verkörperungen von Reinheit und Heiligkeit, ich freue mich, wieder bei euch zu sein und einige Zeit mit euch zu verbringen. Bhagavantham sagte, daß dieser Tag mein Geburtstag sei, da er der Montag des Monats November (kārttika) nach dem Hindu-Kalender ist. Die Feierlichkeiten in Puttaparthi und anderswo finden am 23. November gemäß dem englischen Kalender statt. Bhagavantham sagte aber, ihr solltet euch selber wegen dieser Koinzidenz gratulieren.

Vier Tage gelten als Glückstage, man sollte denen gratulieren, die sie erleben dürfen. Der erste Glückstag ist der Tag, an dem Brüder und Schwestern, Verwandte und Kinder zusammen fröhlich ein Familienfest feiern. Der zweite ist der Tag, an dem man Gelegenheit hat, die Hungernden, Verzweifelten und Gebrechlichen, die ihren Lebensunterhalt nicht verdienen können, zu speisen. Der dritte ist der Tag, an dem man eine Gelegenheit bekommt, in der richtigen Atmosphäre über Gott zu meditieren. Der vierte Glückstag ist der Tag, an dem eine große Persönlichkeit zu uns kommt, uns lehrt und zu einem höheren geistigen Leben inspiriert. Diese Tage erfüllen den Geist (*mind*) mit Glückseligkeit (ānanda) und lehren uns, die Hindernisse auf dem Weg zur Gottesverwirklichung zu überwinden. Ihr habt heute das große Glück, in der göttlichen Gegenwart zu sein, das kostbarste Geschenk, das je ein Mensch erwerben kann.

Der Zufall hat euch in diese Jugendstrafanstalt gebracht, aber verliert nicht den Mut. Die anderen, die der Meinung sind, sie seien frei, sind auch im Gefängnis, denn die Welt ist eine riesige Besserungsanstalt. Wenn ein Gefangener von einer Haftanstalt in eine andere verlegt wird, z.B. von Rajahmundry nach Warangal, wird er von zwei Polizisten begleitet, nicht wahr? Wohin er auch geht, diese zwei sind bei ihm. Wenn er ohne diese beiden allein reisen kann, dann ist er frei. Solange sie ihn begleiten, kann er nicht von sich behaupten, er sei frei. Alle Menschen haben immer zwei Polizisten bei sich, sie sind die Symbole seiner Gefängnisstrafe. Dies sind Egoismus (*abhimāna*) und das Streben nach Besitz (*mamakāra*).

Der Mensch ist so lange ein Gefangener seiner Sinne, wie diese zwei ihn bewachen. Er geht in die Irre, erfährt Elend und Leid, weil er den Sinn für Werte verliert und hinter vergänglichen und trivialen Dingen herläuft. Er überhört die Stimme Gottes, die ihn warnt und von innen her lenkt, und trägt die Folgen für sein Vergehen. Das Leben darf nicht nur um Essen und Trinken und die Erfüllung der Sinneswünsche kreisen. Es muß auf das Erlangen von Glückseligkeit (*ānanda*), die Gott allein schenken kann, ausgerichtet sein. Natürlich werden Sorgen und Ängste euch auf dem Weg von Geburt zum Tod begleiten. Aber ihr könnt euch davon befreien, vorausgesetzt ihr habt den Namen Sai Rām als Spender des Lichts. Wiederholt den Namen wenigstens von jetzt an, liebe Kinder, und ihr werdet Freude und Frieden erfahren. Kümmert euch nicht um die Hindernisse, die vielleicht unterwegs auftauchen, der Name wird den Weg freimachen.

Die *Gopis* von *Brindāvana* wurden von ihren Eltern, Schwiegereltern und sogar Ehemännern gerügt und bestraft, weil sie den Namen *Krishnas* gebrauchten, aber sie hatten den Namen so ihrem Herzen aufgeprägt wie die Bilder in euren Lesebüchern, und sie konnten den Namen ebensowenig entfernen wie ihr die Bilder vom Papier! Wenn ihr den Namen in eurem Herzen und auf der Zunge tragt, werdet ihr nie in die Irre gehen, eure Hand wird sauber sein, eure Augen werden leuchten, euer Gesicht wird vor Mut und Selbstvertrauen strahlen. Der Mensch ist mit Weisheit (*jnāna*) ausgestattet worden, der Fähigkeit, zwischen Gut und Böse zu unterscheiden in bezug auf sich selber, auf die Familie, in die er hineingeboren ist und der er Dank dafür schuldet, daß sie ihn, den hilflosen und abhängigen kleinen Kerl bis ins Erwachsenenalter aufgezogen hat, auf das Dorf, in dem er das Licht der Welt erblickt hat, auf das Land, das ihm das reiche Kulturerbe hinterlassen hat, und auf die Menschheit, deren wertvolles und bedeutendes Glied er ist.

Jede Kultur hat einen Kodex von Sitten und Gebräuchen, die von den Weisen festgelegt worden sind, um Frieden und Wohlstand in der Gemeinschaft zu erhalten. Sie sind im Schmelztiegel der Erfahrung geprüft worden und werden oft unter dem Begriff „*Dharma*" zusammengefaßt. Man bezeichnet sie auch als Prinzipien (nīti). Sich ihnen zu widersetzen, heißt, die Gesetze zu brechen, die den Umgang der Menschen miteinander und mit Gott regeln. Wenn ihr als Halbwüchsige noch nicht verstanden habt, wie schwer es ist zu arbeiten und die Früchte der Arbeit zu verdienen, erscheint es euch einfach, jemandes Buch oder Bleistift oder Geld wegzunehmen und sich darüber auch noch zu freuen. Dies bringt euch in eine mißliche Lage und schließlich an diesen Ort. Widersteht dieser Versuchung, seid tapfer, sagt euch, daß dies falsch ist, daß es eure Eltern entehrt, dem guten Ruf eurer Familie, eures Dorfes, eures Landes und seiner alten Kultur schadet. Wenn ihr das Gefühl habt, ihr müßtet etwas haben, um glücklich zu sein, betet zu Gott: „Lieber Gott! Du bist dafür verantwortlich, daß ich gesund, glücklich, gut und intelligent bin; gib mir das, was ich für mein Glück als notwendig erachte. Aber wenn du glaubst, es sei nicht das Richtige für mich, dann gibt mir das, was du für das Beste hältst." Gott wird sich der Verpflichtung euch gegenüber niemals entziehen, er wird euch hegen und pflegen. Einmal machte sich ein Mönch (samnyāsin) auf den Weg in den Wald, um dort durch Bußübungen Gottes Gnade zu erlangen. Er sah, wie ein Dorfbewohner mit einer Kuh vorüberging, aus deren Euter Milch tropfte! Er fragte den Dorfbewohner nach dem Grund. Dieser antwortete: „Die Kuh ist kurz vor dem Kalben, dies ist ein Anzeichen dafür. Die Milch fließt schon, damit das Kälbchen gleich nach der Geburt seine Milch bekommt." Da erkannte der Mönch, daß auch Gott ihm an jedem Ort das geben würde, was er am meisten für seinen Fortschritt brauchte. Er weiß es am besten, denn er ist allwissend. Er ist das personifizierte Mitgefühl. Also kehrte er um und gab sich mit Gebeten und der Betrachtung Gottes als den Spender aller Dinge zufrieden.

Habt Geduld, und paßt auf, daß ihr keine Fehler macht, wenn ihr hinter billigen Freuden her seid, und keine unrechten Taten begeht. Vertraut darauf, daß Gott euch alle Freuden, die ihr begehrt und verdient, schenken wird. Die Leute bitten andere um eine Gabe, sie strecken ihre Hände aus und flehen: „Gib (dehi)". Aber „dehi" hat auch die Bedeutung „der Bewohner des Körpers, d. h. Gott". Also erniedrigt nicht diesen „dehi", wenn ihr das Wort zum Betteln benutzt. Fragt ihn stattdessen, sagt „dehi" zum „dehi", und seine Antwort wird Großmut und Gnade sein.

Nahrungsmittel und Kleidung, die auf unehrliche Weise erworben werden, schaden euch nur. Glaubt nicht, daß Wohlbehagen und Komfort die Hauptsache im Leben sind. Enttäuschung, Krankheit und Not treffen alle, Reiche und Arme, Gebildete und Ungebildete, Junge und Alte. Alle machen diese Erfahrungen. Beschmutzt eure reinen, makellosen Herzen nicht mit Falschheit und Unrecht. Beschmutzt eure Zunge nicht, indem ihr schmutzige Worte gebraucht. Sprecht den Namen Gottes aus; er ist wie ein Funke, der einen großen Berg Baumwolle zu Asche verbrennen kann! Alle bösen Gedanken und bösen Pläne und Anschläge werden sich wie Nebel in der Sonne auflösen, wenn man sich dem Namen Gottes aufrichtig zuwendet. Sobald ihr wieder in eure Dörfer zurückgekehrt seid, schließt euch der nächsten *Seva*-Gruppe an, nehmt an ihren spirituellen Übungen teil und verbringt eure Tage in ihrer Gesellschaft (*satsanga*), so daß ihr gute und nützliche Söhne des Landes werdet.

Gott ist die Zuflucht der Verlorenen. In diesen Tagen kamen einige *Devotees* zu mir und baten mich inständig, einige Zeit mit ihnen zu verbringen. Aber ich habe eure Einladung angenommen. Ich habe mehr als anderthalb Stunden mit euch verbracht, aber ich bin nicht zufrieden. Ich bedaure, daß die Reise hierher soviel Zeit beansprucht hat, die ich lieber mit euch verbracht hätte. Ihr könnt euch glücklich schätzen, daß ich so lange bei euch gewesen bin. Vergeßt meine Ratschläge nicht, und beginnt sofort mit der spirituellen Praxis (*sādhana*), der Wiederholung des Namens Gottes (*nāmasmarana*).

Hyderabad, April 1973

Liebe ist der Schlüssel

Der Mensch ist so angelegt, daß er nur durch den Kontakt mit seinesgleichen Glück (ānanda) erfahren und bewahren kann. Es ist ein Zeichen von Schwäche, von Angst - nicht von Mut -, alle Kontakte zu anderen aufzugeben und sich allein auf den Weg zu machen. Lebendiger Umgang mit anderen bringt Sittlichkeit, Gerechtigkeit, Mitgefühl, Verständnis, Liebe, Toleranz, Gleichmut und viele andere Eigenschaften hervor, die den Charakter stählen und ausbilden und die Persönlichkeit des Menschen formen. Kultur ist das Ergebnis des Miteinanders von Herzen und Köpfen. Eine Gruppe von Individuen, die einander hassen oder verachten, kann keine wohltätige Wirkung auf ihre Mitglieder ausüben, der gleiche Ausblick oder besser der gleiche Blick nach innen ist der wesentliche Faktor, die Gleichheit der Glaubensvorstellungen, Meinungen und Einstellungen (samacintā) ist der wichtigste Faktor. Diese Übereinstimmung im Denken muß zu einer Welle von Glückseligkeit (ānanda) führen, die die ganze Gruppe erfüllt und umfängt. Wenn der einzelne weiß, daß er göttlich ist und alle anderen auch, dann hält dieses Bewußtsein die Gesellschaft am besten zusammen, und diese Glückseligkeit (ananda) ist ihre beste Stütze. Wie kann jemand, der weiß, daß alle göttlich sind, sich von dem Gott, den er kennt, fernhalten? Ich bin Er, Er ist ich, sowohl ich als auch Er sind in Ihm eine einzige Familie. Dies zu wissen, ist so aufregend, so befriedigend, so erhebend, daß eine solche Gesellschaft die edelste Gemeinschaft (satsanga) ist, der sich ein Mensch je anschließen kann.

Sich in ein Zimmer einzuschließen und einem Bild oder einer Skulptur Gottes Weihrauch und Blumen darzubringen, seine Herrlichkeit mit Singen oder Rezitieren zu preisen, sind ein armseliger Ersatz für die Disziplin, die euch von aller Unkenntnis befreien wird. Alle Wesen sind Abbilder Gottes, alle Menschen sind seine Abbilder, weshalb schließt ihr euch dann ein? Die ganze Schöpfung ist auf der Pilgerreise zu ihm; warum verhaltet ihr euch dann so, als wärt ihr ganz alleine unterwegs? Ihr glaubt, daß die in Kirche, Tempel oder dem privaten Andachtsraum mit Anbetung und ritueller Verehrung verbrachte Zeit „Gott gewidmet" sei und der Rest für andere Zwecke verwendet werde. Aber ihr könnt den Bereich Gottes und den des Menschen nicht so trennen. Gott ist immer überall bei euch. „Vāsudevah sarvam iti - all dies ist Gott". Die Gesellschaft ist die Schule, in der diese Lehre ernsthaften Suchern vermittelt wird. Die Weisen dieses Landes suchten in den Einsiedeleien der Wälder Zuflucht und schlossen sich dort ernsthaften Gottsuchern an, um an gelehrten Diskussionen und spirituellen Übungen teilzunehmen. Jeder inspirierte und belehrte den anderen und erkannte die Wahrheit

„īshāvāsyam idam sarvam - dieses Universum ist von Gott umhüllt“, daß Gott der Faden ist, auf den die Welten aufgezogen sind. Wenn der Mensch von seinem hohen Roß heruntersteigt und ein Schüler der Natur wird statt ihr tyrannischer Herr, kann er hören, wie sie ihm rät, ihn ermahnt und erleuchtet.

Der Mensch hat alle Hilfsmittel, die er braucht, in sich selber. Er kann sich ihrer bedienen, indem er sie identifiziert, manifestiert und sie schließlich mit anderen teilt. Er ist Sein-Bewußtsein-Glückseligkeit (sat-cit-ānanda); er ist shivashaktisvarūpa, Gottvater und Gottmutter in einer Person, Materie - Energie. Wenn der Mensch sich selber rühmt, rühmt er Gott. Kultiviert nicht die Auffassung, daß ihr nur Menschen seid, seid sicher, daß ihr dazu bestimmt seid, göttlich zu sein. Wenn Gott menschliche Form annimmt, wie es im *Ramayana*, *Mahabharata* und *Bhāgavatam* beschrieben wird, muß man die Handlungen als Beispiele und Lehren verstehen und nicht als Geschichten von Menschen, die nur zur Unterhaltung aufgeführt werden.

Die fünf *Pāndava*-Brüder sind fünf Charaktereigenschaften des Menschen. Alle beachten die Gesetze, die der älteste, der edelste und tugendhafteste ist, festgelegt hat. *Rāma* ist das Beispiel des kompromißlosen Verfechters des Prinzips der Rechtschaffenheit, der daran festhält, was auch immer die Versuchung, es aufzugeben, sein mag. *Rāma* war von einer Liebe erfüllt, die alle Überlegungen hinsichtlich Vorteilen, Kaste oder Glauben überstieg und auch Tiere und Vögel, menschliche und untermenschliche Wesen mit einschloß. Liebe ist der Schlüssel, der selbst durch Egoismus und Begierde verschlossene Türen öffnen kann.

Wenn ihr zulaßt, daß euer Verhalten anderen gegenüber durch Verachtung, Spott, Zynismus oder Haß vergiftet wird, dann schadet ihr dem guten Ruf Indiens, seine Kultur und Tradition können dies nicht zulassen. Indien hat verkündet, daß Gott der Eine ist, der unter vielen Namen und Formen bekannt ist und erkannt werden kann. Es hat erklärt, daß Gott im Herzen eines jeden Wesens wohnt. Betrachtet das Emblem der Sathya Sai Organisation! Es zeigt, daß der Hindu, der Moslem, der Parse, der Buddhist und der Christ alle denselben Gott mit demselben Ziel anbeten. Der Geist (*mind*) des Menschen muß ein Garten voll vielfarbiger Blumen sein. *Krishna* wird sicher gerne dort tanzen und in den Lauben dieses Gartens auf seiner Zauberflöte spielen.

Ein Herz, das voller Gottesliebe ist, kann niemals Haß empfinden. Es ist bloße Heuchelei, vor Gott auf die Knie zu gehen und dann Menschen vor sich selber auf die Knie zu zwingen. Gott ist Liebe, Gott ist Friede, Gott ist Kraft. Wie kann jemand mit Gott Kontakt haben und doch stolz und aggressiv, aufgeregt und ärgerlich, schwach und schwankend sein? Sein Anspruch, mit Gott in Kontakt zu sein, ist geradezu lächerlich, er kann nicht wahr sein. Ein Baum wird nach seinen Früchten beurteilt. Führer von Menschen müssen diese universale Liebe entwickeln, die weder durch politische Grenzen, die von einem Jahrzehnt zum andern wechseln, eingeengt wird noch durch Religionsbezeichnungen, die angeheftet und wieder ausradiert werden, den Bedürfnissen der Zeit entsprechend. Das Gebet, das seit Jahrhunderten von Millionen Menschen in diesem Land emporgestiegen ist, aus all seinen Tempeln, von all seinen Opferplätzen (*yajnashālā*), heiligen Badeplätzen (tīrtha), Schreinen und Altären, lautete: „Sarvajanāh sukhino bhavantu - mögen alle Menschen auf der Welt glücklich sein; lokasamastāh sukhino bhavantu - mögen alle Welten glücklich sein." Also betet für die ganze Menschheit, betet für das Wohlergehen und Glück, den Frieden und Fortschritt von Rußland, China, Afrika, Pakistan, von allen Ländern der Welt und allen Lebewesen überall.

Hyderabad, April 1973

Der Garten Gottes

Der Mensch muß erkennen, daß er der Gesellschaft viel schuldet und ihr gegenüber Pflichten hat; so ließen sich die gegenwärtigen Probleme am besten lösen. Stattdessen schenkt man Argumenten und Gegenargumenten, Vorschlägen und Ablehnungen, Plänen und Programmen seine Aufmerksamkeit. Das Ziel der egozentrischen Menschen ist eher, einen verbalen Sieg davonzutragen, als ein gültiges Ziel zu erreichen. Auch wird kein Versuch unternommen, soziale Tugenden wie Ehrlichkeit, Toleranz und Herzlichkeit zu fördern.

Die Gesellschaft ist der Ausdruck der Göttlichkeit in ihren vielen Facetten, ihrer Liebe, ihrem Eifer, ihrer Bereitschaft, zu trösten und zu stärken. Aus einer zufälligen Ansammlung von Menschen entsteht keine Gesellschaft. Sie muß durch das Wissen, daß alle zur göttlichen Familie gehören, zu einer Einheit zusammengeschmiedet werden, durch das Teilen von Freude und Leid und das Kultivieren von Eintracht (*samarasa*). Der einzelne muß durch Wort und Tat jene Glückseligkeit (ānanda) zeigen, die in ihm und der Gesellschaft lebt.

Die Perlen eines Rosenkranzes zwischen den Fingern weiterzuschieben oder aufrecht dazusitzen und über seine Nasenspitze zu meditieren, ist ein harmloser Zeitvertreib; aktiv an den gesellschaftlichen Aufgaben im Geiste der Hingabe mitzuwirken, alles Tun als Gottesdienst und alle Menschen als Verkörperungen des Höchsten zu betrachten, ist eine spirituelle Praxis (*sādhana*) von ungleich größerem Nutzen. Denn es gibt keinen Ort, wo Er nicht ist, keinen Gegenstand, der nicht Er ist. Denn es war Sein Wille - so heißt es in den heiligen Schriften (*shruti*) -, all dies zu werden! Verehrung, Anbetung und Pilgerschaft können nicht das letzte Ziel sein! Das Ziel ist die Erkenntnis: „Ich bin Er, Er ist Ich". Dies allein kann das Herz mit Glückseligkeit füllen.

Wenn ihr euch als Individuum absondert, beginnen Neid, Ärger, Eifersucht und Stolz euch zu beschmutzen. Liebe allein kann euch zu einer Familie zusammenschweißen. Ihr seid das verborgene-offene, positive-negative, inaktive-aktive Prinzip (shivashakti). Seid euch dieser geheimen Wahrheit in Bezug auf euch selber immer bewußt.

Divakarla Venkatavadhani rezitierte Verse als Willkommensgruß für mich, in denen er mich mit Lobpreis überschüttete. Die Worte waren in der Tat liebevoll und das Gefühl aufrichtig. Wenn jemand jedoch die Ebene des Menschen hinter sich läßt und sich Gott zuwendet, verliert er die Bereitschaft anzubeten. Man kann Gott in sich erwecken, indem man ein rechtschaffenes Leben (*dharma*) führt, das ist die Botschaft des *Mahabharata*. Eines Tages machte *Arjuna*, auf dem das Leid schwer lastete, seinen ältesten Bruder *Dharmarāja* zum Sündenbock. Er sagte: „Du bist schuld daran, daß unsere liebe Mutter von uns getrennt ist, unsere Frau am Hof in aller Öffentlichkeit entehrt wurde, mein einziger Sohn von unseren grausamen Vettern hingeschlachtet worden ist, unsere Dynastie ins Exil gehen mußte und unser Erbe vor unseren Augen gestohlen wurde." *Dharmarāja* erwiderte:

„Wenn du mich beschuldigst, denke daran, daß du *Dharma* beschuldigst, niemandem ist je durch Rechtschaffenheit Leid zugefügt worden. *Dharma* hilft denen, die *Dharma* fördern. Das Leid, das durch Rechtschaffenheit entsteht, ist ein Segen, ist reine Freude. Da wir *Dharma* nicht verletzt haben, wird Gott den Kampf für uns austragen und den Sieg für uns erringen."

Gott ist die Verkörperung des Mitgefühls. Er hält nach einem Körnchen Güte oder Demut Ausschau, damit er es mit Tonnen von Gnade belohnen kann. In einem bestimmten *Shiva*-Tempel hatte der Priester ein silbernes Becken, das im Boden ein Loch hatte, damit das Wasser ständig hindurchsickern konnte. Er füllte es mit Wasser und hängte es über dem *Linga* auf - dem Symbol *Shivas* -, damit der Gott, der das Gift, das sonst das Universum zerstört hätte, geschluckt hatte, Kühlung und Erleichterung fände. Selbst nachts, wenn er die Türen des Tempels verschloß, ehe er nach Hause ging, war das Becken in dieser Position. Eines Nachts brach ein Dieb in diesen heiligen Raum ein. Er hatte es auf das Silber abgesehen. Da er das Seil, womit das Becken in Position gehalten wurde, nicht erreichen konnte, kletterte er auf das *Linga* selber, um die kostbare Beute herunterzuholen. Als er auf dem heiligen Symbol stand, manifestierte sich *Shiva* in seiner ganzen Herrlichkeit vor ihm und sagte: „Mein Sohn, ich nehme deine Hingabe an, du hast mir die ganze Bürde aufgeladen!" Der Dieb hatte *Shiva* gebeten, er möge ihm doch helfen, in den Besitz des Silbers zu gelangen, es gab weder eine Leiter noch eine Bank noch irgendeinen Gegenstand, auf den er hätte klettern können. So mußte das *Linga* dafür herhalten.

Einmal schickte ein *Guru* einen Schüler zur Weiterbildung zu einem Bettelmönch in einem *Shiva*-Tempel. Als dieser in den Tempel kam, fand er den Burschen im Allerheiligsten des Tempels in bequemer Position dasitzen, er hatte sich zurückgelehnt und beide Beine auf das heilige *Linga* gelegt. Natürlich geriet der Schüler wegen dieser Unverfrorenheit des Burschen in Zorn. Als er ihn verärgert wegen dieses Verhaltens zur Rede stellte, sagte der Mann: „Bitte hebe meine Beine hoch, und lege sie dahin, wo das *Linga* nicht ist." Als dieser der Bitte nachkam, erschien auch in der neuen Position unter den Füßen ein *Linga*. Wo auch immer er die Beine des Mannes hinlegte, erhob sich ein *Linga* als Ruheplatz für sie! Das war die Lektion, die der

Bettler ihn lehrte: Gott ist überall, man muß nur die Augen dafür öffnen.

Um Gott zu erreichen, sind keine spirituellen Höchstleistungen erforderlich. Liebe ist genug, vermeidet es, andere zu hassen, zu beneiden oder sie auch nur abzulehnen. Setzt Liebe durch Dienen in die Praxis um. Wenn die Schönheit, die im Samen angelegt ist, hervorkommt, entsteht die Blume. Gott ist die Schönheit, die als Mensch zur Blüte kommt. In der *Gita* hat der Herr verkündet: „Ich bin der Same aller Wesen - bījam mām sarvabhūtānām". Wenn im Samen Unsterblichkeit liegt, sind auch der Baum, die Blüte und die Frucht unsterblich. Wenn Gott Süße und Liebe (rasa) ist, sind all seine Manifestationen süß und liebevoll. Wenn er hell ist, kann nichts dunkel sein. Wenn er absolutes Bewußtsein (caitanya, *cit*) ist, kann nichts ohne Intelligenz oder Bewußtsein (*jada*) sein.

Vielleicht seid ihr stolz darauf, daß euer Geist (*mind*) auf Gott ausgerichtet ist und ihr auf dem Weg zu Gott seid, aber euer Stolz verkündet, daß sich Gott nur im Umfeld eures Handelns befindet. Ihr müßt bescheiden sein, ihr dürft Gott nicht auf irgendeinen besonderen Namen oder eine Form begrenzen. Wie könnt ihr Gott ein Etikett anheften und ihn zwingen, er möge sich euren Spezifikationen anpassen? Schaut euch das Emblem der Sathya Sai Organisation genau an, es sagt, daß alle Glaubensrichtungen das Herz mit Glückseligkeit (ānanda) erfüllen, den Geist von aller Engstirnigkeit befreien und den Schwachen und Schwankenden Mut schenken.

Das Universum um euch herum ist ein schöner Garten voll zauberhafter Beete mit vielfarbigen Blumen und erfüllt mit Duft und dem Elixier des Nektars. Jedes Beet ist eine Religion, die Millionen treuer Anhänger hat. Auch der Garten ist Gott, Gott tanzt in dem Garten vor seiner eigenen Schöpfung und erfreut die Blumen mit der Zaubermelodie der Flöte. Seid voller Freude und Liebe, teilt diese Freude und Liebe mit allen. Wenn ihr „Herr, Herr" ruft und einem Menschen Leid zufügt, werdet ihr als Betrüger verstoßen. Ihr braucht nicht „Herr, Herr" zu rufen! Aber wenn ihr einem Mitmenschen, eurem Bruder, Freude bereitet, wird Gott - uneingeladen - mit seiner Gegenwart antworten. Es gibt jedoch viele Mächtige in einflußreichen Positionen, die Gott verehren (adore) und gleichzeitig die Menschen verabscheuen (abhor)! Sie verhalten sich, als wäre ihr Gott eine Person von sehr eingeschränkter Intelligenz, leicht zu täuschen, die ihre Worte, ohne nach Motiv und Absicht zu fragen, für bare Münze nimmt.

Glaubt, daß Gott in allen Wesen lebt, sprecht so, daß Güte, Wahrheit und Schönheit verbreitet werden, handelt so, daß das Wohlergehen und Glück aller gefördert werden, betet, daß alle Welten Frieden haben. Erweitert euer Bewußtsein, zieht euch nicht in eure winzige Individualität zurück. Entwickelt universale Liebe, unerschütterlichen Gleichmut und tugendhaftes Handeln. Auf diese Weise wird sich die Göttlichkeit in euch in ihrer ganzen Fülle entfalten.

Hyderabad, April 1973

Die Leiter und die Stufen

Indien war die Kinderstube von Helden, die mutig in spirituelle Bereiche eindrangen und Siege über die Kräfte des Bösen errangen. Sie zeigten die Wege zu Gott auf, die in den heiligen Texten des *sanātana dharma* beschrieben werden. Indien ist das heilige Land, von wo der Klang der *Veden* über die ganze Welt ertönte. Es ist das Land, das noch den Glanz des Yoga und die Herrlichkeit der Entsagung bewahrt. Aber jeder Inder muß sich heutzutage fragen, ob er sich dieser Tatsache bewußt ist und ob er durch sein Tun, Reden und Denken mithilft, diese Herrlichkeit und diesen Glanz zu erhöhen. Man kann nicht umhin zuzugeben, daß die Herrlichkeit dabei ist zu verblassen und der Glanz schwindet. Das *Gāyatrī-Mantra*, allen empfohlen, weil es das wichtigste *Mantra* der *Veden* ist, ist zu einem Ritual herabgesunken, bei dem man sich die Nase hält und unverständliche Laute murmelt. „*Prānāyāma*", die Praxis der Atemregulierung, und die spätere Stufe „*pratyāhāra*", die Kontrolle der Sinne und ihrer dumpfen Suche nach äußeren Vergnügungen, sind nur noch in Wörterbüchern zu entdecken. „*Yama*" und „*niyama*", die ersten Stufen spiritueller Disziplin, werden überhaupt nicht ausgeübt, nicht einmal von denen, die den Anspruch erheben, Lehrer und Führer zu sein. Mitglieder von Mönchsorden, die das Gelübde abgelegt haben, sich völlig von Bindungen und Beteiligung an weltlichen Angelegenheiten zurückzuziehen, laufen wie aufgeregte Hühner herum, häufen Geld an und investieren es fanatischer als alle Familienoberhäupter. Man fragt sich in der Tat, ob dies dasselbe Land ist, von dem man liest, das Land, das spirituelle Ideale hochgehalten hat.

Mit der Rückkehr *Krishnas* an seine Wohnstätte nach dem Zwischenspiel der Inkarnation fielen im *Kaliyuga* dunkle Schatten auf die Welt. Viele Lehrer, Heilige und Weise versuchten danach, das Volk an ihr Erbe zu erinnern und es auf den alten Pfad zu führen. Unter ihnen übte *Shankara*, der die Schwäche einer dualistischen Interpretation des Universums und die Notwendigkeit einer monistischen Philosophie erkannte, den größten Einfluß aus. Er wurde in dem Dorf Kaladi im Staate Kerala geboren. Nachdem er im Alter von fünf Jahren in das *Gāyatrī-Mantra* eingeführt worden war, studierte er die *Veden* und die ergänzenden Texte über Grammatik, Logik, Prosodie, Astrologie usw., und in seinem vierzehnten Lebensjahr brach er zu seiner Mission auf, den Kräften von Zweifel, Ablehnung und Leugnung entgegenzutreten und Glauben, Weisheit und Verehrung im ganzen Land wiederherzustellen. Er begegnete vielen Gelehrten, die wegen ihrer dialektischen Fähigkeiten berühmt waren, und überzeugte sie von der Gültigkeit der nicht-dualistischen Grundlage der subjektiven und objektiven Welten. Er schrieb Kommentare zu den *Upanishaden,* der *Bhagavadgita* und dem *Brahmasūtra*, die allgemein als die authentischen Schriften des Hinduismus akzeptiert sind. Er widmete sein kurzes Leben von 32 Jahren der Erneuerung des *sanātana dharma.*

Als *Shankara* in *Vārānasī* am Ganges lebte, pflegte er die Pandits in ihren eigenen Häusern zu besuchen und sie in nützliche Gespräche über philosophische Themen zu verwickeln. Als er eines Tages einen Pandit aufsuchte, fand er ihn in das Studium komplizierter Regeln der Grammatik vertieft. Auf die Frage, warum er gerade die Grammatik so intensiv studiere, erwiderte dieser, daß er so leicht in den Besitz einiger Silbermünzen gelangen könne. „Wenn ich als Gelehrter anerkannt bin, kann ich in das Haus eines großen *Zamindars* gehen in der Hoffnung, Almosen und Opfergaben für den Lebensunterhalt meiner großen Familie zu bekommen," sagte er. *Shankara* gab ihm geeignete Ratschläge und schenkte ihm Selbstvertrauen und Mut.

Nachdem er in seine Einsiedelei zurückgekehrt war, schrieb *Shankara* einen Vers, worin er den Rat zusammenfaßte, den er dem armen, um seinen Lebensunterhalt kämpfenden *Brahmanen* und Familienvater

gegeben hatte:
Bhaja govindam, bhaja govindam,
bhaja govindam mūdhamate
samprāpte sannihite kāle
na hi na hi rakshati dukrinkarane.
„Preise Gott, preise Gott, preise Gott, du Narr. Wenn der Tod an die
Tür klopft, können Grammatikregeln nicht retten."
Shankara rief seine Schüler auf, das Ideal dieses Verses zu verbreiten, und sie antworteten, indem jeder der vierzehn Schüler einen
Vers dieser Art schrieb. *Shankara* fügte noch zwölf weitere hinzu
sowie vier Verse über die Transformation, die diese Lehre bewirkt. So
hat der Text mit dem Titel „Preise Gott" (bhaja Govindam) oder „Die
Waffe für die Zerstörung der Illusion" (*mohamudgara*) alles in allem
31 Verse. Jeder Vers ist eine Stufe der Leiter, die den Menschen zu
Gott hinauf führt.

Das Studium dieser Verse und die dadurch erworbene Inspiration
werden das Unterscheidungsvermögen und die Nicht-Anhaftung
fördern und auf diese Weise den Geist für die Schau des Höchsten
vorbereiten. Ihr müßt in diese Disziplinen eingeführt werden, wenn ihr
jung seid und das Abenteuer des Lebens euch noch bevorsteht, und
deshalb habe ich mich entschlossen, euch während dieses Sommerkur-
ses täglich einen Vers zu erklären.

Shankara richtete diese Verse an „mūdhamati", den Narren. Wer
sind denn diese Narren? Er hat die Antwort in einem anderen Zusammenhang gegeben: „Nāstiko mūdha ucyate - wer den *Atman* leugnet,
ist ein Narr." Es gibt nur wenige, die sagen und glauben, daß sie nicht
der vergängliche Körper sind und nicht dieser schwache Intellekt,
sondern der unsterbliche, ewige, allwissende, allesumfassende *Atman*.
Die breite Mehrheit behauptet und glaubt, daß sie die Gestalter ihres
Schicksals, der Kapitän ihres Schiffes seien, daß sie wählen, was sie
wollen und was nicht, daß sie ihre Wünsche durch ihre eigenen Leistungen erfüllen. Das sind die Narren.

Aber selbst diese breite Mehrheit zahlt im Alltagsleben Steuern für
das Wasser und die Elektrizität, die sie verbraucht, für die Häuser, die
sie bewohnt, und die Berufe, in denen sie tätig ist. Was zahlen sie denn
dem an Steuern, der ihnen die Grundvoraussetzungen für das Leben
schlechthin bietet, Sonne, Mond, Feuer, Wasser, Luft, Raum usw.?

Die, die den Geber, den Versorger, das Prinzip, die Person nicht erkennen, sind die Narren.

Wissenschaftler können Materialien, die schon existieren, wiegen, messen und analysieren. Sie können durch Veränderung und Kombinationen aus der vorhandenen Materie seltsame Formen und Gebilde in Umlauf bringen. Aber sie können weder Sauerstoff noch Wasserstoff noch irgend etwas anderes neu erschaffen. Das kann nur durch den Willen Gottes geschehen. Kein Wissenschaftler kann den Anfang von Dingen bewirken, wenn ihm nicht schon Materie zur Verfügung steht. Sie sind hilflos in dem Bereich jenseits von Erde, Wasser, Feuer, Luft und Raum, dem Gegenstand der Sinne. Ihre Tätigkeit ist auf die Natur beschränkt, die ja nur eine Teilmanifestation Gottes ist.

Der Vers, mit dem *Shankara* den Text „Die Waffe für die Zerstörung der Illusion" einleitete, spricht von dem Augenblick des bevorstehenden Lebensendes. Damit möchte er darauf hinweisen, daß unter all den Ängsten des Menschen die Todesangst die schlimmste und zugleich dümmste ist. Denn niemand kann dem Tode entrinnen, hat er den Fehler begangen, geboren zu werden. Das Erkennen des *Atman*, der weder Geburt noch Tod kennt, ist die einzige dem Menschen zur Verfügung stehende Methode, Befreiung vom Rad der Wiedergeburt zu erlangen.

Also gibt *Shankara* dem Menschen den Rat, zu *Govinda* zu beten. Er bezieht sich auf Gott als *Govinda*. *Govinda* heißt „der Kuhhirte". Der Mensch ist beides, Tier und Gott. Er hat sich von der Ebene des Tieres hochentwickelt und ist dabei, seine Göttlichkeit zu offenbaren. Er sollte aufpassen, daß er nicht wieder auf die Ebene der Tiere sinkt. Der Mensch allein kann zur Ebene Gottes aufsteigen, denn er bringt die notwendige Ausrüstung dafür mit.

Brindāvan, 21.05.1973

Freunde, die ihr braucht

Der Mensch braucht, während er in dieser vergänglichen Welt durch Freud und Leid hindurchgeht, jemanden von seiner Art, mit dem er über seine Gefühle reden kann, mit dem er seine Entdeckungen und

Depressionen, seine Augenblicke der Seligkeit und Trauer teilen kann, der an seiner Seite ist, während er den schweren Weg in Richtung Wahrheit und Frieden dahinzieht, ihm Mut macht, das Ziel zu erreichen.

Wer ist ein wahrer Freund, wer ein falscher? Es ist klar, daß heutzutage Freundschaft und Freunde dem Ideal nicht mehr entsprechen. Freunde, die wirklich Rat, Trost und Zuspruch geben können, sind kostbar und heutzutage kaum noch zu finden.

Eine Freundschaft auf finanzieller Basis zerbricht, sobald man um die Rückzahlung des Darlehens bittet. Wenn ihr also einem Freund ein Darlehen gebt, zerbricht in diesem Augenblick auch eure Freundschaft. Wie könnte Freundschaft auch durch Worte oder Münzen gefestigt werden? Das Herz muß das Herz verstehen, ein Herz muß sich zum anderen hingezogen fühlen, falls Freundschaft andauern soll. Freundschaft muß zwei Herzen verbinden und beiden nützen, gleichgültig was einem der beiden zustoßen mag - Verlust oder Gewinn, Leid oder Vergnügen, Glück oder Unglück. Der Bund muß alle Schicksalsschläge überleben und von Zeit, Ort und Umständen unberührt bleiben. Jeder muß den anderen korrigieren, und jeder muß Kritik und Kommentar des anderen begrüßen, denn jeder weiß, daß sie in Liebe und Sympathie eingebettet sind. Jeder muß darauf achten, daß der andere sich nicht vom Ideal entfernt, schädliche Gewohnheiten entwickelt oder Gedanken und Pläne hegt, die Böses zur Folge haben. Die Ehre des einen ist im sicheren Gewahrsam des anderen. Jeder vertraut dem anderen und setzt sein Vertrauen auf die liebevolle Aufmerksamkeit des anderen. Nur die verdienen den Namen „Freunde", die helfen, das Leben zu verbessern, Ideale zu erneuern, Gefühle zu veredeln und Entschlüsse zu stärken. Diejenigen, die euch für Pomp und Pedanterie, seichte Unterhaltung und banale Streiche gewinnen wollen, sind Feinde, nicht Freunde. Freundschaft kommt nicht aufgrund von sozialer Stellung, Geldverschwendung, äußerem Glanz und Schwüren zustande. Schaut tief in die Seele des Menschen hinein, was seine Motive sind und wer ihn motiviert, wonach er strebt und was seine Leistungen sind, und dann schenkt ihm eure Treue.

Vielleicht habt ihr schon von der Freundschaft zwischen *Kuchela* und seinem „Klassenkameraden" *Krishna* gehört. Wie konnte die Freundschaft zwischen diesen beiden die riesige Kluft zwischen ihrer weltlichen Position und ihrem spirituellen Status überbrücken? *Krishna* war eine Inkarnation Gottes. *Kuchela* war nur ein Mensch. *Krishna* war ein Herrscher, ein Königsmacher, ein unübertroffener Held, Monarch und Lehrer. *Kuchela* war so arm, daß er sich ständig den Kopf zerbrechen mußte, wo er wohl das nächste Mahl hernähme. Sie hatten einige Jahre als Schüler zusammen in der Einsiedelei des Weisen Sandipani verbracht. Da war der Same der Freundschaft gesät worden.

Also veranlaßte *Kuchelas* Frau, daß dieser *Krishna* aufsuche, sie versicherte ihm, er würde nicht an der Tür zurückgewiesen werden. *Kuchela* willigte ein, aber er zögerte die Mitteilung seiner Ankunft lange hinaus, selbst als die Wachen sich erkundigten, warum er gekommen und wer er sei. Wie konnte er, ein heruntergekommener, gebeugter, verwirrter Bettler es wagen, vor dem Herrn in dessen Palasthalle mit dem juwelenbesetzten Thron zu stehen und sich selbst als „Freund" anzukündigen? Er war entsetzt über seine eigene Kühnheit.

Aber alle Ängste schmolzen dahin, als *Krishna* ihn erkannte und ihm entgegenkam, um ihn mit Wärme und ehrlicher Freude zu empfangen. *Krishna* versetzte ihn durch seine Worte, den herzlichen Empfang und seine Gastfreundschaft in den Zustand höchster Glückseligkeit. *Krishna* segnete auch seine Frau, indem er ihr enormem Reichtum und Luxus, Friede und Wohlergehen schenkte, viel mehr, als sie je erhofft oder erbeten hatte. Keiner bat ihn darum, aber seine Liebe nahm diese Form an, seine Gnade belohnte sie mit Glück. Aber *Kuchela* genügte die Freundschaft mit *Krishna*, er hatte keine anderen Wünsche mehr. Als er das Mitgefühl und die Liebe *Krishna*s erfuhr, war er von Freude überwältigt.

Das Gefühl der Freundschaft muß jeden Nerv aktivieren, jede Blutzelle durchdringen und jede Gefühlsregung reinigen. Es gibt keinen Raum mehr für die geringste Spur von Egoismus. Man kann eine Beziehung, in der es um Ausbeutung und Betrug des anderen zum eigenen Vorteil geht, nicht zu einer edlen Freundschaft hochstilisieren. Vielleicht ist der einzige Freund, der diesen rigorosen Test besteht - Gott!

Um dieses edle Gefühl zu verstehen und zu praktizieren, ist die *Bhagavadgita* ein sehr wertvoller Führer. Als *Arjuna* mutlos und verzweifelt war, erfüllte ihn *Krishna* mit Mut und einem starken Pflichtbewußtsein und half ihm so, einer schmählichen Niederlage zu entgehen. Und *Arjuna*, der sich auch wie ein guter Freund verhielt, nahm diesen Rat guten Mutes an, voller Vertrauen darauf, daß *Krishna* es gut mit ihm meinte. Nun, wir wissen, wie sehr er auf die Weisheit und innere Kraft *Krishnas* vertraute. Als *Krishna* ihn vor die Wahl stellte, er könne als Hilfe für die Schlacht seine ganze Armee zur Verfügung haben oder nur ihn allein, unbewaffnet und fest entschlossen, auch im Falle einer Provokation nicht zu kämpfen, zögerte *Arjuna* nicht lange mit seiner Entscheidung. Er wählte den unbewaffneten *Krishna* und bat, er möge sein Wagenlenker an den Tagen sein, an denen er auf das Schlachtfeld fahren mußte.

Vor langer Zeit lebte ein Mann, der drei Freunde hatte. Ein Zufall führte dazu, daß man ihn eines Verbrechens bezichtigte und eine Klage bei Gericht einreichte. Er wandte sich an einen Freund und bat ihn, seine Unschuld zu bezeugen. Dieser sagte: „Ich kann das Haus nicht verlassen, ich kann dir nur von hier aus helfen." Der zweite Freund sagte: „Ich kann nur bis zum Portal des Gerichtshofes mitkommen, den Zeugenstand kann ich nicht betreten." Der dritte Freund sagte: „Komm, ich kann für dich aussagen, wo immer du willst." Der erste Freund ist „Eigentum und Besitz", der nur im Haus aussagen kann. Der zweite sind „die Verwandten, die Familienmitglieder", die bis zum Friedhof mitgehen, aber ihn nicht bis zum Platz im Gerichtssaal begleiten. Der dritte Freund ist „der gute Name, der durch Tugenden und Dienen verdient worden ist." Sie bleiben über Tod und Begräbnis hinaus bestehen. Sie sind Zeugen über lange Zeiten hinweg und verkünden die Unschuld und Größe eines Menschen. Sie bestimmen auch die Art und Weise der nächsten Geburt.

Schon in der Jugend müßt ihr Anstrengungen unternehmen, gute Freunde zu gewinnen und zu behalten. Schiebt diese Aufgabe nicht auf, wenn euch Ältere erzählen, daß der spirituelle Pfad auch noch beschritten werden könne, nachdem ihr euch vom aktiven Leben zurückgezogen habt. Sie sagen, ihr könntet die *Bhagavadgita* in die Hand nehmen, wenn ihr alt seid. Aber dieser Rat ist so, als ob man einer Nation sagen würde, sie solle doch bis zur Kriegserklärung mit der Ausbildung einer Armee warten. Lange Jahre der Vorbereitung sind erforderlich, um eine Armee aufzustellen, die mit allen Eventualitäten fertig werden kann. Falls Waffen in die Hände von Unausgebildeten gegeben werden, droht denen, die sie handhaben, selbst Unheil.

Die guten Taten und Gedanken, denen man sich während seines Lebens widmet, werden einem wie gute Freunde von großen Nutzen sein, wenn das Leben zu Ende geht. Deshalb, junge Männer und Frauen, müßt ihr euch entscheiden, so zu handeln, daß euer eigener Friede und Fortschritt und der der Menschheit gefördert wird. Zerstört eure Zukunft nicht, indem ihr euch Vorteile von kurzer Dauer verschafft und euch selber auf den Sockel stellt. Sucht und findet gute Freunde, die dafür sorgen, daß euer Lebensschiff nicht kentert. Laßt vor allem Gott euer unfehlbarer Führer und Freund sein! Die Herzen der Gopis gehörten *Krishna*, und als *Akrūra* nach *Gokula* kam, um *Krishna* mit sich nach *Mathurā* zu nehmen, mühten sie sich verzweifelt um sein Bleiben. Sie klammerten sich an die Streitrosse des Wagens, sie hielten die Räder fest und wollten sie am Abfahren hindern. Freundschaft ist der Ausdruck unerschütterlicher Liebe, Liebe, die edel, rein, frei von Begierde oder Egoismus ist. Ich gebe euch meinen Segen, damit ihr solche Freundschaft erfahren und anderen das Glück einer solchen heiligen Freundschaft schenken könnt.

Brindāvan, 24.05.1973

Zündet Lichter an

Einige Tage im Jahr werden im Kalender aller menschlichen Gemeinschaften als Heilige Tage gekennzeichnet. Sie zeichnen sich dadurch aus, daß man sich mit größerem Eifer bemüht, Gottheiten anzubeten, die Verstorbenen gnädig zu stimmen, zu den Kräften der Natur zu beten und ähnliche aufbauende spirituelle Übungen durchzuführen. Sie erinnern den Menschen an den Gott in der Außenwelt und im Inneren. Solche heiligen Tage sind auch in Indien festgesetzt worden und werden mit anderen Festtagen gefeiert. Eines dieser Feste ist *Dīpāvalī*, das Fest der Lichter, das heute gefeiert wird. *Dīpāvalī* heißt „eine Girlande von Lichtern" und dies ist auch charakteristisch für die Art und Weise, wie das Fest überall gefeiert wird.

Lichterschmuck wie der heutige ist ein Zeichen des Sieges oder Triumphs über einen Feind oder ein Hindernis, das sich dem Lebensglück entgegenstellt. So kann man seine Freude ausdrücken und die

218

Aufmerksamkeit anderer darauf lenken, daß man unerwartet Glück gefunden hat. Feste, bei denen Lichterschmuck eine Rolle spielt, kennt man bei den Parsen, Christen und Moslems. Sie werden in Malaysia, Nepal, Japan und einer großen Zahl anderer Länder gefeiert.

Unzählige Legenden ranken sich um den Ursprung von *Dīpāvalī*. In Nordindien glaubt man, es sei der Tag, an dem *Shrī Rāma* nach seiner Rückkehr aus dem Exil zum Herrscher gekrönt worden ist. In Kerala glaubt man, es sei der Tag, an dem der Herrscher *Bali*, der sein früheres Königreich nur einen Tag im Jahr besuchen durfte, von seinen dankbaren Untertanen begrüßt wird. Der Herr hatte ihn mit einem Fußtritt in die Unterwelt befördert als Strafe für seinen egoistischen, tyrannischen, expansiven Eroberungsplan. Aber als dieser ihn um Gnade anflehte, wurde er milde gestimmt und erlaubte ihm, an einem der 365 Tage zur Erde zurückzukehren. An diesem Tag durften seine Untertanen ihn mit Lichterwerk und Feuerwerk willkommen heißen.

Die am weitesten verbreitete Legende bezieht sich auf den Dämonen Naraka, den der Herr *Krishna* in Begleitung seiner Gefährtin *Satyabhāmā* oder *Satya* an diesem Tag in der Schlacht besiegte. Naraka war, wie berichtet wird, der Sohn von Bhūmātā, von Mutter Erde. Sie bat den Herrn um die Gunst, daß dieser Tag zur Erinnerung an ihn als Tag des Lichtes oder der Freude und des Teilens der Freude mit allen gefeiert werden solle.

Daher werden heute abend Hunderte von winzigen Lichtern angezündet, die vor und in jedem Haus in Indien an Schnüren aufgereiht sind, aber es sind nur wenige Lichter, die in der Tiefe des Herzens angezündet werden, damit die dicken Schwaden der Dunkelheit weichen. *Dīpāvalī* ist der Tag, an dem alte Kleider abgelegt und neue getragen werden, an dem das Haus und seine Umgebung sauber gefegt werden, ein neues, frisches und schönes Aussehen erhalten. Wunderschöne Blumenarrangements finden sich in jedem Raum und im Hof, grüne Girlanden schmücken jede Tür. Aber während man all dies tut, sollte man nicht vergessen, fadenscheinige Vorurteile abzulegen, eine Haltung der Liebe und des gegenseitigen Respekts anzunehmen, seine Einstellung zu den Verwandten und zu seiner Familie, seinen Brüdern und Schwestern aller Glaubensrichtungen und Kasten neu zu gestalten, Girlanden der Freundschaft und Bruderschaft über die Türschwelle des Herzens zu hängen. Dies wird die eigentliche Bedeutung des Festes und seinen Wert herausstellen und es wird nicht länger nur eine Gelegenheit sein, äußeren Prunk zu entfalten und seichte Fröhlichkeit zur Schau zu stellen.

Fragen wir uns einmal, wer eigentlich dieser Naraka war, dieser Dämon (*asura*). Er wird als Tyrann beschrieben, der keine Achtung vor alten Leuten und Heiligen hatte, der von der Gier besessen war, Land zu erbeuten, der ungehindert Raubzüge und Plünderungen unternahm, der Hunderte von Prinzessinnen und Jungfrauen verschleppte und ohne Gewissensbisse ins Gefängnis werfen ließ und der seine Verbrechen und Missetaten nie bereute. Als die guten Menschen auf der Erde *Krishna* um Hilfe anflehten, fiel dieser in Narakas Reich ein, eroberte die Hauptstadt, und als er seine Armee unterworfen hatte, gestattete er seiner Königin *Satya*, ihn auf dem Schlachtfeld zu erschlagen.

Diese Legende hat eine tiefere Bedeutung, die ihr nicht übersehen solltet. Naraka ist ein Dämon (*asura*). Der Name seiner Hauptstadt lautet „Prag-jyotisha-pura", „prag" heißt „früher", jyotis" heißt „Licht" und „sha" heißt „vergessen" oder „ignorieren". So bedeutet also der Name: die Stadt jener, die das frühere Licht vergessen haben. Das heißt, die Stadt jener, die den göttlichen Glanz des *Atman* vergessen haben. Kein Wunder also, daß sie zu Dämonen wurden. Kein Wunder, daß sie voller Verlangen, Haß, Gier, Neid und Egoismus waren. Sie waren so in ihre Sünden verstrickt, daß *Krishna* ihnen nicht die Ehre erwies, durch seine Hand getötet zu werden. Er wies *Satya* an, sie zu vernichten. Ja, eine so fundamentale und tiefe Unkenntnis kann nur durch das Schwert der Wahrheit (*satya*) beseitigt werden.

Egoismus stammt von der Erde, ist erdgebunden, kommt nicht vom Himmel, ist nicht himmlischen Ursprungs. So ist Naraka der Sohn der Erde. Und er wird Nara-ka genannt. „Nara" heißt „ein Mensch, der seinen Geist (*manas*) kennt, der manana übt, d. h. alles, was er gehört hat und gelehrt worden ist, kritisch überdenkt". Aber „*naraka*", das „Hölle" bedeutet, ist der passende Name für jemanden, der glaubt, er sei der Körper, und sich abmüht, dessen Bedürfnissen und ungestümen Forderungen nachzukommen. Wenn ein Mensch an physischer Stärke, wirtschaftlicher Macht, geistiger Lebendigkeit, Gelehrsamkeit und politischer Autorität zunimmt und nicht gleichzeitig spirituelle Reichtümer anhäuft, wird er zu einer Gefahr für die Gesellschaft und für sich selber. Er ist ein Naraka für seine Nachbarn und seine Verwandten. Er sieht nur die vielen, nicht den Einen, durch die funkelnde Vielfalt gerät er auf die abschüssige Bahn. Es gibt im Sanskrit noch eine andere Bezeichnung für Dämonen (*asura*): „Naktamcara". Das heißt, „die im Dunkeln umherwandern". Das ist eine passende Beschreibung ihrer mitleiderregenden Situation. Sie haben kein Licht, das ihnen den Weg weist. Sie erkennen gar nicht, daß sie im Dunkel sind, sie rufen nicht nach Licht, sie sind sich des Lichtes gar nicht bewußt. Ihr Intellekt ist zum Sklaven ihrer Leidenschaften und Sinne geworden, statt sich als ihr Herrscher zu erweisen. Wenn schließlich die Wahrheit vor ihnen erscheint und sie überwältigt, erkennen sie den Einen und gehen glücklich darin auf.

Die Lampe ist nicht nur das Symbol für das Wissen um die Wahrheit. Sie ist auch das Symbol für den Einen, den *Atman*, der in und durch all diese Vielfalt hindurchscheint. So wie durch ein Licht tausend weitere angezündet werden können und das eine immer noch hell strahlt, obwohl tausend andere ihr Licht von ihm erhalten haben, so erleuchtet der *Atman* die individuellen Selbste (jiva) und leuchtet in ihnen und durch sie hindurch, ohne daß sein Glanz sich verringert. Der *Atman* ist die Ursache, alles andere ist seine Wirkung.

Naraka glaubte, frei zu handeln, obwohl er unter dem Diktat seiner Gefühle und Leidenschaften stand. Aber das Sanskrit Wort für diese Art von Freiheit hat eine andere und tiefere Bedeutung. „*Sva-icchā*", die Sehnsucht des Selbstes, ist überhaupt nur die Sehnsucht nach der Fusion der Funken, die von ihm ausgegangen sind, der Wellen, die auf seiner Oberfläche tanzen. Die *Upanishaden* fordern den Menschen auf, den Dschungel des Lebens wie der König der Tiere, der Löwe, zu durchstreifen und nicht wie ein feiges, verschämtes Schaf in panischer Angst, das sich nicht traut, den Kopf zu heben. Bietet den sechs Feinden, Verlangen, Ärger, Bindung, Stolz, Haß, Gier, die am Herzen des Menschen nagen, die Stirn, und seid Menschen (nara), nicht Naraka, der vor diesen Feinden kriecht und versucht, sie gnädig zu stimmen, indem er auf ihre Forderungen eingeht. Das ist die Lehre von *Dīpāvalī*.

Das vedische Gebet lautet: „Tamaso mā jyotir gamaya - von der Dunkelheit führe mich in das Licht. Führe mich aus der Blindheit der Unkenntnis zur Schau der Wahrheit." Reinigt den Geist (*mind*), und die Wahrheit wird sich darin spiegeln. Das ist nicht so schwierig, wie sich das manche Menschen vorstellen. Die winzige Ameise kann hundert Kilometer laufen, wenn sie nur ihre Beine vorwärts bewegt und losgeht. Vertrauen und Beharrlichkeit werden den Rest der Reise ermöglichen. Aber wenn ein Flugzeug, das schneller als der Schall fliegt, sich nicht von der Rollbahn erhebt, kann es nur da bleiben, wo es ist. Jeder muß zunächst entscheiden, wofür es sich zu leben und wonach zu streben lohnt. Dafür sollte man sich mit alten Leuten, die dieselbe Strecke schon zurückgelegt haben, zusammentun und mit ihnen reden, man sollte das Glück der Selbstverwirklichung kosten, die ihr Leben ausstrahlt. Und von ihrem Beispiel inspiriert, sollte man das, was sie sagen, mit aufrichtigem Vertrauen in die Tat umsetzen.

Wenn der Mensch seine Gaben nicht zum Nutzen anderer einsetzt, wird er zu einem Dämon (narakāsura) aus der Hölle. Aber wenn er in einem Wettlauf um seinen individuellen Ruhm Milliarden ausgibt, um auf den Mond zu gelangen und ein paar Felsbrocken von der Kruste herunterzubringen, statt die Millionen hungernder Menschen hier unten mit Nahrung zu versorgen und den Fortschritt rückständiger Nationen zu fördern, spricht er über sich selbst das Urteil. Auch die besten Dinge können von Menschen mißbraucht werden. *Rāvana, Shishupāla, Kamsa* und andere dämonische Personen, die in den indischen *Purānas* und Epen erwähnt werden, besaßen große Gelehrsamkeit, enorme wirtschaftliche und militärische Macht und sogar immense yogische und okkulte Fähigkeiten, die sie in Jahren strenger, asketischer Lebensführung erworben hatten. Aber eine Fähigkeit vermochten sie nicht zu erwerben, nämlich die Fähigkeit, das Ego zu unterwerfen, und so wurden sie zu widerspenstig, zu eigensinnig und zu gefährlich, als daß sie weiter hätten leben können und erfolgreich wirken dürfen. Der Lebenslauf von Naraka und *Bali* lehrt, daß der Mensch sein Ego beherrschen sollte, falls er in der Kunst des Lebens Erfolg haben will.

Dīpāvalī ist auch ein Tag, der der Göttin des Reichtums gewidmet ist, die Dhanalakshmī genannt wird. In vielen Staaten Indiens wird der Tag als Dhanalakshmī-Fest (*pūjā*) gefeiert. Schlagzeilen in den Zeitungen weisen auf die Feierlichkeiten hin. Aber wenn man zu Reichtum kommt, muß man sich so verhalten, als wäre man ein Treuhänder. Man muß ihn für die Verbesserung der Lebensumstände der Gesellschaft verwenden und nicht, um die eigene Person in Szene zu setzen. Wenn Leute mit ihrem Reichtum prahlen, werden sie zu lächerlichen Exemplaren der Menschheit. Reichtum und Bildung können nur vor dem Hintergrund von Tugend und Demut glänzen. Reichtümer mögen kommen und gehen, Bildung mag erworben werden oder nicht, selbst Freude mag kommen und gehen. Was auch immer geschieht, der Mensch muß davon unberührt bleiben, er darf vom Pfad, der ihn zum Ziel führt, nicht abweichen.

Es gab einmal einen Kaufmann, der sich, als er durch die Straßen von Benares ging, plötzlich zwei Schwestern gegenübersah, die sich wütend darüber stritten, wer die Schönere sei. Sie waren Dhanalakshmī und ihre berühmte Schwester Daridralakshmī, die Göttin der Armut. Sie zwangen den Kaufmann, stehenzubleiben und die Rolle des Richters zu übernehmen. Er sollte ein Urteil darüber abgeben, wer die Schönere sei. Der Kaufmann hatte Angst zu sagen, Dhanalakshmī sei schöner, weil dann die Göttin der Armut ihm vielleicht eine Strafe auferlegen würde. Er fürchtete sich aber auch zu sagen, daß sie schöner sei, weil ihm dann vielleicht ihre Schwester Dhanalakshmī ihre Gunst entziehen würde. Also entwarf er eine Strategie, um seine Haut zu retten. Er bat die Schwestern, ein paar Schritte vor und zurück zu gehen. Er stand eine Weile schweigend da und beobachtete ihr langsames, vorsichtiges Kommen und Gehen, und dann bat er sie, näherzukommen, um sein Urteil zu hören. Er sagte: „Dhanalakshmī ist schöner, wenn sie mir entgegenkommt, Daridralakshmī sieht schöner aus, wenn sie sich von mir entfernt, wie kann ich also ein definitives Urteil fällen?"

Dies war eine kluge Antwort, die aus Angst vor Strafe so formuliert wurde. Aber ihr solltet das Gesicht der Wahrheit nicht verändern, um den Menschen zu gefallen; sagt offen euere Meinung und handelt danach. Das ist die sicherste, leichteste und korrekteste Verhaltensweise. So sollte sich ein Mensch, der Selbstachtung besitzt, verhalten. Nichts ist richtiger als Wahrheit. Treibt mit dem Gott in euch kein falsches Spiel und laßt euch nicht durch Angst oder Begierde verführen, Böses zu tun. Geht geradeaus, weicht nicht in Richtung Falschheit oder Betrügerei aus. Laßt euch nicht durch den Glanz von Name und Form verführen, sucht zielstrebig den *Atman*. Das ist meine Botschaft für euch an diesem Fest der Lichter.

Prashānti Nilayam, 25.10.1973

Ein Körper ohne Herz

Das Meer ist groß und voller Geheimnisse. Es hat keine Grenzen und ist so alt wie die Zeit. Es hat in seinem Schoß chaotische Wirbel und wilde Ströme, und sein Gesicht ist oft vor Wut verzerrt. Niemand kann hoffen, ohne ein starkes, zuverlässiges Boot von einem Ufer zum anderen zu gelangen. Ebenso braucht der Mensch das starke Boot göttlicher Gnade, um das tobende Meer der Wechselfälle des Lebens (samsāra) zu überqueren. Auch dieses Meer ist groß und voller Geheimnisse. Es hat seine unausgeloteten Tiefen! Es wirft den Menschen hin und her, von der Geburt zum Tod und wieder vom Tod zur Geburt. Es bringt ihm Aufstieg und Niedergang, Krankheiten und Unpäßlichkeiten. Das Auf und Ab der Gefühle und Entschlüsse sind die Wellen dieses Meeres. Seine Bewohner, die Begierden, jagen ihm Angst ein. Sein Verstand gerät in den Wirbel des Zweifels.

Um in den Besitz des seetüchtigen Boots der Gnade zu kommen, muß man die Eigenschaften des Vertrauens und der Disziplin in sich entwickeln. Man muß das innere Bewußtsein (*citta*) klären und reinigen. Die Zeit ist das Geschenk, womit Gott den Menschen gesegnet hat, damit er dies in Angriff nehmen kann. Also sollte er es als Instrument für die Klärung und Reinigung benutzen. Durch die Betrachtung der Herrlichkeit Gottes, durch die Entdeckung seiner Gegenwart in der überall vorhandenen Schönheit, Güte und Wahrheit, durch die Wiederholung seines Namens kann der Prozeß mit Erfolg durchgeführt werden. Natürlich ist dies alles nicht möglich ohne tugendhafte Liebe und Freundlichkeit gegenüber allen Wesen. So wird der Geist (*mind*) von allen bösen Impulsen befreit, er kann den anderen von Nutzen und eine große Hilfe für die eigene Pilgerschaft sein. Ist der Geist gereinigt, kann die Transformation stattfinden, der Mensch selbst kann Gott (*mādhava*) werden. Denn es ist die Bestimmung und das Recht eines jeden Menschen, diesen Status zu erreichen und in der Glückseligkeit (ānanda), die er verleiht, aufzugehen.

Alle Religionen betonen die Bedeutung von Verehrung und Hingabe an den höchsten Herrn. Wie man diese Stufe erreicht, mag verschieden sein, die Beschreibung der Ekstase, die man in der letzten Phase und auf dem Weg dorthin erleben kann, mag verschieden sein, denn eine Beschreibung ist jenseits aller Möglichkeiten. „*Bhaktimārga*", eine andere Bezeichnung für diese Hingabe und Verehrung, wird mit Sicherheit den Geist (*mind*) reinigen, und der Geist wird durch die Erleuchtung göttlich.

Der Mensch ist ein Opfer von Unwissenheit, Egoismus und Begierde geworden, weil er seine wahre Natur vergessen hat, die durch Verlust oder Kummer unberührt bleibt. In Wahrheit ist der Mensch die Verkörperung aller großen Tugenden, Liebe, Friede, Rechtschaffenheit und Wahrheit. Er hat das noch nicht erkannt, er läuft immer noch hinter niedrigen, vulgären Vergnügungen her und verstrickt sich so in Falschheit, Ungerechtigkeit und Gewalttätigkeit. Er kann sich durch Entsagung (*tyāga*) und Selbstkontrolle (yoga) davon befreien. Außerdem muß er seine Lebensweise neu ordnen und Vertrauen und Verehrung in den Mittelpunkt stellen.

So wie Butter in der Milch enthalten ist, so ist Gott ein immanenter Teil des Universums. Wenn die Milch geschleudert wird, trennt sich die Butter und wird sichtbar. So kann auch Gott durch Liebe und die spirituelle Praxis der Wiederholung des Namens konkrete Form annehmen. Die Tempel in den Dörfern sind die Orte, wo eine solche Konkretisierung stattgefunden hat. Der Tempel ist dasselbe für das Dorf wie das Herz für den Körper. In der Tat wurde der Tempel nach dem Bild des Körpers geschaffen, der nichts anderes ist als ein Tempel, den der Mensch umherträgt. Ein Körper ohne Herz, ein Dorf ohne Tempel und ein Tank ohne Wasser - sie haben alle drei keine Funktion, keinen Wert. Also solltet ihr den Tempel in eurem Dorf so sorgfältig und beständig erhalten und pflegen, wie ihr es bei eurem Herzen und dessen Zustand tut.

Beim Aufstoßen schmeckt ihr die Nahrung, die ihr gegessen habt; die Qualität des Brotes hängt von der Qualität des Mehls ab; wenn das Vertrauen unerschütterlich ist, ist es auch die Verehrung. Wie die Verehrung ist, so ist die Selbstverwirklichung. Wie eure spirituelle Praxis (*sādhana*) ist, so wird die Offenbarung der Wahrheit für euch sein.

Brindāvan, 15.11.1973

Wählt euren Gott

Die Zeiten laufen Amok. Die Beziehungen zwischen den Menschen, zwischen Mensch und Gott, zwischen dem Menschen und der Gesellschaft und zwischen den Menschen und jenen, denen die Herrschaft über Gruppen anvertraut worden ist, werden zunehmend von Haß und Ärger getrübt. Die Menschen dieses Landes akzeptieren Falsches als richtig und lehnen Richtiges als falsch ab; wie Blinde sind sie auf falschen Wegen unterwegs. Und sie sind auch noch stolz darauf, weil sie glauben, sie handelten im Sinne des Fortschritts.

Glück und Leid sind die Folgen der Eigenschaften, die man kultiviert und fördert, die drei Haupteigenschaften (*guna*) sind „*sattva*" (Toleranz), „*rajas*" (Aktivität, Ehrgeiz, Leidenschaft, Gefühl) und „*tamas*" (Trägheit, Unkenntnis, Inaktivität, Faulheit, Stumpfheit). Wenn „*sattva*" vorherrscht, ist man glücklich, wenn „*rajas*" vorherrscht, ist man unzufrieden, wenn Eigenschaften von „*tamas*" vorherrschen, kann es weder Freude noch Glück geben. Wenn die Eigenschaften dem Weg der Bindung und des Vergnügens folgen, ist der Mensch an das Rad von Leid-Freude, Tod-Leben gebunden. Wenn sie dagegen Befreiung und Einfachheit suchen, bringen sie ihm Licht und Liebe und die Befreiung vom Rad der Wiedergeburt. Der Mensch ist heute von Zweifeln befallen und gerät auf Abwege, er weiß nicht, welchen Weg er wählen und welche Vorbereitung er dafür treffen soll. Er bringt sich selbst um sein kostbares Erbe, erniedrigt sich und verleugnet seine in Wahrheit göttliche Natur.

Die Menschen bestimmen die Natur des Göttlichen mit Hilfe von Logik und Dialektik. Aber mit dem Intellekt kann er sie nicht begreifen, der Verstand kann sie nicht erfassen. Denn beide werden durch Vorurteile und Vorlieben geprägt. Wir schätzen nur das, was wir mögen, wir sehen nur das, was wir gern sehen würden. Wenn das Gebet erhört wird und man bekommt, was man gewünscht hat, ist Gott eine Realität, wenn es nicht erhört wird, ist Gott ein Schwindel, ein Phantasieprodukt! *Arjuna* pries *Krishna* als den allmächtigen, allgegenwärtigen, allwissenden Gott, solange der Feind Tag für Tag geschlagen wurde. Aber als sein Sohn *Abhimanyu* in der Schlacht getötet wurde, schrie er in seinem Leid, *Krishna* sei kein guter Führer gewesen und habe ihn auch nicht ausreichend geschützt. Sein Geist (*mind*) schwankte hin und her, den Schicksalsstürmen entsprechend. Für viele ist der Geist auch Herrscher über den Intellekt. Man muß aufpassen und die Objektivität des Instruments Vernunft oder Intellekt wahren. Reinigt den Verstand, dann wird er Gott überall enthüllen, sogar in euch selbst. Habt ihr einmal Gott als Zentrum des Universums und von euch selbst akzeptiert, dann laßt dieses Vertrauen stark und unerschütterlich sein.

Natürlich ist es schwierig, in einer Atmosphäre ohne Vertrauen das Licht im Herzen zu entzünden und es aufrecht und stark brennen zu lassen, ohne daß es flackert. Heutzutage hat die Frau kein Vertrauen zu ihrem Mann, der Mann keines zu seiner Frau, Söhne zweifeln an ihrem Vater, Väter mißtrauen den Söhnen, Studenten haben kein Vertrauen zu ihren Lehrern, und die Lehrer können sich nicht auf ihre Studenten verlassen; wie kann also in einem einzigen Bereich, nämlich der Religion, Vertrauen wachsen? Diese unglückliche Situation ist entstanden, weil der Mensch zugelassen hat, daß seine Vernunft durch Leidenschaften und Vorurteile stumpf geworden ist. *Krishna* sagt in der *Gita*: „ Unter den Eigenschaften bin ich die Vernunft (*buddhi*)." „Ich werde euch die Disziplin der Vernunft geben", sagt er zu seinen Anhängern. Die Vernunft ist das Instrument, durch das der Geist geordnet und kontrolliert werden muß, sie sollte den Launen des Geistes (*mind*) nicht unterworfen werden.

Wenn wir von der *Gita* sprechen, möchte ich ein Problem erwähnen, das sich euch stellen könnte. *Krishna* sagt: „ Ich bin derselbe in allen Wesen. Ich verhalte mich allen gegenüber gleich, ich fühle weder Liebe noch Haß, bin frei von Vorlieben und Vorurteilen. Freude und Leid bringt ihr selber über euch, durch Bindung oder Verlangen." Angesichts dieser Aussage stellen sich vielleicht Zweifel bei euch ein. Warum hat er auch gesagt, daß er sich in jedem Zeitalter inkarnieren würde, um die Guten zu fördern und die Bösen zu bestrafen? Wie kommt es, daß er von guten und bösen Menschen spricht? Heißt das nicht, daß er einige mag und andere nicht? Sind nicht alle ein Teil von ihm? Sind nicht die Wellen Teile des Meeres?

Ja, alle sind Teile von ihm. Die Hand gehört zu euch, die Finger, die Nägel gehören zu euch. Warum solltet ihr sonst die Nägel kürzen und pflegen? Urin und Fäkalien sind in euch, von euch, aber doch müßt ihr euch davon befreien, um gesund zu bleiben. Unter gewissen Umständen muß man sogar ein Glied abtrennen, um den Körper zu retten. In der Tat waren die *Kauravas* gefährliche Viren, die eine ständig wachsende Wunde verursacht hatten. *Krishna* mußte sich durch eine große Operation - mit *Arjuna* als Assistent - von ihnen trennen, um den „politischen Körper" Indiens zu retten.

Ist man im Schlamm der Begierden versunken, kann man nicht klar zwischen Gut und Böse unterscheiden. Um das zu erreichen, muß der Intellekt rein und klar, scharf und zuverlässig sein. Es sollte nicht die geringste Spur von Egoismus, Neid oder Gier im Wesen des Menschen sein, sonst wird das Denken an die Peripherie gedrängt. Ein schwankender Geist (*mind*) und umherschweifende Augen können dem Intellekt nicht zu einer korrekten Entscheidung verhelfen.

Wenn man heutzutage einen Lebenspartner wählt, schaut man zuerst auf Schönheit und Charme. Dann wird die ökonomische Situation in Betracht gezogen. Wie reich ist er oder sie? Wieviel verdient er oder sie? Fragen nach Bildung und gesellschaftlichem Rang der Familien kommen später. Leichtfertiges Verhalten und neckische Spiele sind der Auftakt zu einer Ehe, wo Unglück oder die Auflösung einer Familie auf einen warten. Die Familie kann nicht stark sein, wenn sie auf einem so schmalen Fundament gebaut ist. Höchste Bedeutung sollte den grundlegenden Eigenschaften eines guten Charakters beigemessen werden, nämlich den hohen Idealen der Toleranz und Geduld, der Liebe und des Dienens. Wenn die Schönheit verwelkt und der Reichtum dahinschwindet, wird der Bund auch schwächer.

Dasselbe gilt für den Gott, den ihr wählt, anbetet und mit dem ihr gern euer Leben teilen würdet. Ihr solltet Gott nicht nach den Geschenken wählen, die er euch geben kann. Erwartet nicht, daß Gott euren weltlichen und materiellen Ehrgeiz befriedigt, und wenn dies ausbleibt, verlaßt nicht den Weg zu Gott. „Baba, erscheine heute Nacht in meinem Traum", fordert ihr, und falls dies nicht geschieht, dann ist er kein Sai Baba, sondern ein Rai Baba (Baba mit einem Herz aus Stein), und ihr macht euch auf die Suche nach einem anderen Gott, der nach eurer Pfeife tanzt. Ihr müßt an eurem Glauben festhalten, was auch immer geschehen mag, Erfolg oder Niederlage, Zusage oder Enttäuschung. Wenn Gott, der euer wahrer Kern ist, in eurem Bewußtsein fest verankert ist, gibt es keinen Raum für Begeisterung oder

Verzweiflung. Gott ist Glückseligkeit, und wenn Gott die ewige Quelle in euch ist, werdet ihr immer glückselig sein.

Der Mensch muß sowohl wegen seines Unterhalts als auch um des Glücks willen eine Arbeit haben. Aber er muß diese Arbeit mit Bedacht wählen und deren Ergebnisse mit innerer Distanz zur Kenntnis nehmen. Nutzt die Arbeit, um etwas, was wirklich gut ist, zu verdienen. Sucht etwas ganz Großes, etwas von allerhöchstem Wert, etwas, was niemals geringer wird und verfällt - das ist wahre Hingabe (bhakti). Hingabe (bhakti) ist die Liebe und Sehnsucht, ein solches Ziel zu erreichen. Das Mittel, das für diesen Zweck gewählt wird, ist *Karma*, Handeln und ist als Karmayoga bekannt. Denn *Karma* wird Karmayoga, wenn die Arbeit einer Disziplin unterworfen und mit Geschick durchgeführt wird. Wahre, auf Gott ausgerichtete Liebe kann seine Realität enthüllen und die höchste Weisheit (*jñāna*) gewähren.

Ein Baum hat einen Stamm, und der Stamm verzweigt sich in Äste mit Blättern und Blüten. Karmayoga ist der Stamm für den Baum des Lebens, die Äste, Blätter und duftenden Blüten symbolisieren Bhaktiyoga, und die reife Frucht mit dem süßen Saft im Inneren ist Jñānayoga. Wenn der Baum keine Früchte trägt und die Früchte nicht süß sind, bräuchte es ihn gar nicht zu geben.

Hingabe (bhakti) kann sich auf zweifache Weise äußern, als „*sagunabhakti*" und „*nirgunabhakti*". Wenn ihr glaubt, daß Gott weit weg sei, viel höher, weit über euch, und wenn ihr um Gnade bittet und um seine Gunst, handelt es sich um „*saguna*". Ihr betet ihn als Herrn und Meister, als Beschützer und Retter an. Lobpreis, Buße und Selbsterniedrigung, Unterwerfung und Dienst sind die Rituale der Verehrung. Wenn ihr euch darin übt, ihn in allen Wesen als den Kern jeder Zelle oder Atoms zu sehen, lebendig und voller Bewußtsein, und Einheit mit der ganzen Schöpfung erfahrt - denn die Schöpfung ist nichts anderes als sein Körper, und ihr seid auch darin und ein Teil davon -, dann handelt es sich um „*nirguna*". „*Nirguna*" ist die Betrachtung des Zuckers, „*saguna*" ist die Verehrung einer Zuckerpuppe, die euren Blick auf sich gezogen hat und eure Liebe und Treue. Zu den Verehrungsritualen gehört das Opfer (*yajna*), das als wichtigstes Element in den *Veden* beschrieben wird.

Ein wichtiges Ritual bei den vedischen Opfern wird „*soma*-pa" genannt. Um die tiefe Bedeutung der vedischen Zeremonien zu erfassen, muß man sich ein wenig mit Symbolen beschäftigen. Nehmen wir zum Beispiel dieses „*soma*-pa". „Pa" heißt „trinken", und man vermutet, daß das Ritual aus dem Trinken eines Saftes, der „*soma*" genannt wird, besteht.

Nein! „*Soma*" heißt „Mond"; und der Mond kann vom Menschen nicht geschluckt oder getrunken werden. Es bezeichnet auch den Geist (*mind*), „den ruhelosen Geist, der zunimmt und abnimmt und nie lange gleichbleibt". Deshalb sagen die *Veden*, daß der Geist vom Mond hervorgebracht wurde. Also bedeutet „den Mond trinken" der Prozeß, wodurch der Geist kontrolliert, funktionslos und harmlos wird. Der Zweck des Opferrituals (*yajna*) ist also, die Launen des Geistes aufzugeben und dafür das Reich der universalen, ewigen Wahrheit zu gewinnen. Bleibt der Geist unangetastet, ist jedes Opfer vergeblich, denn mit tausend Tricks lockt er euch ins Verderben. Fixiert den Geist auf den Namen, das Lautsymbol des Herrn, dann kann er nicht umherwandern. Das Göttliche ist die Flamme der Lampe, die ewig im Schrein des Körpers brennt. Schützt die Lampe vor den Windstößen der Leidenschaften und Begierden, die aus allen Ecken kommen. Setzt euch an einen ruhigen Ort, wo euch weder dichte Menschenansammlungen noch Reize und Gedanken ablenken können. Wenn ihr einmal das Stadium erreicht habt, daß ihr völlig im Namen und der Form, die euren Gott repräsentiert, aufgeht, ist es nicht mehr nötig, euch vor Ablenkung zu schützen. Aber das heißt nicht, daß ihr eure spirituellen Übungen auf dem Marktplatz zur Schau stellt, wie es ein paar verrückte Leute heutzutage tun. Sehnt euch nicht nach Zuspruch und Anerkennung der Öffentlichkeit. Betet darum, daß Gott eure tapsigen Schritte und euer Geplapper akzeptiert und anerkennt.

Reinigt eure Gefühle, Leidenschaften, Impulse, Haltungen und Reaktionen. Das ist der Kern spiritueller Disziplin, wie wir sie in allen Glaubensrichtungen finden. Prüft euren Geist, eure Gedanken. Versucht nicht, bei anderen Fehler zu finden. Seht nur Reinheit. Sprecht nie schlecht über jemanden, und ist es einmal passiert, daß ihr jemanden verleumdet habt, dann bereut es und faßt den Entschluß, diese Gewohnheit aufzugeben. Demütigt niemanden, achtet ihn wegen der guten Eigenschaften, die er besitzt. Die Erinnerung an das Leid, das ihr ihm zugefügt habt, wird euch sonst in der Todesstunde heimsuchen.

Laßt alle eure Taten für euch sprechen, wenn ihr die Welt verlaßt.

Laßt keine Tat ein Hemmschuh oder eine Lastschrift sein. Tränkt jeden Augenblick mit Liebe, das heißt mit Gott. Was bringt es, Stunden in Meditation (*dhyāna*) zu verbringen und dann durch Worte und Taten anderen Anlaß zu Ärger und Zorn zu geben? Die *Gita* ermahnt euch, immer ein Yogi zu sein, voller Selbstbeherrschung und Hingabe an Gott. Also seid auf der Hut, laßt euch durch nichts irremachen, verliert das Ziel nicht aus den Augen. Wer voller Vertrauen seinen Weg geht, wird Weisheit erlangen. Aus einem Funken kann ein Riesenfeuer werden, wenn man ihn schürt, und dies kann wiederum zu einem Funken werden, wenn der Einsatz fehlt.

Prashānti Nilayam, 23.11.1973

Glossar

(Weiterführende Informationen über mehr als 3000 Sanskritwörter finden Sie in „M. Mittwede, Spirituelles Wörterbuch Sanskrit-Deutsch." Sathya Sai Vereinigung e.V., Dietzenbach, 1999, ISBN 3-932957-02-4. Es gibt zugleich Zugang zur indischen Mythologie, Ethik und Kultur und bietet sich als Hilfe zu spiritueller Erkenntnis an.)

abhimāna	Stolz, Hochmut, Selbstsucht. Dies ist das Merkmal eines Ego, das sich mit seinem Körper identifiziert und glaubt, eine eigene Individualität zu haben.
Abhimanyu	Name des Sohnes von *Arjuna,* der in der großen Schlacht von *Kurukshetra* von den *Kauravas* getötet wurde.
adhibhūta	Materie, Gewordenes; alles, was zu Ende geht und stirbt; alles, was Form und Namen hat.
adhidaiva	die kosmischen Kräfte betreffend; sich auf die Devas beziehend.
ādhyātmika	spirituell; auf das höchste Selbst bezogen.
advaita	Nicht-Dualität; Name für *Shankaras* nondualistische Philosophie, die auf die Natur der höchsten Realität Gottes hinweist, die ohne Zweiheit ist.
aham	pron. ich; es bezeichnet einmal das begrenzte Ich des Menschen, zum andern das wahre Ich, das Selbst (*ātman*).
ahamkāra	Ichbewußtsein, das die Vorstellung einer dualistischen Welt ermöglicht.
ajnāna	Unwissenheit, Ignoranz; es ist nicht fehlendes Wissen auf der empirischen Ebene gemeint, sondern die Tatsache, daß man sich für einen sterblichen Körper hält und nicht weiß, daß im Innern das Selbst als absolute Realität wohnt.

ākāsha	Raum, Äther; *ākāsha* ist das feinste der fünf Elemente, das das ganze Universum durchdringen kann. Es ist die physische Repräsentanz des allgegenwärtigen Einen.
Akrūra	nicht grausam; Name des Onkels und Beraters von *Krishna*.
Akshara	unzerstörbar; Bezeichnung für OM, für die Urschwingung, aus der sich das Universum entwickelt hat.
amrita	Nektar der Unsterblichkeit, Wasser des Lebens.
ānandamaya-kosha	die Hülle, die aus Glückseligkeit besteht. Dies ist die letzte Hülle, die das Selbst verdeckt, und sollte nicht mit der absoluten Glückseligkeit verwechselt werden.
anātha	ohne einen Herrn; Gott ist die einzige „herrenlose" Person, denn niemand ist über ihm.
annamayakosha	aus Nahrung bestehend, die aus Nahrung bestehende Hülle (kosha), d.h. der materielle physische Körper, der aus der Nahrung gebildet wird.
antaryāmin	der innere Lenker; die Gegenwart Gottes im Herzen des Menschen.
ārati	die Anbetung Gottes mit einer Kampferflamme. Der Kampfer verbrennt ohne Rückstände. Genauso zehrt Gottes Flamme der Liebe das Ego auf, ohne eine Spur von „ich" oder „mein" zu hinterlassen.
Arjuna	Name eines der fünf *Pāndava*-Brüder, der im *Mahabharata* als Kriegsheld beschrieben wird.
artha	Wohlstand, der durch rechtschaffenes Handeln erworben ist. Dies ist eines der vier Ziele des menschlichen Strebens.

ārūdha	zu einer höheren Stufe des Bewußtseins aufgestiegen.
asat	nichtseiend, nichtexistierend; dem wahren Sein (*sat*) entgegengesetzt.
Ashvatthāman	Name eines Helden aus dem *Mahabharata*; er kämpfte auf Seiten der *Kauravas* und überlebte.
ashvin	Pferdelenker; Name für ein göttliches Zwillingspaar, das vor der Morgendämmerung am Himmel auf einem goldenen Wagen erscheint und dann zur Erde hinuntergleitet, um die Menschen vor Leid und Unglück zu bewahren.
asura	in den ältesten vedischen Texten wird *asura* als Adjektiv gebraucht und bedeutet so viel wie: „voll Lebenskraft seiend". Später bedeutet es „Dämon, negative Kraft".
ātmajnāna	das Wissen vom Selbst und die Erkenntnis vom Selbst, die nach Auffassung des Vedanta für eine Gotterkenntnis notwendig sind.
Atman	(sanskr. ātman) das wirkliche Selbst, die dem Menschen innewohnende Göttlichkeit, die Seele.
ātmānanda	die Glückseligkeit, die in der Erkenntnis des Selbstes liegt.
ātmanivedana	Vertrauen in das Selbst; Zwiesprache mit dem Selbst; sich dem Willen der inneren göttlichen Gegenwart gänzlich anvertrauen.
ātmashakti	die Kraft des Selbstes.
Avatar	Inkarnation des göttlichen Bewußtseins auf Erden. Er erscheint, um die göttliche Ordnung (*dharma*) und Gerechtigkeit unter den Menschen wiederherzustellen.
Babhruvahana	Sohn des *Arjuna*.
Balarāma	Name des älteren Bruders *Krishnas*.
Bali	Name eines Dämons, der als Enkel *Prahlādas* eine große Frömmigkeit besaß. Deswegen

	wurde er von *Vishnu* verschont.
Bhagavadgita	(sanskr. bhagavadgītā) wörtl.: Der Gesang des Erhabenen. Name eines Ausschnitts aus dem 13. Buch des *Mahabharata*, der die Belehrung *Arjunas* durch *Krishna* enthält.
bhagavan	ehrerbietige Anrede für einen Erleuchteten; auch Anrede für Sai Baba.
Bhāgavatam	Kurzform für *Bhāgavatapurāna*.
Bhāgavata-purāna	Name eines heiligen Textes. Es ist das berühmteste der achtzehn großen *Purānas* und berichtet über das Leben *Krishnas*.
Bhajan	(sanskr. bhajana) Lobgesang, Hymne.
bhakta	gläubiger Mensch, der den Weg der Liebe und Hingabe (bhakti) an Gott geht.
bhaktimārga	der Weg zur Erkenntnis und Verwirklichung durch Hingabe, Verehrung und Anbetung Gottes.
Bharata	Halbbruder von *Rāma*.
Bhārata	der Name Indiens; das Land des *Bharata;* ein Bewohner des Landes von *Bharata*.
Bhīma	Name des zweitältesten der *Pāndava*-Prinzen, der wegen seiner außerordentlichen Stärke bekannt war.
Bhīshma	Name des Erziehers der *Kauravas* und *Pāndavas;* er war einer der Helden im *Mahabharata*-Krieg.
Brahma	(sanskr. brahmā) einer der drei Aspekte Gottes; Gott als Schöpfer, der die Entstehung des Universums bewirkt.
brahmacārin	wörtl.: „Der, welcher im *Brahman* wandelt"; ein spiritueller Aspirant; ein Wahrheitssucher.
Brahman	(sanskr. brahman) das Allumfassende; das Universelle; das formlose, absolute Prinzip.
brāhmana	Bezeichnung der Kaste der Priester, Gelehrten und Lehrer.

Brahmane	(sanskr. brāhmana) Angehöriger der obersten Kaste der Hindus.
Brahmasūtra	1. Name einer Sammlung von Aphorismen der *Vedanta*-Philosophie; 2. die heilige Schnur, die von *Brahmanen* getragen wird.
brahmatattva	die Wirklichkeit, das Wesen von *Brahman.*
Brindāvana	der Wald von *Brindā,* in dem *Krishna* in seiner Kindheit mit den Hirtinnen und Hirten spielte.
Buddha	wörtl.: „Der Erwachte", Bezeichnung für den Religionsstifter des Buddhismus, den Prinzen *Gautama Siddharta.*
buddhi	Unterscheidungskraft, Intelligenz, die Kraft der höchsten Intuition; sie leiht sich gewissermaßen die Intelligenz und das Bewußtsein des *Atman* und entfaltet alle Fähigkeiten des Menschen bis zur Intuition.
cit	reines, absolutes Bewußtsein; *cit* ist ein wichtiger Begriff innerhalb der vedischen Lehre. Er umfaßt vier Bewußtseinszustände: Wachen, Träumen, Tiefschlaf und *samādhi.*
citta	Geist, Gemüt, inneres Bewußtsein; ein feiner Aspekt der Psyche (*antahkarana*), den man als Geistmaterie bezeichnen kann.
dakshināmūrti	ein Name für *Shiva,* der sich insbesondere auf seine Funktion als Lehrer der Menschen bezieht.
Dāmodara	einen Strick um den Bauch tragend; ein Beiname *Krishnas,* der auf den Versuch der Mutter hinweist, ihn mit einem Strick an sich zu binden.
Dasara	Bezeichnung *(Telugu)* für *dashaharā*; Name zweier Feste zu Ehren zweier Göttinnen, der *Dashaharā* und der *Durgā.*
dayā	Güte, Mitgefühl, Sympathie.

deha	der materielle Körper, der beim Tod zerfällt und die Gesamtheit der fünf Hüllen, die den *Atman* umgeben.
dehātman	das Körperselbst; das äußere Ich.
Devotee	engl. Bezeichnung eines gläubigen Menschen, der sich einem spirituellen Lehrer *(guru)* anvertraut hat.
dhana	Besitz, Geld, Reichtum.
Dharma	(sanskr. dharma) Rechtschaffenheit; eines der vier Ziele *(purushārtha),* auf die das menschliche Leben ausgerichtet werden kann.
Dharmaja	von *Dharma* geboren; dies ist ein Beiname für *Yudhishthira,* den ältesten der *Pāndava*-Prinzen und Bruder *Arjunas.* Er gilt als bestes Beispiel für Rechtschaffenheit und Wahrhaftigkeit.
Dharmaputra	der Sohn von *Dharma;* ein Name für *Yudhishthira,* den ältesten der fünf *Pāndava*-Prinzen.
Dharmarāja	ein Name für *Yudhishthira,* den ältesten der fünf *Pāndava*-Brüder, der als König der Rechtschaffenheit angesehen wurde.
Dharmashāstra	ein Lehrbuch des Rechts; ein autoritatives Werk über *Dharma.*
Dhritarāshtra	Name des blinden Königs, der Vater der *Kauravas* und Bruder von *Pāndu* war. Zwischen ihren Söhnen kam es zu der großen Schlacht, die im *Mahabharata* geschildert wird.
Dhruva	Name des Sohnes von Uttānapāda, der zum Status des Polarsterns erhoben wurde. Er war ein großer Verehrer Gottes, der ein Leben der Entsagung und Hingabe führte.
dhyāna	Meditation; eine praktische Übung, die das Einswerden des Meditierenden mit dem Objekt und dem Vorgang der Meditation anstrebt.
Dīpāvalī	das Fest der Lichter in der Neumondnacht des

	Monats Kārtikka (Mitte Oktober bis Mitte November). Der Sieg der himmlischen Einflüsse über die höllischen wird gefeiert.
divya	göttlich, himmlisch; ein himmlisches Wesen.
Draupadī	eine wichtige Gestalt des *Mahabharata.* Gemahlin der fünf *Pāndava*-Prinzen. Als sie auf Betreiben der *Kauravas,* Gegenspieler der *Pāndavas,* entkleidet werden sollte, wurde ihr Sari als Antwort auf ihr Gebet so lang, daß dies nicht durchgeführt werden konnte.
drishya	sichtbar, wahrnehmbar; die sichtbare, äußere Welt.
Dronācārya	Name des Lehrers, der die *Pāndava*- und *Kaurava*-Prinzen in der Kriegskunst unterwies.
Durgā	die Schwerzugängliche, die Unergründliche; Gefährtin von *Shiva.*
Duryodhana	wörtl.: „schwer zu besiegen, unbesiegbar"; Name des ältesten der hundert Söhne des blinden Königs *Dhritarāshtra* und Gegenspieler der *Pāndavas.*
Dvāparayuga	Bezeichnung des dritten Zeitalters *(yuga),* des kupfernen oder bronzenen Zeitalters, in dem nur noch ein geringer Teil des göttlichen Bewußtseins des Menschen lebendig ist.
Ganapati	gleich *Gananātha;* Führer *(nātha)* der Scharen *Shivas (gana);* ein Name für *Ganesha.*
Gandhārī	Name der Gattin des blinden Königs *Dhritarāshtra,* die sich bei ihrer Hochzeit die Augen verband, um ebenfalls blind zu sein.
Ganesha	Herr der Heerscharen; Name des Sohnes *Shivas* und *Pārvatīs;* Gott der Weisheit und Beseitiger aller Hindernisse. Meist wird *Ganesha* elefantenköpfig dargestellt.
Gautama Buddha	Begründer des Buddhismus; der Prinz *Gautama Siddharta,* der alle weltlichen Freuden aufgab,

	um den Weg der Selbsterkenntnis zu gehen (*buddha:* wörtl.: „der Erwachte").
Gāyatrī	der heilige Vers des *Rigveda*, ein *Mantra*, das sich an die Sonne als die höchste Intelligenz wendet mit der Bitte um höhere Einsicht.
Gita	Kurzform für *Bhagavadgita;* Teil des *Mahabharata*-Epos, der die Belehrung *Arjunas* durch *Krishna* enthält.
go	Kuh, die als Lebensspenderin noch verehrt wird; Strahl, Lichtstrahl.
Gokula	Herde, Kuhstall; Name der Stadt am Ufer der *Yamuna*, in der *Krishna* seine Kindheit unter Kuhhirten verbrachte.
goloka	wörtl.: „die Kuhwelt"; Bezeichnung der höchsten transzendenten Welt, in der *Krishna* seine ewigen Spiele spielt.
Gopāla	Kuhhirte; ein Name für den jungen *Krishna.*
Gopi	(sanskr. *gopī*) wörtl.: „Hirtenmädchen, Hirtin"; die Gespielinnen *Krishnas,* in *Brindāvana,* wo er seine Kindheit und Jugend verbrachte. Sie sind vollkommene Vorbilder für intensive Gottesliebe.
Govinda	Hüter der Kühe; ein Name für *Krishna,* der aussagt, daß er der Kenner der Erde und Beschützer der Kühe ist.
guna	Eigenschaft, Qualität; es lassen sich drei Grundeigenschaften erkennen, *sattva, rajas* und *tamas.*
Guru	(sanskr. guru) spiritueller Lehrer; Meister.
gurukula	eine Schule, in der die Schüler unter Anweisung eines spirituellen Meisters lernen.
Gurupūrnimā	wörtl.: „die Lichtfülle des Lehrers"; gemeint ist die hellste Vollmondnacht des Jahres (gleich erste Vollmondnacht im Juli). Dies ist der Tag, an dem speziell der spirituelle Meister, der die

	Dunkelheit vertreibt, verehrt wird.
hamsa	Schwan, Gans; der Schwan ist *Brahmas* Gefährt, der die Fähigkeit spiritueller Unterscheidungskraft besitzt; ein Symbol der Reinheit; Bezeichnung für die Seele.
Hanumān	Name des Heerführers der Affen; er war einer der treuesten Diener *Rāmas* und wird als ein Wesen dargestellt, das zur Hälfte Affe, zur anderen Hälfte Mensch ist.
Hari	ein Name für *Vishnu* und *Krishna.* Oft auch als eine generelle Bezeichnung Gottes verwendet.
Haricandra	gleich *Harishcandra;* Name eines Königs der Sonnendynastie, der wegen seiner Frömmigkeit und Gerechtigkeit berühmt war.
Hiranyakashipu	wörtl.: „der, welcher goldene Kleidung trägt"; Name eines Dämonenkönigs, des Vaters von *Prahlāda.*
Hiranyāksha	der Goldäugige; Name eines Dämons, der der Zwillingsbruder von *Hiranyakashipu ist.*
icchā	*Wunsch, Sehnsucht, Vorliebe, Verlangen.*
icchāshakti	die Kraft des Wünschens und Wollens; der dem Menschen eigene Wille.
Indra	Name einer Gottheit; in den *Veden* ist er der König der Götter; er beherrscht das Wetter.
Īshvara	Herr, Meister; eine der allgemeinsten Bezeichnungen für Gott. Gott in seiner herrschaftlichen Gestalt.
jada	leblos, unbewußt; Materie; Dumpfheit.
jagat	Welt des Vergänglichen.
Janaka	Vater, Erzeuger; Name des Vaters von *Sītā.* Er erreichte durch selbstloses, wunschfreies Tun die Vollkommenheit.
Janakī	die von *Janaka* Abstammende; ein Name für *Sītā.*
japa	wörtl.: „flüstern"; Rezitation eines der Namen

	Gottes oder eines *Mantras*; Hilfsmittel zur Beruhigung des Denkens.
jijñāsu	zu erkennen wünschend; Sucher der Wahrheit.
jīva	die Persönlichkeit, das „Ich" des Menschen, der die Außenwelt als Wirklichkeit ansieht.
jīvātman	das individuelle Selbst, die Individualseele.
jñāna	Wissen, Weisheit, Erkenntnis; es ist der spirituelle Weg, dessen Ziel die Erkenntnis Gottes im Inneren und Äußeren ist.
Kabīr	Name eines indischen Dichters und Mystikers (15. Jh.); seine Lieder werden noch heute gesungen.
Kālī	die Dunkle, Schwarze; die Göttin der Zeit. Sie zerstört Unwissenheit und schenkt Weisheit und Befreiung.
Kaliyuga	das eiserne Zeitalter, das vierte nach der indischen Zeitrechnung; es ist das Zeitalter, in dem wir heute leben, in dem das soziale und geistige Leben den absoluten Tiefpunkt erreicht.
kāma	Wunsch, Verlangen; Begierde. Das Verlangen an sich ist eine Kraft der Evolution, aber es kommt darauf an, in welche Richtung es geht.
Kāmari	Zerstörer der Begierde; als *Kāma,* der Gott der Liebe, seinen Pfeil auf *Shiva* gerichtet hatte, wurde er von diesem zu Asche verbrannt.
Kamsa	Name eines dämonischen Königs, der *Krishna* zu töten versuchte, dann aber selbst - wie vorhergesagt - von *Krishna* getötet wurde.
karmakshetra	Feld der Tätigkeit, Aktivität.
Karma	(sanskr. karman) Tat Handlung, Aktivität; Konsequenz der Handlungen; die Summe aller Handlungen eines Individuums in diesem und allen früheren Leben.
karmasamnyāsa	das Aufgeben der Bindung an die Früchte des Handelns.

Karna	Ohr; Name des Halbbruders der *Pāndavas,* der zu einem mächtigen Krieger heranwuchs und später auf der Seite der *Kauravas* kämpfte.
Kāshī	der alte Name für das heutige Vārānasī (Benares). *Kāshī* gehört zu den sieben heiligen Städten Indiens und ist ein berühmter Pilgerort am Ganges.
Kaurava	Nachkommen des blinden Königs *Dhritarāshtra,* die die *Pāndavas* aus ihrem Reich vertrieben.
Keshava	wörtl.: „langes, schönes Haar besitzend"; ein Name für *Vishnu* oder *Krishna.*
ko 'ham	wörtl.: „Wer (bin) ich?"
Krishna	*Avatar* zur Zeit des *Mahabharata*-Krieges. Er soll der Ursprung aller *Avatare* sein.
Kritayuga	Name des ersten im Zyklus der vier Weltzeitalter; das Zeitalter der größten Vollkommenheit.
kshara	zerstörbar, vergänglich; Wasser, der Körper; die Unwissenheit.
kshatriya	Bezeichnung der zweiten Kaste der Krieger, Fürsten und Könige.
kshetrajna	der Kenner des Feldes; das Selbst, welches im Körper wohnt.
Kuchela	Spielgefährte des jungen *Krishna.*
Kumāra	einer der vier Söhne *Brahmas.*
Kurukshetra	Name einer Ebene nahe bei Delhi, wo die große Schlacht zwischen den *Kauravas* und *Pāndavas* ausgetragen wurde.
Lakshmana	Name des Sohnes des Königs *Dasharatha* und seiner Gattin *Sumitrā. Rāmas* Halbbruder, der ihm sehr ergeben war.
Lakshmī	Schönheit, Glück, Wohlstand; Göttin des Wohlstands; *Lakshmī* ist die Gemahlin *Vishnus.*
Lankā	der alte Name der Insel Ceylon, die heute

	wieder *Shrī Lankā* heißt.
līlā	göttliches Spiel; göttliche Tätigkeit; das ganze Universum ist der Schauplatz für die *līlās* Gottes, die Erschaffung, Erhaltung und Auflösung umfassen.
Linga	(sanskr. linga) Symbol für das Göttliche; das *Shiva-linga* symbolisiert das Aufgehen einer Form im Formlosen.
loka	Welt, Raum, Bereich; im allgemeinen wird das Universum in verschiedene Weltschichten unterteilt.
lokesha	der Herr, Meister der Welt; der Zeuge aller Welten.
Mādhava	süß, aus Honig bestehend; ein Name für *Vishnu* und *Krishna*.
Mahabharata	(sanskr. mahābhārata) das umfangreiche Epos der indischen Literatur, das den Krieg zwischen den bösen *Kauravas* und den tugendhaften *Pāndavas* beschreibt. Als Verfasser gilt der Weise *Vyāsa*.
Mahāshivarātri	das große *Shivarātri*-Fest; die Nacht des dunkelsten Neumonds des Jahres (meist im Februar oder März), die *Shiva* geweiht ist.
mamakāra	das Streben nach Besitz; die Empfindung „mein".
manas	Geist; Bereich der Wünsche, Gedanken und Gefühle. Durch *manas* werden die Eindrücke der Welt empfangen. Als niedere Intelligenz ist es der Unterscheidungskraft oder höheren Intelligenz (*buddhi*) untergeordnet.
mandira	Wohnort, Haus; Tempel, heiliger Ort, Gebetshalle.
manomaya	die aus *manas* (Geist) bestehende Hülle, welche die dritte Hülle des Selbstes ist. Es ist die aus Gedanken, Begierden, Motiven, Emotionen und

	Wünschen gebildete Hülle, die sowohl positive als auch negative Aspekte enthalten kann.
Mantra	(sanskr. mantra) Vers aus dem *Veda;* heiliges Wort oder Gebetsformel, die bei richtiger Anwendung zu einer Entwicklung des Bewußtseins führt.
Mathurā	Name einer alten Stadt am rechten Ufer der *Yamuna* im heutigen Uttar Pradesh, Nordindien. *Mathurā* ist der Geburtsort *Krishnas* und eine der sieben heiligen Städte in Indien.
Maya	(sanskr. māyā) Täuschung, Illusion, der Schein der Außenwelt. *Maya* ist ein Bewußtseinsphänomen, das Ergebnis einer mangelhaften Wahrnehmung.
mind	engl. Sammelbegriff für Geist, Fühlen, Denken, Gemüt, Verstand.
mithyā	unrichtig, falsch, täuschend.
Mitra	Freund, Wohltäter; Name einer vedischen Gottheit.
moha	Täuschung, Verblendung, die durch eine falsche Bewertung der Dinge entsteht. Sie gehört zu den nicht-göttlichen, dämonischen Eigenschaften.
Mohamudgara	der Hammer für die Täuschung; Name eines Werkes von *Shankara.*
mumukshu	jemand, der sich auf den Pfad der Befreiung *(moksha)* begibt.
nagarasam-kīrtana	das Singen des Namens Gottes in der Stadt, in der Öffentlichkeit; dies wird von Gruppen besonders in den frühen Morgenstunden von 4.30 bis 5.00 Uhr praktiziert, um die Atmosphäre zu reinigen.
nāham	wörtl.: „Nicht *(na)* ich *(aham)*"; „ich (bin) nicht (der Körper)".
Nakula	Name eines der fünf *Pāndava*-Prinzen; er war

	der Sohn von *Mādrī* und ein Halbbruder *Arjunas*.
nāmajapa	das Wiederholen des Namens Gottes; das Rezitieren des heiligen Namens als eine meditative Praxis.
nāmasamkīrtana	das gemeinsame Singen des Namens Gottes.
nāmasmarana	Rezitieren eines der Namen Gottes; ständiges Wiederholen seines Namens und dadurch Ausrichten des Denkens auf seine Wirklichkeit.
naraka	Hölle, Unterwelt; der Aufenthalt dort hängt vom *Karma* des Menschen ab. Nach vedischer Auffassung existieren 21 Höllen.
Nārāyana	eine Bezeichnung Gottes als Urwesen, von dem alles ausgeht. Als höchster Gott herrscht er über die Menschen und das Universum.
nidhi	Schatz; Behälter für einen Schatz.
nirākāra	ohne Gestalt; eigenschaftslos.
nirguna	ohne Eigenschaften, qualitätslos, gestaltlos.
nirgunabhakti	Hingabe, die den gestaltlosen Aspekt Gottes im Mittelpunkt ihrer Aufmerksamkeit hat.
niyama	innere geistige Disziplin; das zweite Glied des Ashtāngayoga, des aus acht Gliedern bestehenden Yoga des Patanjali.
Pandit	(sanskr. pāndita) Schriftgelehrter; einer, der die vedischen Schriften studiert hat und sie auch auslegen kann.
paramātman	das höchste Selbst; die ewige Seele, die nicht durch Raum und Zeit begrenzt ist; der göttliche Funke in jedem Menschen.
Prahlāda	wörtl.: „innere Freude"; *Prahlāda* war der Sohn des Dämonenkönigs *Hiranyakashipu*. Aufgrund des Aufenthalts seiner Mutter bei einem Heiligen in ihrer Schwangerschaft hatte *Prahlāda* schon im Mutterleib so viel vedische Weisheit gehört, daß er nicht seinen Vater, sondern

	Vishnu als höchsten Herrn anerkannte.
Prajāpati	Herr der Geschöpfe; Herr des Universums; Name für *Brahma.* Die zehn geistgeborenen Söhne *Brahmas* werden *Prajāpatis* genannt.
prānamayakosha	aus Lebenskraft bestehend.
prānāyāma	die Praxis der Atemregulierung; die Übung, die fünf verschiedenen Lebenshauche zu harmonisieren.
Prashānti Nila-yam	Ort des höchstens Friedens; Name des Haupt-*Ashrams* von *Shrī* Sathya Sai Baba, der an seinen Geburtsort Puttaparthi (Südindien) angrenzt.
pratyāhāra	Rückzug; das Nach-Innen-Lenken der Aufmerksamkeit; Vertiefung in das eigene innere Bewußtsein.
prema	reine Liebe; Liebe ohne den Makel der Bindung.
pūjā	Verehrung, Zeremonie, Gottesdienst.
Purāna	Name einer Literaturgattung, deren Texte zu den klassischen heiligen Schriften gehören.
purusha	Mensch; der ursprüngliche, ewige Mensch; das höchste Wesen.
Purushasūkta	Bezeichnung einer Hymne des *Rigveda,* die den *purusha* als Schöpfer und Bewohner des Universums preist.
Rādhā	Name der ewigen Gefährtin *Krishnas;* die bekannteste der *Gopis* von *Brindāvana.*
rāga	musikalische Stimmung; in der klassischen Musik Indiens gibt es eine ganze Reihe von festgelegten Tonfolgen, die eine bestimmte Stimmung ausdrücken. Über diese *rāgas* wird dann improvisiert.
rājarshi	ein Seher aus einem königlichen Geschlecht;

	ein Heiliger aus dem Kriegerstand, ein *kshatriya,* der durch sein heiliges Leben zu einem *Rishi* wurde.
rajas	Aktivität, Ruhelosigkeit, Leidenschaft.
rākshasa	böse, dämonisch.
Rāma	*Avatar,* dessen Leben im *Ramayana*-Epos beschrieben wird und der als Verkörperung von Rechtschaffenheit *(dharma)* gilt.
Rāmakrishna	Name eines bedeutenden Heiligen aus Bengalen (19. Jh.), der die innere Einheit aller Religionen betonte.
Ramayana	(sanskr. rāmāyana) neben dem *Mahabharata* das bedeutendste Epos der indischen Literatur. Es schildert das Leben *Rāmas* und *Sītās.* Als Verfasser gilt der Heilige *Vālmīki.*
Rāvana	Name eines Dämonenkönigs, der über die Insel *Lankā* herrschte. Im großen Epos *Ramayana* ist er der Gegenspieler *Rāmas.*
Rishi	(sanskr. rishi) Seher, inspirierter Dichter, wird vor allem auf die sieben großen Seher bezogen, denen die Hymnen der *Veden* offenbart wurden.
roga	Leiden, Krankheit, Kummer.
rūpa	Form, Aussehen, Gestalt, Bild.
Rupie	indisches Zahlungsmittel.
sadguru	der wahre Lehrer, Meister; der vollkommene *Guru,* der die Erleuchtung erlangt hat und eins mit der göttlichen Realität geworden ist.
sādhaka	wirkungsvoll, effizient; ein Strebender, ein Schüler, ein Gottsuchender mit einer regelmäßigen spirituellen Praxis.
sādhana	Übungen zur spirituellen Vervollkommnung, z.B. Meditation, Dienst am Nächsten.
Sadhu	(sanskr. sadhū) gut, tugendhaft; ein Weiser, ein Heiliger; ein Mensch, der die Lebensweise

	eines Mönchs gewählt hat.
saguna	mit Attributen versehen; der persönliche Aspekt Gottes, der sich in Allmacht und Allwissenheit zeigt.
sagunabhakti	Hingabe, die sich an bestimmte Eigenschaften Gottes knüpft.
Sahadeva	Name des jüngsten *Pāndava*-Prinzen.
sālokya	das Bewohnen der gleichen Himmelssphäre. Vor der endgültigen Befreiung hält die Seele sich in der Zeit zwischen Tod und neuer Geburt in verschiedenen Welten auf. Alle, die sich zu einer Zeit in einer Sphäre befinden, werden mit *sālokya* bezeichnet.
sāmīpya	Nähe, Nachbarschaft zu Gott.
samiti	Versammlung, Gemeinschaft; Vereinigung, Organisation.
samkalpa	Wille, Wunsch, Entschluß. Wenn die Qualität von *samkalpa* im Bewußtsein lebendig ist, dann sind beherrschte Gedankenbewegungen vorhanden im Gegensatz zu Zweifeln und falschen Vorstellungen, die spontan auftauchen.
samnyāsa	Entsagung, das vollständige Loslassen aller Bindungen in vollkommenem Gottvertrauen.
samskāra	Verfeinerung, Kultivierung; Eindruck; Fähigkeit; im Yoga sind die Tendenzen des Geistes gemeint, die durch Handlungen und Gedanken in früheren Zeiten oder Geburten entstanden sind.
sanātana dharma	die ewige Ordnung; Bezeichnung für die in Indien entstandenen philosophischen und religiösen Traditionen, die auf dem *Veda* beruhen; der Überlieferung nach wurde die zeitlose Wahrheit den *Rishis* offenbart.
sanātana sārathi	wörtl.: „der ewige Wagenlenker".
Sanathana	Name einer in Puttaparthi vom „Sri Sathya Sai

Sarathi	Books and Publications Trust" herausgegebenen Zeitschrift.
sannidhi/ *samnidhāna*	Zusammenfügung; Nähe, Gegenwart.
Sarasvatī	Gemahlin *Brahmas*; Göttin der Gelehrsamkeit und Intuition, der die Entstehung des *Sanskrit* und seiner Schrift zugeschrieben wird.
sārūpya	Gleichheit, Ähnlichkeit; wer in den Bereich spiritueller Erfahrung eingetaucht ist, ist wie ein naher Verwandter des Königs berechtigt, z. B. seine Robe zu tragen.
sarvamangala	vollständiges Glück; Freude an allem.
sat	Wahrheit, Wirklichkeit; das unwandelbare Sein.
satsanga	Gemeinschaft, Gesellschaft der Guten, der Weisen. *Satsanga* ist für den Gottsucher eine wichtige Hilfe auf dem Weg der Entwicklung, denn die Menschen, mit denen man zusammen seine Zeit verbringt, haben bis in das Innere hinein einen tiefgreifenden Einfluß.
sattva	Ruhe, Frieden, Gelassenheit.
sāttvika	von *sattva* erfüllt, rein, gut, fromm; wichtig ist die Anwendung des *sāttvika*-Prinzips auf die Nahrung. Sie besteht dann aus Früchten, Nüssen, Getreide, Milch, Honig und Joghurt.
satya	Wahrheit; eine der fünf Tugenden, die im Leben verwirklicht werden sollten.
Satyabhāmā	Name einer von *Krishnas* Gemahlinnen; sie hatte zehn Söhne und war *Krishna* sehr lieb.
Sātyaki	Name von *Krishnas* Wagenlenker.
sayujya	verbunden, vereinigt; zur selben Gruppe gehörig.
Seva	(sanskr. *sevā*) Dienst am Nächsten; Dienen als Gottesverehrung; Helfen als spirituelle Disziplin.

Shankara	Heil, Frieden bringend; Name eines der größten Heiligen und Philosophen Indiens (ca. 788 - 820), der als Erneuerer der vedischen Traditionen gilt und auch als eine Inkarnation *Shivas*.
shānti	Frieden, innere Stille.
sharanāgati	die vollkommene Hingabe; absolute Unterwerfung unter den Willen Gottes, die nur möglich ist, wenn man die Identifikation mit den eigenen Handlungen aufgegeben hat.
Shesha	Name einer Schlange, und zwar der Weltenschlange, die tausend Köpfe besitzt und auf der *Vishnu* während des Weltenschlafes ruht.
Shishupāla	Name eines Cousins von *Krishna*, der aber gegenüber diesem eine große Feindschaft hegte, denn *Krishna* hatte Rukminī entführt, die *Shishupāla* heiraten sollte.
Shiva	gütig, freundlich; *Shiva* gehört zu der Trinität *Brahma*, *Vishnu* und *Shiva*, in der er der Gott der Auflösung, Umwandlung und Zerstörung ist. Sein Wirken als Zerstörer der Unwissenheit zeigt aber seine segensvolle Natur.
Shivarātri	die Neumondnacht, die *Shiva* heilig ist und mit spiritueller Aktivität verbracht werden sollte.
shivashakti	Dual *Shiva* und *Shakti;* der göttliche Vater und die göttliche Mutter zusammen; *Shiva* verkörpert den ewigen Geist, *Shakti* die göttliche Energie und Dynamik.
shloka	Vers, Hymne, Strophe; der *shloka* ist eines der wichtigsten Versmaße der altindischen Literatur.
shrī	*Reichtum, Überfluß; shrī* wird bei Heiligen, Gottheiten und göttlichen Inkarnationen als Ehrentitel verwendet.
shruti	das Hören, das Gehörte; die heiligen Schriften der vedischen Tradition werden in *shruti* und

	smriti unterteilt. *Shruti* sind Schriften, deren heiliger Klang von den *Rishis* „gehört" wurde.
Shuklām-baradhara	weiße Kleidung tragend; ein Name für *Vishnu*.
shvāsa	Atem; Luft, Wind.
Sītā	Name der Gattin *Rāmas*. Im *Ramayana* wird berichtet, daß sie, als dieser von seinem Thron verbannt wurde, ihm in die Wildnis folgte und dort von *Rāvana* geraubt wurde.
sitar	indisches Musikinstrument.
so 'ham	wörtl.: „Er (ist) ich"; in diesem *Mantra* steht nicht das „Ich", sondern „Er" an erster Stelle. Es beschreibt die Bewußtwerdung der ewigen Verbindung von Persönlichkeit und wirklichem Selbst.
soma	Nektar, Unsterblichkeitstrank; der Mond.
sukha	Freude, Glück, Wohlbefinden.
Sundara	schön, anmutig; ein Name des Liebesgottes *(kāma)*.
Surdās	Name eines nordindischen Heiligen, der, obwohl blind, eine innere Schau *Krishnas* erlebte.
sva	zu einem selbst gehörend; Selbst, Seele.
svarūpa	ähnlich, gleich; die eigene Form, Form als Verkörperung eines geistigen Prinzips.
svavimarsha	Reflexion über das Selbst; Selbsterforschung.
svecchā	*(sva-icchā)* der eigene Wille, der im Einklang mit dem Willen des Herrn ist.
Swami	Herr, Meister; ehrerbietige Anrede eines spirituellen Meisters, auch Sai Babas.
tāla	Rhythmus, Takt.
tamas	eine der drei *gunas*, die die Struktur der Urnatur bilden; Unwissenheit, Trägheit.
tapas	Hitze, Glut; spirituelle Praxis, Disziplin, Askese; die Hitze von *tapas* brennt die Sünde aus und reduziert *Karma* zu Asche.

tattva	Wahrheit, Grundprinzip; die „Istheit" oder das wirkliche Sein.
Tretāyuga	Name eines der vier Weltzeitalter; das silberne Zeitalter.
trishnā	Verlangen, Wunsch, Gier; starkes Verlangen und Sinnesgenuß.
Trivikrama	derjenige, der drei Schritte tut; ein Name für *Vishnu* in seiner *Vāmana*-Inkarnation.
Tukārām	Name eines indischen Dichters und Heiligen (17. Jh.). Seine Lieder werden heute noch gesungen.
tyāga	Entsagung, Loslösung; Opfer; Aufgeben aller Bindungen. *Tyāga* drückt sich in selbstlosem Tun aus, das sich um Früchte oder Ergebnisse nicht kümmert.
Tyāgarāja	Name eines Heiligen; Dichter, der seine Lieder in *Telugu* schrieb, die wegen ihrer Schönheit noch heute gesungen werden.
Upanishaden	Bezeichnung einer Klasse heiliger Schriften, die den Abschluß der *Veden* bilden.
upāsana	das Sitzen in unmittelbarer Nähe; Verehrung, Hingabe.
Vāmana	*Avatar* von *Vishnu* in Zwergengestalt. *Vishnu* erschien dem Dämon *Bali* als kleinwüchsiger *Brahmane* und erhielt als Willkommensgeschenk drei Schritte Land. Daraufhin verwandelte er sich in eine riesige Gestalt, die mit zwei Schritten das ganze Universum durchmaß. Da bat *Bali,* daß er den dritten Schritt auf seinen Kopf setzte.
Vārānasī	der alte Name von Benares.
Varuna	Name einer Gottheit; in den *Purānas* ist er der Herr der Gewässer, zu denen er bereits im *Veda* eine enge Beziehung aufweist.
Vāsudeva	ein Name für *Krishna,* der ihn als wahren Herrn

	aller Besitzgüter kennzeichnet.
Veda	(sanskr. *veda*) älteste Schriften der indischen Literatur, die die Grundlage des Hinduismus bilden.
vidyā	Wissen, Weisheit; im allgemeinen beschreibt es zwei Aspekte, den rationalen und den intuitiven Aspekt des Denkens.
Vighneshvara	der Herr *(Īshvara)* der Hindernisse (vighna*); ein Name für *Ganesha,* der die Hindernisse wegräumt.
vijnāna	Intelligenz, Einsicht, Fähigkeit zur Analyse. Manchmal steht *vijnāna* für den höchsten Zustand spiritueller Verwirklichung, in dem der Erleuchtete *Brahman* mitten in der Erscheinungswelt wahrnimmt.
vijnānamaya-kosha	die Hülle, die aus Erkenntnis besteht.
Vishnu	einer der drei Aspekte Gottes; Gott als Erhalter, der allgegenwärtig ist.
Vishvāmitra	der Freund von allem; Name eines vedischen Sehers und Heiligen, der als Krieger *(kshatriya)* geboren wurde, durch intensive spirituelle Praxis in den *Brahmanen*-Stand aufstieg und einer der sieben großen *Rishis* wurde.
vishvāsa	Glaube, Vertrauen; Zuverlässigkeit.
viveka	Unterscheidungskraft, Weisheit, Intelligenz; gemeint ist insbesondere die Fähigkeit, das Wirkliche vom Unwirklichen zu unterscheiden. Sie ist für den spirituellen Sucher eine der vier Vorbedingungen.
Vyāsa	Sammler, Ordner; diesen Namen tragen mehrere der alten Verfasser und Sammler von *Sanskrit*-Werken, vor allem *Vedavyāsa,* der als Ordner der *Veden* gilt.
yāga	Opfergabe, -zeremonie.

yajna	Opfer, Ritual, Gottesdienst.
yajnashālā	Gottesdienstraum, Haus für eine Opferhandlung.
yama	das erste Glied des Rājayoga von Patanjali, welches die grundlegenden Gesetze für die Veredelung der menschlichen Natur lehrt.
Yamuna	Name eines Nebenflusses des Ganges.
yantra	Säule, Stütze; Instrument, Werkzeug.
yugādi	der Tag, an dem ein Zeitalter *(yuga)* beginnt.
Zamindar	Großgrundbesitzer.